陪伴孩子成长的教育

薛奎喜◎著

南海出版公司
2022·海口

图书在版编目（CIP）数据

陪伴孩子成长的教育 / 薛奎喜著. -- 海口 : 南海出版公司, 2023.1
ISBN 978-7-5735-0192-9

Ⅰ. ①陪… Ⅱ. ①薛… Ⅲ. ①家庭教育 Ⅳ. ① G78

中国版本图书馆 CIP 数据核字（2022）第 071347 号

PEIBAN HAIZI CHENGZHANG DE JIAOYU
陪伴孩子成长的教育

作　　者	薛奎喜
责任编辑	吴　雪
出版发行	南海出版公司　电话：（0898）66568511（出版） （0898）65350227（发行）
社　　址	海南省海口市海秀中路51号星华大厦5楼　邮编：570206
电子信箱	nhpublishing@163.com
经　　销	新华书店
印　　刷	三河市金兆印刷装订有限公司
开　　本	710 毫米 × 1000 毫米　1/16
印　　张	15.75
字　　数	258千
版　　次	2023年1月第1版　2023年1月第1次印刷
书　　号	ISBN 978-7-5735-0192-9
定　　价	50.00 元

序

朱绍阳

薛奎喜老师，他一生执迷教育，研究教育；关爱学生，研究学生。他的工作方法，教育理念，深受老师们的欢迎，学生的认可，家长的尊重。他在教育战线上辛勤耕耘了四十一年，桃李满天下。退休后仍在关注青少年的健康成长，关心教育，坚持天天读书学习、记笔记，写文章。接受家长、学生询访。他这种关心教育、热爱教育、矢志不移的执着精神，值得学习，难能可贵。

他坚持的办学理念是“让老师爱教，让老师会教；让学生爱学，让学生会学。学校既爱研究教法，又要研究学法，才能提高教学质量”。这些教育观念，对当前的中小学管理工作，都有指导意义。他建立的学习方法是：“学生要想学习好，必须身体健康，心理健康，科学用脑。不要死记硬背，要学会动脑思考，培养自学能力，不要拼时间，熬精力，既要会学习，又要会休息，劳逸结合，时刻保持头脑的清醒，才会有学习的高效率。记住，学习的时间与学习成绩不成正比例。”这些对学生的建议，也符合目前教育部“双减”精神的要求。他向家长的建议：“要想让孩子成才，就要教育孩子会做人。既要注意智力因素的开发，又要注意非智力因素的培养。从孩子懂事那天起，就要对孩子进行立志、做人的教育。坚持身体第一，人格第二，知识第三的原则。走出家庭教育的误区，不要溺爱孩子，要让孩子接触人群，接触社会，热爱锻炼，经受挫折，学会自己教育自己。不要包办孩子的一切，要放手让孩子自己动手先做，从小培养孩子独立生活的能力。”上述建议，完全符合“家庭教育法”的精神，上述三方面的教育理念和具体做法在《陪伴孩子成长的教育》一书中，都有详细介绍。

《陪伴孩子成长的教育》，涵盖了学前教育、小学教育、初中教育、高中教育几个阶段，帮助家长解决教育孩子碰到的困惑和纠结，明白正确的教育应该怎么做，可以说是教育的百科全书。书中所给的学习方法和心理疏导方法，可供老师做学习思想工作时的参考。第二部分内容，详细介绍了初中班主任三年来的工作方法和经验，可供班主任作为工作的借鉴和参考，也可供初高中学生直接阅读。相信这本书出版之后，定会给全市的广大家长、老师们、同学们带来帮助。

（本序作者为临沂市关心下一代工作委员会主任）

目　录

第二编　如何管理初中阶段的学生

第三编　好的学习成绩，来自科学用脑

第四编　要想学习成功，必须心态阳光

第一编

孩子出现问题，责任在家长

第一章　孩子成长中出现的问题

当今许多职业都要求有上岗证，可如何当父母却没有“上岗证”。所以有许多父母只知道生孩子，却不知道如何养育孩子，如何教育和培养孩子。养个孩子不难，把孩子培养好、教育好很难，父母要付出艰辛，要做许多工作。可是有许多父母不知道怎么做，该做的没有做好，不该做的却做了，致使孩子学龄前和学龄后都出现了许多问题。

我写此书的目的，是让准备当父母的人，大体上知道如何养育、教育和培养孩子，避免一开始走错路，便于以后少走弯路；让在这方面有问题的家长，了解如何面对孩子，如何调整自己，如何帮助孩子解决问题、纠正错误。

第一节　学前阶段容易出现的问题及解决措施

学前阶段孩子出现的问题，都是父母、家庭给孩子的伤害造成的。

有的父母对孩子的教育，不知道怎样是正确的，把错误的做法认为是对的，把正确的做法认为是错的，直接给孩子造成伤害；有的是因为父母的行为不端，给孩子留下阴影；有的是父母认识不到问题的严重性，在孩子一开始出现问题没有及时纠正，致使以后形成坏习气；有的是当时父母不知道什么该做、什么不该做，不该做的做了、该做的没有做，给孩子造成不良影响；有的是家庭对孩子溺爱，惯了孩子一身毛病；大部分是家长教育意识不够，教育措施跟不上，等到孩子出现问题了才明白，有的甚至还不明白……

一、0～3岁孩子出现的缺陷和不足

（一）孩子0～3岁

孩子0～3岁是大脑迅速发育期、疾病多发期，此时父母的责任是让孩子体健脑聪，减少孩子感染疾病的次数。

（二）为防止孩子出现缺陷和不足，特提出如下建议

1. 尽可能坚持母乳喂养，增强孩子的免疫力。因为孩子刚出生，免疫力几乎没有，孩子的免疫力来自母乳。同时，母亲哺乳时要和孩子进行亲密互动。待孩子有明显的感知时，父母要亲切地和孩子说话。孩子虽然不会说话，但会笑，母亲的言语、表情好坏，孩子都能感受到。父母如果不能及早地教孩子说话，不和孩子多交流，不仅使孩子性格冷漠，还会影响其大脑发育。

2. 合理膳食，勤运动。饮食要合理搭配，防止营养不足或营养过剩。主食过后，不要多吃零食，免得吃饱了，该吃主食时没有胃口。要养成自己吃饭的习惯，大人不能追着喂。

孩子能爬时，让孩子多爬；孩子能走时，让孩子多走；孩子能跑时，让孩子多跑。总之，多跑、多跳、多运动，孩子才能体格健壮。不能让孩子吃成大胖子，也不能让孩子太过于瘦小。

3. 这个阶段的孩子好动，没有空间概念，家长要注意看管，防止发生意外。家长不能粗心大意，要把隐患排除掉，并且要告诉孩子什么东西不能动、什么地方不能去。

4. 这个时候孩子有好奇心，喜欢摆弄东西，这是兴趣、想象、创造力的萌发。家长要耐心解释、正确引导，不能简单粗暴地说："你别问！不该你问！""你别乱动，别把东西弄坏了！"这样做就是在抹杀孩子的好奇心和创造力。

5. 要教育孩子玩过的玩具自己收拾好，不能到处乱扔。大人不要帮忙收拾，要让孩子自己干。

6. 告诉孩子和别的小朋友玩时要友好，不能抢别人的玩具，不能破坏别人的玩具。做法不对时要及时予以纠正，并让孩子向别的小朋友赔礼道歉，说声："对不起！"如不能及时纠正，会养成孩子行事霸道的习惯。

7. 要和孩子做游戏。家长要和孩子一起做创造性的游戏，这对孩子的兴趣培养、智力开发有着不可估量的作用，家长应该重视。

8. 发现孩子存在智力、体力问题时，要及时采取补救措施，免得贻误了孩子。

二、3～6岁孩子容易出现的问题

（一）这个年龄段是道德意识的自律萌发期，是培养各种良好习惯、良好性格的奠基期，是开发智力的关键期

这个时期对孩子来说非常重要，如果家长在这方面的认识不到位，措施不得力，给孩子造成的损失是：各种良好的习惯没养成，性格培养得不好，学习能力没有开发出来、后劲不足以及学习偏科等。

（二）为防止孩子出现问题，特提出如下建议

1. 抛弃学前教育小学化，转向集中精力研究开发孩子大脑的潜能，培养孩子学习需要的各种能力。

学前教育小学化容易做，但早期开发孩子的智力潜能不像小学化那么简单，只要认识上有大转变，实际做起来也不是那么难，只要有心、细心、耐心、坚持，都可以做到、做好。

在家庭中要培养哪些学习能力呢？概括起来主要是：观察力、专注力、记忆力、思维能力、想象力和动手能力。

(1) 培养孩子的观察力

培养孩子的观察力，家长必须交代观察的方法和注意事项，观察时必须细心、精力集中。培养这种能力随时都可以进行。领着孩子逛公园，到了公园门口要引导孩子看和记：公园门前有什么，进公园之后有什么，每一处景点都有什么景。观察的目的是什么？是培养孩子留心记忆。如果仅是在公园里逛了一圈，家长不注意让孩子观察，逛完公园之后，你问孩子公园里都有什么，他便不能准确地细说，只能简单地说个大概。让孩子写参观日记，孩子可能什么也写不出来。因为在参观过程中，没有引导他仔细观察，孩子没有留下深刻的记忆。

要让孩子善于观察、会观察，家长必须交代观察的方法和注意事项。例如：家长让孩子观察母鸡是怎样下蛋的。孩子观察了一上午，也没有见到母鸡下蛋的样子，因为他没等母鸡趴下就赶紧去看，把母鸡吓到了。如果家长中午交代了观察的注意事项，下午家长回家后，孩子就能很形象地叙说老母鸡下蛋的样子了。

观察需要专心、细心，需要思考。平时和孩子下棋时，告诉孩子要学会观察，不仅要看自己的棋子如何走，还要看别人的棋怎样走，不能光看自己的。

在日常生活中，要告诉孩子学会观察。走路时要观察路上的行人车辆，注意安全。出门看天气，应该穿什么衣服，要不要带上雨具。上学时要检查自己的书包，该带的学习用具是否带全了。总之，善于观察、会观察的习惯，要在日常生活中养成。

培养孩子的观察能力，为以后的动手能力服务。养成良好的观察习惯，就是要看清、看准，再记。防止以后看书、学习走马观花，看书不认真，记忆模糊、不清晰、不准确。

(2) 培养孩子的专注力

专注是观察的窗口，培养观察力离不开专注力。持久的专注力，是学习成功、事业成功的先决条件之一，家长需要有意培养。

教孩子拼图、搭积木时，不仅要细心观察，还要用心思考，怎样才能成功。这需要耐心，要稳住性子、坐得住，因为成功需要的时间比较长。

开始时，孩子容易坐不住，没有耐心、急躁，家长要告诉孩子，要想成功，必须有耐心，不能急躁，要慢慢来。家长要耐心地告诉孩子具体的方法，让孩子投入，尽快进入状态。在大人的指导和帮助下，图拼好了、积木搭成了，孩子会很高兴的。这个过程就是培养孩子做事要有持久的专注力的过程。

大人给孩子讲故事时，要求孩子专心听；大人反复讲，要求孩子自始至终都要认真听。大人讲过之后，要求孩子能复述。自己看绘本时，要认真看，不能只是乱翻。平时要求孩子，老师讲课时要认真听，不能心不在焉，并要养成专心听讲的习惯。

告诉孩子做什么事情都要专注、有耐心，不能分心，才能不失误，才能成功。孩子的专注力不集中、不持久，这是学习中的大敌，必须引起家长的高度重视。孩子专注力的培养要从小就进行，发现孩子在这方面存在不足，要及时予以培养。

(3) 培养孩子的记忆力

记忆是人的智慧仓库，记忆力是人储存知识的能力。

一个人的记忆能力越强，记忆的知识就越多，知识越多的人办事能力就越强。记忆力的培养应从小就要进行。

培养记忆力就是要培养记忆的敏捷性、准确性和持久性。好的记忆力是记得快、记得准确，记住之后能长时间不忘。

家长如何培养孩子的记忆能力呢？记忆力的培养要和观察力、专注力相结合，只有善于观察，只有专注，才能看得准、记得清、记得牢。

告诉孩子，学东西只有认真，才能学会；记东西必须用心记，才能记得住。记就是准确，尽可能无误；记就是完整，不能丢三落四。带孩子去朋友家玩，为防止下次走错路、找错地方，一开始就让孩子记：走的什么路，要到达什么地方，路上看什么标志。进院子之后是几号楼、哪个单元、哪一室等这些都要让孩子留心观察、留心记。下次再去，孩子可能就能够告诉你正确的路了。在这些小事上留心，就能培养孩子善于记忆的好习惯了。

要告诉孩子，要想记忆牢固，必须反复记，闭上眼睛想一想，是否记住了。如果记不住，再去看一看。坚持克服没有看准、没有看清就去盲目记的心不在焉的记忆习惯。

(4) 思考能力的培养

思考能力，是孩子智力的核心。

俗话说：要想把事情做得好，需要动脑去思考。家长要教育孩子从小懂得要善于问为什么，要弄明白应该怎么做。就像学物理那样，见“物”讲理，看到一个物理现象，就要讲出道理来。干什么事都有条理，干什么事都要思考。

经常让孩子猜谜语能调动孩子动脑思考；和孩子一起做创造性游戏，让孩子想办法、出点子，能培养孩子的思考能力；教孩子下国际象棋、跳棋，既能培养观孩子的观察力、专注力，又能培养孩子的思考能力。

让孩子拆卸玩具，又能完整地装好玩具，既满足了孩子的好奇心，又能培养孩子的思考能力和动手能力。很多家长忽视了这方面的意义和作用。家长怕孩子损毁东西，坚决制止孩子这样做，殊不知这是抹杀了孩子的创造力和思考能力。

平时要鼓励孩子多问、好问，家长应耐心地给予正确的回答，这样也是在培养孩子的思考能力。当孩子自己动手用橡皮泥做玩具，不会做或做得不好时，家长要耐心启发孩子思考，让孩子学会怎么做。这些都能培养孩子的思考能力。孩子平时不小心受伤，要让孩子思考是因为什么，记住教训，防范以后类似事情再次发生。

平常说某人头脑很灵活，就是因为他遇事善于动脑，会思考。只要家长能尽早意识到培养孩子思维能力的重要性，定会想出许多办法来。

(5) 培养孩子的想象力

想象力是智慧的翅膀，没有想象力，就没有创造和发明。

孩子的想象力越丰富，对学习越有帮助。孩子的想象力是很丰富的，家长应积极进行正确引导。

让孩子画画，用图画表达孩子内心对外在世界的感受。孩子会画得很形象，各式各样，这就是在培养孩子的想象力。让孩子玩橡皮泥，让孩子自己动手捏各种小动物，这也是在培养孩子的想象力。

设置情景让孩子猜解，更能丰富孩子的想象力。例如，树上有 10 只鸟，用枪打下 1 只，树上还有几只？孩子的答案会是各种各样的。有的孩子开始会说“还剩 9 只”，可是又一想，马上回答：“不对，因为听见枪声都吓跑了，一只不剩！”有的孩子还会想：“要是有的鸟是聋子，它没有听见枪声，那它还会留在树上。”尽管说法很离奇，但都是想象力丰富的表现。

教孩子猜谜语，既培养孩子的思考能力，也能培养孩子的想象力。开始阶段，大人编谜语让孩子猜。然后，慢慢教孩子编谜语，让大人猜。孩子编的不对也没有关系，大人给孩子修正，孩子就会逐步学会编谜语。

只要大人有心有意培养孩子的想象力，随时随地都能进行。要把观察力、思考力和想象力结合起来。例如带孩子到河边玩，看鱼在水中游，大人要引导孩子思考：小鱼为什么没有大鱼游得快？抬头看天空，怎样才能让乌云不遮住太阳？培养想象力，就是让孩子知道怎样做才能做好，碰到困难和问题要怎样想、怎样做。有了这方面的能力，人才能战胜困难，不断前进。

幻想，也是想象力的表现。过去人们有许多幻想，受当时条件的限制，无法实现，如今许多以前看似是幻想的想法都得到了实现。幻想是一种力量，应该让孩子保有幻想。

爱因斯坦说过：知识有限，想象无限。因此，家长要注意培养孩子的想象力。

(6) 动手能力要及早培养

孩子的动手能力，不仅是学习需要的能力，也是人们生活必备的能力。

在家中要培养孩子的动手能力，必须杜绝家长包揽孩子一切事务的做法。家长包揽孩子的一切事务，不是爱孩子，而是在害孩子，会让孩子变懒，失去动手能力。因为动手能力在干中磨炼，在实践中形成。科技发达的今天，离不开大国工匠，而大国工匠不是一日能成的，而是长年累月锻炼而成的。所以，孩子的动手能力，应从孩童时期就要有意培养。

在家中，凡是孩子能干的事情，就要孩子自己动手。手绢自己洗，衣服、鞋袜自己穿。家长要放心，别怕孩子干不好。一开始干不好，慢慢学，不断做，就能干得好。在家中，只要孩子能干的家务活，家长都可以让孩子参与。如家长要炒菜，可让孩子帮着择菜；吃饭时，可让孩子帮着摆碗筷；家长收拾房间，可让孩子帮助丢垃圾……

凡是心灵手巧的工匠、裁缝、绣工，都是从小学艺，历经艰苦磨炼而成的。所以，孩子的动手能力，必须从小培养。孩子缺乏动手能力，不仅对学习不利，也会给以后的独立生活造成困难。

虽然现在有的孩子没有输在起跑线上，但还是败在了学习能力上。因为早期智力没有开发，学习需要的能力没有培养好，学习没有后劲，学习能力欠缺，功课一难就掉队。

2. 良好性格、习惯的培养

良好的性格、习惯，是孩子的非智力因素，需要后天培养。虽然孩子的性格受遗传影响，但良好的教育，能逐渐改变不好的性格。

为什么说 3 ～ 6 岁是培养孩子良好性格和习惯的关键期？理由有两点：一是这个年龄段的孩子开始懂事，自我意识、感受能力不断增强。俗话说：撒什么种子结什么果，好的种子结好果。孩子开始受到良好教育的影响，是终生难忘、执着信守的。

二是因为这是新的塑造教育，不是纠错教育，没有以前错误的干扰，孩子容易接受。

要培养孩子有良好的性格，家长不能只言传，更要注意身教，要给孩子树立榜样。

孩子的性格急躁，遇事不冷静，易发脾气，家长要心平气和地引导孩子不要急躁。一时想不起来，慢慢想；不要发脾气，有话慢慢说、有话好好说。家长自己更不能急躁，不能发脾气。有涵养，才能给孩子带来良好的影响，有些孩子动不动发脾气，往往是受了家长的影响。要教育孩子生活有条理性，家长自己就要做到生活有条理。家中的东西有序摆放整齐，家中整洁干净，孩子自然受影响，也会跟着大人做。否则，大人说得再好，孩子生活有序的习惯也很难养成。

家长注意了早期智力开发和学习能力的培养，又能养成孩子良好的性格、习惯，孩子就会顺利健康成长。但是，必须强调这些工作一定要父母亲自做，不能让别人代替做，别人也代替不了父母。

第二节　学龄儿童出现的问题

根据调查研究，学龄儿童容易出现的一些问题如下，请家长深思。

一、幼儿学前教育过度“小学化”

幼儿学前教育过度“小学化”，学了许多小学才开始学习的知识内容，可是家长又没有进行正确引导，孩子上一年级的时候，觉得老师在课堂上讲的东西，以前都学了，没有新意、不想听，因而课堂上注意力不集中、做小动作，个别孩子甚至出现厌学情绪。这种情况往往会持续很长时间，难以改掉。

二、比较普遍的现象是：课堂上不听讲，没有良好的学习习惯

1. 孩子注意力不集中，不顺着老师讲课的思路往下听，而是开小差、做小动作，甚至交头接耳，让老师费很大精力维持课堂纪律，学生听课效率低。

2. 没有良好的学习习惯，写字姿势不正确、写字潦草。做作业粗心、马虎，没耐心、不细心，不善于动脑思考，经常出现一些不该错的错误。急急忙忙写完作业，不认真检查，只想着去玩。

个别孩子懒惰、拖延、磨蹭，“马拉松”式地写作业。本来半个小时能完成的作业，他用了一个小时还没完成。

三、兴趣分散

个别孩子兴趣班报得太多，哪一样也没有真正用心学，浪费了时间和金钱。

四、早期智力开发明显不足，孩子缺乏学习后劲

孩子用在学习上的智力是观察力、专注力、记忆力、思考能力、想象力、动手能力等，这些方面的能力越强，孩子学习就会越来越好。

五、不明白来到这个世界的真谛

不想劳动，不想做事，光想着怎么玩、怎么吃，光想坐享其成思想浮华、行为懒惰。

别忘了每个人的使命是：改造世界，创造世界。可是，这个道理很多孩子都不懂。

六、智力开发不全面，要么重文轻理，要么重理轻文

有的孩子语文很好，喜欢读书，语言表达准确，语汇丰富，形象思维发展

得很好。但理性思维不好，害怕学数学，口算能力差、计算速度慢逻辑思维能力、空间想象力差，不会找做题的规律和方法、不会做新题、不会做难题。

有的孩子数学很好，口算能力强，计算速度快，也会寻找做题的思路、规律、方法、技巧，不怕新题、难题，但语文不好，不喜欢看书，词汇贫乏，无法准确表达，不会写作文。

以上两种情况都会制约孩子的发展，只有平衡各科的学习能力，孩子的发展空间才会更大。

七、个别现象

也有个别现象：孩子原来学习很好，突然反常变得不想学了。有的逃课，打电子游戏成迷；有的居家玩，就是不想上学。家长说什么也不听、也不改。

八、较普遍地存在不会读书，阅读理解、表达能力差

有的孩子从小不喜欢课外书，知识面窄，思路不开阔、语言词汇不丰富，表达受限制，不知道用什么词语表达，肚子里也没有词可用。

有的阅读习惯不好，看书走马观花，不仔细、不认真、不求甚解，只是简单一过。问他书上的内容，他记不住；问他读了书有什么收获，回答不上来。有的孩子喜欢读书，也读了不少书，但没有留心记，读的多，留给自己的东西少。

正确的读书方法是：阅读要仔细，字里行间要看清，每个词语都弄明白，做到阅读必须理解，理解要记忆，记忆要会表述，表述应确切，确切须推敲用词。不加思考，就不能表述确切。只有坚持正确的阅读方法，才能提高阅读理解能力和表述能力。

九、没有明确的人生奋斗目标，缺乏学习动力

我曾在驻城某中学对初中学生做过问卷调查，问及：“你为什么读书？怎样才能把书读好？”全班 54 名学生，第一问的回答有 52 名是：“不知道！家长让来

读的。”只有两名学生的回答是：“为了将来生活得好，为了将来能报效祖国。”第二问的全部回答都是“不知道”。这说明有许多孩子不知道为什么要读书，更不知道如何才能把书读好。

不知道为什么要读书，就没有理想、目标、追求，学习也没有动力。学习不自觉、不努力，生活无目的，行为又没有约束能力，因此出现了不可思议、不合情理的想法和不该有的一系列错误行为。

更有甚者学习成绩各科都是个位数。有的上课不听讲，考试成绩不好，家长找了老师一对一地辅导，他表面在听，实际上根本就没听进去，辅导了一学期，最后考试还是不及格；有的不把精力放在学习上，过早地谈恋爱，影响学习；有许多学生确实很聪明，应该能学好，可就是不知道怎么用功。

十、不明白做人的道理，不会为人，品行修养差

常见的有下列现象：

1. 缺乏爱心、孝心，不知道感恩。觉得别人对自己的爱是应该的，却不知道去爱别人。好吃的，好用的，好穿的，只想到自己。父母的朋友、亲戚赠送的礼物，坦然接受，但连句感谢的话都不说。对父母不尊重，不体谅父母的艰辛和难处，稍有不合自己心意或一时不能满足自己的要求，就大发脾气、无理取闹。父母教育自己的话不想听，没等父母开口，就抢先说：“你别说了，我都知道！”有的干脆躲进自己的房间内，大人怎么说也不理睬，逼着父母时时事事都得顺着自己的心意。有的孩子，不但不尊重父母，还张口骂父母、动手打父母。更有甚者，不但不感恩父母，还怨恨父母，还出现过孩子动手杀了自己的亲生母亲的悲剧。

2. 不接受老师的批评教育。上课玩手机，老师多次劝说不听，气得老师上课没收手机。有的学生心怀不满，想以跳楼威胁老师。

3. 我行我素，行为不受约束，动不动就想吵架、打架。不能吃亏，吃了亏就调集自己的“义气哥们儿”来打群架。

4. 心胸狭隘，只记别人对自己的不好，不记别人对自己的好。心存怨恨、报复。

5. 个性好强，只许别人说自己好，不许别人指出自己的缺点。不会包容别人，不会理解别人，不会尊重别人。

6. 脾气怪异，敏感多疑。遇事想不开，好钻牛角尖，甚至走极端。

7. 好高骛远，心浮气躁，不虚心，不脚踏实地。干事都是雷声大、雨点小，不能坚持，缺乏耐心，最后什么事也干不成、干不好。

8. 怕吃苦、怕困难，遇到困难就退却、逃避，不去积极想办法克服困难。

9. 大部分孩子学习缺乏毅力、决心。想学习好，但勤奋不持久、信心不永恒，在学习上犯有“冷热病”，学习成绩时上时下。

10. 抗挫能力差，不能正确地面对挫折和失败。俗话说：“失败是成功之母，总结是成功之父。”但孩子不这样认为。一次考试成绩不理想，就盲目认为是自己不行，从而灰心丧气、情绪低落、坐立不安，饭吃不好、觉也睡不好，不能正确分析为什么失败、怎样才能不失败。

经验告诉我们：不怕这次考试成绩低，就怕考试过后情绪低，找不出问题所在，弄不明白下一步应该如何做。只有静下心来，认真总结经验和教训，才能更好地前进。

以上问题虽然表现在孩子身上，但根源还在父母，是父母的责任。

第二章　家庭教育缺失的原因与弥补途径

不管是孩子学龄前出现的问题，还是学龄后出现的问题，都与父母有关。

所有的父母都希望自己的孩子好，没有一位家长想把孩子往坏培养，可为什么孩子还会出现问题呢？因为家长受眼界的限制和周围环境的影响，把一些错误的做法当成正确、一些正确的做法却认为是错误的，这就无意间给孩子留下不好的影响。

家长必须以孩子为镜，反思自己的家庭教育。弥补家庭教育的缺失，努力提升自己，才能把孩子培养好、教育好。

第一节　家庭教育的缺失

良好的传统家庭教育没守住、没传承下来，跟不上新的现代家教理念和做法，这就是当前家庭教育的最大缺失。

良好的传统家教宗旨是："诚、善、信、孝。"教育孩子为人要诚实、善良、守信，有孝心。良好的家风是：尊老爱幼，家庭和睦，家人团结。

良好的家训家风，带给人的教育影响是：懂礼仪，知廉耻；耕读继世，忠厚传家，知书达理；勤俭持家，勤劳致富，懂得节俭；家庭和睦，家人团结，尊老爱幼，有孝心。

新的现代家教理念是：注意孩子早期智力开发，抓非智力因素教育，促智力因素发展，注意心理健康教育，培养积极的心态，使孩子阳光向上；注意人格修养，学会与人和谐相处。让孩子明白学习的成功不是靠天赋，而是勤奋坚持的结果。掌握学习成功的六大秘诀：期望产生动力，信心改变自我，成功贵在坚持，学习方法必须科学，心态要阳光，身体要健康。

由于上述两方面的家庭教育缺失，家长忽视了对孩子从小进行“做人”和“立志”的教育，才导致孩子出现一系列问题：

1. 在家庭中序位关系颠倒。不是少敬老，而是以孩子为先，什么东西都是孩子先吃，什么事都得让着孩子，结果造成孩子心中无长辈、无他人，只有自己。

2. 孩子不爱劳动、不勤快，生活没有条理，没有独立生活的能力。这是因为家长从小就包揽孩子的一切事务，什么事都不让孩子干，把孩子培养成了懒汉。

3. 个别孩子在幼儿园里“称霸”，也是家长造成的。因为家长告诉孩子：“在幼儿园里谁要动手打你，你就狠狠地打他，以后他就不敢再动手打你了。”

4. 有的父母溺爱孩子，孩子有求必应。让孩子觉得钱来得容易，养成花钱大手大脚的习惯。父母不给钱时还心生怨怼。

5. 有的孩子不体谅父母的艰辛，只顾自己享受，已经工作了还是“啃老族”。这是在孝心、感恩方面没有教育好。

6. 有的孩子很聪明，应该能学好习。但是家长从小没有引导好，放任自流，致使孩子没有养成好的学习习惯，最后学习不好。

7. 有的孩子本来学习成绩好，但由于家长从不考虑孩子的感受，只要求孩子考试成绩好上加好，成绩稍有下滑就接受不了，狠狠地批评孩子，弄得孩子认为自己一无是处，最后干脆不学了。这是家长对现代教育理念认识不足的结果。

8. 有些孩子语文成绩差，从小不喜欢看课外书，是家长没意识到阅读的重要性，没有及时进行指导造成的。有些孩子严重偏科，是家长没意识到偏科的坏处、指导不力造成的结果。有些学生学习后劲不足，是家长没有认识早期智力开发的重要性，没有注意去开发孩子的智力潜能造成的。

9. 有的孩子在学习上缺乏目标、动力，干劲不足，是因为家长没能做到抓非智力因素教育，促智力因素发展，对孩子的立志教育做得不好。

10. 有的孩子抗挫能力差。碰到挫折就灰心丧气，怨天怨地，不从自身找原因，不去总结经验教训，而是消沉，缺乏战胜挫折的信心和勇气。

更为严重的是，经受不住压力而走极端，产生轻生念头。造成上述问题的原因，是家庭心理疏导教育薄弱，心理疏导教育跟不上，或者说心理教育在家庭中根本就没有进行过。

在孩子身上发生的问题，远不止这些。但是，不管还有什么样的问题，原因在家庭的，都是家长的责任。因为优良的传统家教、家训、家风没有守住，没有传承，随着时代的变化，新的现代家教理念、方法跟不上，家长不知道如何教育现代的孩子，该做的没有做，不该做的却做了，才导致孩子犯了错，这难道不是家长的原因吗？

家长要以孩子为镜，反思。要想改变孩子，首先要改变自己；要想教育孩子，首先要教育自己。家长只有懂得新时代的孩子应该怎么教育，才能去教育好孩子。

第二节　家长要反思问题、弥补缺失

要想当一个合格的父母，当一个会养育、会教育、会培养孩子的父母，还得重新学习，努力提升自己。

家庭教育是事业，因为人才都是从一个个家庭中走出来的。家庭教育是担当，家庭教育是校园教育的基础，是社会教育的组成部分。家庭教育是责任，因为你的孩子要你自己尽责任去培养；家庭教育是任务，你必须把孩子培养好、教育好；家庭教育是科学，你的教育理念、教育思想要正确，教育的方法必须要科学、妥当。国家发展要现代化，家庭教育也要逐渐现代化，家长的教育思想必须跟上。

人要照镜子，才知道自己长什么样。家长也要以孩子为镜，反思家庭教育中存在的问题。先找出自己有什么问题，再研究如何才能解决问题，才知道怎样提升自己。

一、反思什么，怎样反思

1. 你是否把家庭教育当作事业来经营？即便你事业很成功，但培养教育孩子不成功，不能算是真正的成功。光顾着忙事业，忽视了孩子的培养教育，在孩子身上造成的缺失，是用金钱买不来的。因为孩子智力开发有关键期，一般来讲，十八岁之前是读书的黄金期，所以说，教育孩子不能等。

2. 你是否有时代担当？国家要求立德树人，国家提倡要发扬我国历史上的文明家训、家教、家风。你是否注意对孩子从小进行做人的教育？你是否对孩子进行过“诚、善、信、孝”的教育？

3. 家庭教育是责任。你是否对孩子的培养教育尽到了自己的责任？有没有把孩子撂给老人，自己不管不问？有的家长图省心，花钱“买教育”，让孩子上辅导班，请人辅导，孩子还是学不好。为什么？因为家长没有尽到责任。

4. 家庭教育是任务。你是否把培养好、教育好孩子当成任务来完成？培养好、教育好孩子，家长要高度重视，从小抓紧，一刻不能放松。把孩子培养得有德、有才这是家长的理想。由于客观原因，孩子没能成才也没有关系，但孩子必须有德，这样照样能在社会上生存。

5. 为防止孩子有错难纠正，家长教育意识要有预见性，把工作做在前头，一旦发现有不好的苗头，要及时做工作，防微杜渐。

6. 家庭教育是科学，教育方法要科学、妥当。你是对孩子实施动态的管教？还是仍旧用死板的老一套？

7. 家庭教育要逐步现代化。你是否注意学习和研究现代教育理念、现代教育思想和现代教育方法？

家长以孩子为镜，认真反思自己，才能找到在孩子教育方面的过错和缺失。但要纠正什么错误，弥补哪些缺失，怎样去纠错，怎样去弥补，家长需要认真研究、认真学习，努力提升自己。

二、纠正和弥补什么，怎样去纠正和弥补

1. 纠正怕影响孩子学习，包揽孩子一切事务的错误做法；纠正对孩子的教育重

才轻德的错误认识

家长怕影响孩子学习，包揽孩子的一切事务，不让孩子干这、不让孩子干那，满足孩子的一切要求，提供充足的物质条件，让孩子能专心学习。家长的一片好心，孩子没领情，不但没有学习好，还产生了许多错误的认识和缺失：不仅变得懒惰，还没有担当意识和责任意识，误认为所有人都应为自己着想，所有的责任应有别人来担当，不为自己的错误承担责任，认为犯了错误没有什么大不了的。

相反，那些不用家长操心、自律的孩子学习却很好，因为他们知道自己应该做什么，不应该做什么。

受家庭重才轻德教育影响的孩子，学习都不会出类拔萃，因为成才需要成人做保障。在家庭教育中，没有对孩子进行诚实、善良、守信、孝道教育的要补上。

2. 让孩子学习数学，培养逻辑能力

教孩子数数、背数，速度要逐步加快。从实物开始，到抽象概念，比较数的大小，5 个苹果比 3 个苹果多 2 个，形成 5 比 3 大 2 的概念；熟背九九乘法表，正着背，倒着背，任意背，不假思索、张口就说对；练习口算超过 10 加减法，即 $8+5=13$，$13-5=8$，$9+8=17$，$17-9=8$，任何两位数相加，都能快速准确说对；练习复名数和小数之间的换算，1.65 元是 1 元 6 角 5 分，3.54 元是 3 元 5 角 4 分，2.04 元是 2 元零 4 分，5 元零 2 分是 5.02 元，不管怎样变换，都能熟练快速回答；练习两个倍数之间的关系，9 是 3 的 3 倍，21 是 7 的 3 倍，51 是 17 的 3 倍；100 至 200 以内两位数的倍数关系要记得熟，85 是 17 的 5 倍，144 是 12 的 12 倍，121 是 11 的 11 倍……

如果孩子从小口算速度特别快、特别准，数学准能学得好。现在的学生计算能力差，计算速度慢且不准确，都是因为家长从小忽视了口算能力的培养。

家长除对孩子进行口算训练外，还要注意及早培养学习各科的能力。在学习过程中，要学会科学用脑，全面掌握每门功课的学习方法，并要时刻保持心态阳光。

3. 家长应经常给孩子鼓劲，用美好的形象唤起学习的自信和动力。

美好形象思维方法，能拓宽和深化记忆的途径，唤起孩子学习的自信和动力。

一个学生不能老是想着不顺，老想自己不愉快的事情。要多想自己的优点，多想自己身上的闪光点，回想过去自己特别高兴的事情。例如：小学阶段也考过语文、数学两科均一百分，受到家长、老师的表扬，同学们的称赞，心里特别高兴；也曾考过班内第一名；也曾获得学科竞赛奖；也曾做过一次特别有趣的事，让家长特别高兴，自己也特别开心，那时候学习特别自信，也特别爱学……这些事情想得越多、越细致、越真切越好。想到自己过去的美好，自己觉得浑身有劲，因此能产生学习的主动性、积极性和学习的信心与力量。

4. 家长要为孩子树立榜样，在孩子面前谨言慎行

正人，必先正己。要想教育好孩子，家长必须先学会教育自己。为了让孩子成人、成才，父母必须规范自己的行为，建立和谐温馨的家庭关系。父母有争执，要尽量避开孩子。对孩子的教育不要简单粗暴，应动之以情、晓之以理，不给孩子留下心灵创伤。这样能让孩子感到家庭温暖，父母可亲、可信、可敬，孩子就很愿意接受父母的教育。

为了不给孩子留下负面影响，家长在孩子面前，非礼不语、失礼不做、无理不讲。说起来容易，做起来很难，为了孩子能健康成长，家长必须学着这样做。

5. 要纠正爱的过度，还要防止爱的缺失，家长要懂得怎样做才是真的爱孩子

爱是生命的源泉。在一个充满爱的家庭环境中成长起来的孩子，一般性格比较健全，通情达理、善解人意、性格温和，容易与别人和谐相处。在一个没有爱的家庭环境中成长的孩子，容易性格孤僻、执拗和偏激。所以，家庭不能缺少爱。

家中必须有爱，但不能溺爱。溺爱就是不分青红皂白，一味地迁就孩子，其结果是害了孩子，让孩子养成一身毛病，终生难改。爱要适度，要宽严相济，严中有爱、爱中有严，该严肃时要严肃、该和气时要和气，这才是真的爱孩子。

当孩子犯了错误的时候，要严肃地进行批评教育，但事后要补“情”，告诉孩子爸爸妈妈为什么当时那么严厉，并对当时的态度有不当之处表示歉意。这样，即使再严厉，孩子也会理解。

当孩子犯了错误内疚时，家长不要埋怨、不要批评、不要指责，要宽慰孩子："犯错不可怕，只要改了就好了。不要难过，爸爸妈妈相信你能改正！"父母如果这样，不仅让孩子增加了改正错误的决心和信心，也能让孩子体会到父母是真正在关心他、爱护他。

平时和孩子说话要和气、要面带微笑，有商议的口气。孩子向你叙说问题时，要耐心听。孩子提出的问题你无法回答时，不能一口否定和拒绝，要对孩子说："你说的问题，我现在还没有想好，容我想一想，等我想好了，再回答你好吗？"但你事后不能忘了，如果忘了，孩子会觉得你在敷衍他。等你想好了再妥善回答孩子，孩子会觉得父母尊重他，他在父母眼里有位置、有价值，孩子以后有什么心里话就会主动向父母诉说。

自尊心和自信心是孩子成长的动力。家长真正爱孩子，就要保护孩子的自尊心和自信心，不要看到孩子做了点自己看不惯的事情，就讽刺、挖苦。教育孩子更不要情绪化，不要出言不逊、恶语伤人。家长往往不注意，说了些不该说的狠话，让孩子很难过、很伤心。家长若不能及时解开孩子心中的结，会给孩子留下负面情绪的种子，会影响孩子很长时间。家长必须告诫自己：当你要对孩子说狠话时，请你先别开口，冷静下来想一想是否该说。这样，你就不会再犯以往的错误。

家长真正地爱孩子，就是在孩子成长的道路上别护短，及时让孩子知道对与错，奔着正道前行。

三、家长要提升自己，必须知道要提升什么

家长要担当起教育和培养孩子的重任，确实不容易，要学习和研究一些历史留给我们的优良家风、家教，要学习适应新时代发展要求的新教育理念、教育思想，要对孩子进行心理健康教育，要对孩子进行心理疏导和学习方法的指导，还要规范自己的言语行为。

第三章　做人、立志是家庭教育的主题

一个人懂得了如何做人的道理，又会做人，这是难能可贵的。以此立身，就会历经艰苦磨难而不失斗志；做事能自尊、自律，不会走歪门邪道，能守住做人的底线和良心，并能做到“服膺守善心无违”。

一个人如果有志向、有追求，他就会勤奋而不偷懒。他知道要想走出去看大世界，必须有能力；他知道阳光照亮世界，知识照亮人生；他知道知识就是力量，他就会努力学习，积极向上。

家庭教育千头万绪，有许多工作要做，但只要抓住“立志”教育和“做人”教育，就是抓住了教育的主要矛盾，其他问题便迎刃而解。家庭教育必须现代化，必须与时俱进。

第一节　首先教育孩子会做人

“立德树人”是国家对青少年教育的战略方针，更是家庭教育的主题。

为了让青少年将来能担当起建设更文明、更先进的强国责任，特别要强调对青少年进行立德树人的教育。“家国一体”，“家”是缩小的国，“国”是放大的家。作为家长来讲，必须让孩子有德有才。有德少才，鲜为人害；有才无德，小可以害民，大可致亡国。才德兼备，擅之可贵。对孩子进行立志做人的教育，就是家庭教育的根本。

纵观历史，古今中外，大多数为人类作出突出贡献的成功人士、学者、伟人，都受到家庭良好影响和教育，是幼时家长的高瞻远瞩、正确导向、及时的家教措施，成就了他们的光辉人生。

家庭教育中的做人教育应该如何进行呢？

一、做人的教育，应从小进行，别等孩子错了再纠正

十年树木，百年树人。对孩子进行做人的教育，从孩子开始懂事时就得进行。孩子小时候，不用讲太深的道理，只告诉孩子长大要做好事、做好人，不做坏事、不做坏人。结合孩子日常行为，让孩子明白什么是好事、什么是好人，什么是坏事、什么是坏人，要及时纠正孩子的错误行为和做法。长时期的潜移默化，会在孩子的潜意识中种下良好的种子。

教育孩子从小懂得做人的道理，就是为以后的成人、成才做保障。

二、教育孩子讲文明、懂礼貌、守规矩

对孩子进行文明礼貌、守规矩的教育，应该从小进行，并且养成习惯。

文明和礼貌是一脉相通的。文明礼貌不仅仅限于见了外人要问好，而且还要对人说话和气，别人对你讲话要耐心听；在公共场合不要大声喊叫，影响别人；在公共场合要守秩序、懂规矩，行为要礼让；待人接物要和谐，说话不能粗鲁……要求孩子这样做，家长也要这样做，给孩子树立榜样，因为身教胜于言传。

三、要对孩子进行“爱”和“孝”的教育

人间百福孝为先。父母关爱孩子是对的，但父母也要教育孩子要关爱别人，要有孝心、要感恩。

爱是生命的源泉，爱也是相互的，不能只求别人爱自己，也要学会爱别人。在家中要敬爱长辈、兄弟姐妹，不能事事都光想着自己，还要想到别人，不能让别人都顺着自己，还要照顾别人，替别人着想。有好吃的要先让爷爷、奶奶、爸爸、妈妈吃，自己再吃。老人不吃让孩子吃那是对孩子的关爱，但不能让孩子形成错误的意识：自己先吃是应该的，别人先吃是不应该的。

要学会感恩。受助于自己的人可以忘记，但有助于自己的人和事不能忘，要知恩图报。要感谢父母的养育之恩，孝敬他们。一个连自己的家和父母都不爱的人，很难让人相信他爱祖国、爱人民？

四、要教育孩子学会包容，学会尊重，学会理解，学会与人相处

在当今时代，单凭个人的努力很难办成一件事情，必须学会与人相处，与人合作，要学会宽容、忍让和理解。要知道，要想得到别人的尊重，首先要尊重别人；要想得到别人的理解，首先要学会理解别人；要想得到别人的宽容，首先要学会宽容别人。谋事要着眼大局，想远处、看大处，不要纠结小事，不要计较一时的得与失，不记仇，忘掉怨恨，丢掉嫉妒，这样才能让别人尊重你、信赖你、支持你，你的事业才能顺利进行，获得成功。

五、教育孩子要诚信，有责任心。做人要虚心，不能有贪心

做人要诚信，有责任心，要永远对自己说的话、做的事负责任。记住，骗得了一时，骗不了一世。所以说诚信、责任是一个人的立世之本。

古人云：三人同行，必有我师；偏信则暗，兼听则明。家长要教育孩子，学会与别人沟通，与别人交流，虚心向别人学习，取别人之长、补己之短。凡事有主见，但不能固执自己的偏见，要善于倾听别人的意见，从中悟出可行的道理，这样就可以少走弯路。

所以，做人必须谦虚、谨慎，不能太张扬，不能骄傲自满。

做人不能太贪心，不要与别人攀比，不能有歪心。坚持一个信念："凭智慧赚钱，凭能力做事。"为人要品行端正，要有人格、要有修养，这样人就可以避免犯错误。

六、教育孩子做人要心胸开阔、坦荡，遇事不钻牛角尖

俗话说："君子坦荡荡，小人长戚戚。""宰相肚里能撑船。"古今中外，成就

大事者大都是心胸开阔、坦荡的人。他们都有良好的心态，胜利了不骄傲，失败了不气馁，正确对待挫折和失败。不管出现什么情况，都要正确面对现实，勇敢地迈过眼前的这道“坎”。他们不怨天、不怨地，从自身找原因，永不丧失前进的信心和勇气。

家长还要注意从小培养孩子具备良好的性格。

好的性格是既柔又刚，思想大度，既容人又善待自己，不霸气、不小气。遇事沉着冷静，不急躁、不乱发脾气。做事低调，不张扬。遇事不钻牛角尖，能想得开、放得下，要活泼开朗。

七、教育孩子做事要有耐心、要有毅力，学会坚持，不能虎头蛇尾

一个人的成功，除了客观条件之外，起决定作用的是本人的努力、勤奋、刻苦、持之以恒。美国曾对800个男性追踪30年研究，发现一个人的成就大小，基本与毅力有关，说明毅力是成才、成功的决定因素。天上不会掉馅饼，世上也没有什么天才。所谓天才，就是勤奋、执着、忘我。

一个人做事的毅力，应该从小就要培养。家长要告诉孩子，做一件事，自始至终都要认真，不能怕困难，不能半途而废，不能虎头蛇尾，要善始善终。学一样东西，要学就要学好，不能一知半解，要打破砂锅问到底，不能凭一时的心血来潮，没了兴趣就撒手不干了。

例如，学拼平面图，搭积木，都要教育和指导孩子要有耐心，要细心，不要急躁。慢慢学、慢慢干，一次不成功，再来一次，直到弄懂，直到学会，直到成功。这种反复学和练的过程，就是培养孩子毅力的过程。

八、教育孩子要学会管控情绪，不能动不动就发脾气，动不动就生气

要告诉孩子，有话慢慢说，有话好好说，不能暴躁，不能发脾气。发脾气解决不了问题，既伤别人，也伤自己。让孩子明白生气就是拿别人的错误惩罚自己，气不着别人，只能是自己气自己。要想得开，看得开，不要介意小事，不要在乎小事，要向大处想，向好处想。

如果一个人脾气好、性格好，那谁都愿意和这个人相处。

九、做人要学会自省、自悟、自律

一个人一生走的路不可能是直线，能走一条接近直线的曲线路就不错了。在日常行为中难免有错误，对已经走过的路、做过的事，要经常进行反思、反省、自悟。发现错误要及时改正，不能在错误的道路上继续走下去，要做到自律。

我国古代教育家孔子倡导一日要三省其身，讲的就是让人自省、自悟、自觉。

以上所说的如何做人的道理，如果家长从小就对孩子进行灌输，形成孩子的坚强信念并化为行为的准则，那孩子在大千世界里，不管干什么都会有所成就，父母也就放心了，没有留下后悔和遗憾。所以说，抓住了对孩子的“立志、做人”的教育就是抓住了根本。

最后要强调一下，良好的家风，是对孩子无声的教育。

凡是家风不正的家庭，都会对孩子产生不良影响。所谓家风，就是家长的思想意识、言行、人品，以及所形成的家庭氛围。良好的家风再加上家长正确的引导、严格科学的教育，孩子在成人成才的道路上，一般都会健康成长。如果家风不正，孩子会受到精神污染，在以后的成长道路上，容易走歪路。即使当时家长说教了，但孩子也不接受，因为家长说的和做的不一致。为了自己，为了孩子，家长必须一身正气、两袖清风，讲文明、讲礼貌，做事做人有规则。细观社会现实，那些气质高雅、人品高尚的人，都是自幼良好的家风所造就的。所以家庭这块磁场，必须产生正能量。

第二节　怎样进行立志教育

一个人如果有了理想、有了志向、有了目标、有了追求，他就会有前进的动力，也有面对困难的勇气和信心。有了理想、有了抱负、有了奋斗目标，他就会知道应该怎么做，不该做什么。他会沿着自己追求的方向前进，一旦偏离了奔向目标这条直线，他会及时调正方向，不会在错误的道路上继续滑行。

如果孩子从小立下了志向，有了奋斗目标，他会在学习上自己抓紧，自己研究和改进学习方法，使学习不断进步。他不会盲目自满、故步自封，他会及时用心目中的理想目标，对照检查自己，做到心中有数，从而规划自己下一步。孩子能从小养成了自觉专心学习的习惯。学习时，不做其他事，不想与学习无关的事，不磨蹭时间，能做到“入静、入迷、入境”。

家是孩子筑梦、实现理想的发源地，是孩子成人成才的能量场。家长除了对孩子进行做人的教育之外，还必须对孩子时进行立志的教育，培养孩子爱学习的兴趣。

如何对孩子进行立志教育呢？

一、对孩子进行立志教育，应从小就进行

立志教育和做人的教育，相辅相成。先学会做人，再学会做学问，做学问要有做人做保障。立志服务于做人，立志要有家国情怀，要是大仁大志。

随着孩子长大懂事，要不断对孩子进行强化学习动机的教育，明确地告诉孩子为什么要读书、为谁读书、怎样读书。读书的目的是增加人的知识，提高解决问题的能力。将来走向社会，能够有能力适应社会生活，有能力报效祖国。不要认为读书是给父母读的，是给家人读的，不要动不动就不想学了，这是没有责任心，对自己不负责任。要让孩子明白不仅认真读书，还要把书读好，而且要读到底，知识越多越好。

随着孩子的成长，立志做人的教育内涵要不断丰富，不断加深。家长应该经常给孩子讲一些古今中外成功人士、学者、伟人的故事，让孩子从中受到教育，让孩子自己看伟人的传略，读名人名言录，从而励志笃行。让孩子不仅生活在现实中，还要生活在理想中。为实现自己的理想去读书，才能产生永恒的学习动力。

二、要培养孩子从小就爱学习的兴趣，会动脑、会思考、提高悟性

兴趣是最好的老师。孩子从小对学习有兴趣，喜欢学习，他学习就会好。对某件事情有兴趣，喜欢去做，就能做得好。喜欢自己的工作，喜欢自己的事业，他就会做出成就。

兴趣不是天生的，是培养出来的。兴趣产生的原因，是自己感受到做好一件事的喜悦。经常会看到孩子兴高采烈，手舞足蹈，高声大喊："我成功了！我胜利了！我又赢了！"

对孩子兴趣的培养，要在玩耍中进行，在游戏中进行，在具体做事的过程中进行。玩耍玩出花样，让孩子开心，他就会愿意玩。做游戏，让孩子进入角色，体会到过程中的快乐，孩子就会做。做事情能成功，能享受到成功的喜悦，他还愿意做。如果屡做屡不能成功，他就不想做了。

在具体做事过程中，帮助孩子成功，让孩子学会动脑、学会思考。如，让孩子拼图、玩积木、搭模型，动手做玩具。开始阶段要简单，让孩子一学就会，一做就成，让孩子体会到成功的愉快，然后由易到难，由简单到复杂，逐渐加大难度。当孩子碰到困难和失败时，要引导孩子思考为什么会失败，再加以具体指导，重新去做。如果做成了，孩子会非常高兴。在这种由易到难、由简单到复杂的动手过程中，不断激发孩子动脑思考，想出办法解决问题。经常这样教育，孩子就养成了习惯：做事之前别急躁，要沉下心，动脑思考，想好再做，不盲目。

孩子在学习过程中，体会到学习的快乐、成功的喜悦，就有了学习的兴趣。将兴趣坚持下去，就逐渐养成了爱学习的习惯。

三、抓好非智力因素教育，开发孩子的潜能

每个孩子都有巨大的潜力。人一生的潜能只发挥 1% 左右。爱因斯坦说他的大脑潜能只发挥不到 6%。英国智力训练专家说："全世界的荒野在你我的头发底下。"

教育的目的，是充分挖掘人的潜能，而潜能的开发要靠非智力因素。什么

是非智力因素？除了父母遗传给孩子的生理因素外，凡是经后天教育培养形成的一切因素，都是非智力因素，如理想、追求、期望、奋斗、信心、毅力、方法、心态等。

以上所说的非智力因素，它们在开发孩子大脑潜能、在孩子成长路上所起的作用：理想是支柱，信心是灵魂，奋斗是途径，方法是桥梁，毅力、心态是保障。

家长要想让孩子学习好，必须教育孩子：要有理想、有追求，有明确人生奋斗目标；学习要有信心、要自觉，方法要科学；要有毅力，学会坚持；要心态阳光，正确面对挫折，时刻保持心态平衡。

1. 利用“罗森塔尔效应”，唤起孩子的自信，改变自我状态，使学习不断进步

为了研究期望心理在学习上的作用，美国心理学家罗森塔尔，有意把一些成绩暂时落后的学生说成是“神童”。这些孩子相信了他的话，从而改变对自己的认识，由自卑变为自信，改掉了自己原来的一些缺点、毛病而努力学习，最后有许多孩子成了学习上的尖子。后来人们把这种抓期望心理、促学习转变的方法，叫作“罗森塔尔效应”。

“罗森塔尔效应”告诉我们：自我状态决定人的行为倾向，要想改变人的行为倾向，首先改变自我状态。一个自认为不聪明的孩子，其实他不笨，是别人说他笨，让他产生了思维定式觉得自己笨，才使他变笨的。只有让他觉得自己不笨，才会进步。

罗森塔尔还告诉我们：一个孩子，大人说他聪明，他就会变得越来越聪明。好孩子是夸出来的。家长应该学会正确地夸孩子，唤醒他改变自我状态，产生自信，让他燃起胸中的希望之火，鼓起理想的风帆。这样，他就会充分挖掘自身的潜能，在学习上做得更好。所以，在家庭教育中，要始终坚持正确地表扬，绝对不要伤害孩子的自尊心和自信心。

2. 对孩子进行“预期心理效应”教育，使孩子积极向上

期望产生动力，信心改变自我。

人在计划干一件事时，一开始看不到成功、看不到结果，但想到这件事自己一定能办成，想到成功的价值，想到成功的喜悦，信心加倍、干劲十足，很可能就会成功了，这叫作“预期心理效应”。如果你开始怀疑这件事自己能否办成，稍有犹豫，结果很可能就没有办成。

“预期心理效应”告诉我们：人的行为本身，不受直接行为结果支配，而是受预期结果支配。所谓预期结果，就是愿望结果。只有愿望结果与直接行为结果一致时，人才是高兴的，从而又产生新的愿望，新的愿望结果支配新的愿望行动。如果人没有愿望，也就没有行为。所以孩子不愿意干的事情，不要强迫他去干，干也干不好。太容易做的事情，孩子也没有兴趣。

在家庭教育中，了解“预期心理效应”对家长有着十分重要的意义。要让孩子做某件事情，首先向孩子讲明做这件事情的意义价值，然后诱导启发孩子产生期望，在期望结果的支配下去做。在做的过程中，家长予以指导，帮助孩子获得成功，实现预期结果与直接行为结果的一致。这样，孩子就会感到愉快，有成就感。以后，孩子就学会尝试做过去没有做过的事情。孩子开始可能觉得难，但实际做起来没有想象的那么难。久而久之，孩子就养成了敢想、敢做，不怕困难、积极进取的精神。

例如，有个孩子到了北京大学看到优雅的校园和莘莘学子愉快学习的情景，觉得北京大学真好，他要上北京大学。回到家中，发奋努力，时刻想着要去北京大学读书，并想象考上北京大学的幸福情境。在这种心境的支持下，他时刻努力、坚持奋斗，最后真的考取了北京大学，这就是“预期心理效应”支配的结果。

3. 对孩子进行目标和期望教育，产生学习动力

高尔基曾说过：伟大的目标，才能产生伟大的行动。行为科学告诉我们：学习动力 = 目标 × 期望的心理的概率。目标又分为三个层次：理想目标，奋斗目标，行为目标。

理想目标，即将来要达到的终极目标，如让自己成为什么样的人、从事什么职业、考什么大学、学什么专业。让理想目标激励孩子不断前进，憧憬未来。

奋斗目标，即在学习上应达到的标准。开始阶段，目标可以低一点，然后逐渐提高标准。如果开始阶段定得太高，目标不能实现，容易丧失信心。

行为目标，即学习要有计划。在学习之前，要预先考虑好学什么、解决什么问题。确定好学习的量，然后努力完成。只要学习，就得有收获，达到预期要求。这样，孩子才会有成就感，学习热情才会越来越高，学习成绩才会逐渐提高。

4. 教孩子掌握科学的学习方法，孩子的学习就会越来越好

学无定法，但也要讲方法，贵在得法。在学习上，孩子必须做到自觉、乐学、会学。让孩子体会到学习过程中的快乐，才能取得优异成绩。为此，家长要做好以下几个方面的教育。

第一，在孩子学习的过程中，加强动态的教育，促其自觉地时刻保持奋进的学习情绪，别掉队、别偏科。这样，孩子在学习上就不会碰到太大的困难，就不会产生厌学的情绪，不会丧失学习的信心。

第二，帮助孩子研究学习规律，掌握科学的学习方法，提高学习效率。让孩子在专心上求效率，在思考中学，在总结中前进。

首先，养成读书专心、听讲认真、复习及时、作业独立完成的良好习惯。然后再研究学习规律，探索适合自己的学习方法。在学习过程中，要学会“举三反一”；在应用过程中，学会举一反三，提高做题能力。

借助于有讲解、有习题解答及做题分析的参考书，加深对课本知识的理解，解决学习中碰到的困难。对参考书，要横向阅读、纵向思考，几本讲解同一内容的参考书一起看完，对知识的理解会更深刻、更全面。

相同类型的习题解答、解题分析，放在一起看可以拓宽解题思路，归纳总结出做题的规律，提高做题的能力。通过纵向思考，达到不仅会做这一道题，同一类型的题都会做。要培养孩子的自学能力，做到老师教的要会，老师没有教的也要会；同学们会的要会，同学不会的自己也能会。

要求孩子做到记就要清晰完整，懂就要透彻，不能似是而非；会就要熟练，心里明白，要会表达。这样才算是把知识学深、学透、学活了。要克服学习上的“高原”现象——只学习不进步。学习的效果，不在于你看了多少遍、用了多少时间，关键看在你脑子里留下了多少记忆。为避免遗忘，在学习过程中，要掌握遗忘规律，采用迂回的学习方法。

学习要有计划性、针对性。有计划地学，有针对性地突破难点。要学会自己考自己，检查自己还有哪些知识缺陷，查漏补缺。

5. 教孩子会考试，只要能反映自己的水平，就是胜利

不仅会学，还要会考。每次考试，不出现不该犯的错误，反映孩子的真实水平，就会增加孩子学习的信心。为此要教育孩子做好以下四点：

一是端正态度。别怕考不好，别怕暴露问题，把考试看成是一次练习，一次锻炼，考出方向来就行。家长也不要在孩子考试前定目标，向孩子施加压力。

二是采用科学的复习方法。学习的知识是一大片，但考试是一条线。要让孩子把学过的知识进行梳理，连成串，穿成一条线。告诉孩子，临考试前只复习平时会的，不去复习平时不会的，允许考前不会。

三是考试过程中，不想考试结果，只想如何做题。只要把应该会的题都做出来，没有后悔和遗憾就行。平静的心态是考试顺利进行的先决条件。经验告诉我们：越怕考不好，结果考得更差；越怕失败，失败就在眼前。如果什么不去想，结果反而会好。

四是正确对待考试后的成绩。成绩好也不要骄傲，要这么想："这次考试，因为我都会，所以成绩好；如果考试题变化或变难，有我不会的，成绩可能就不那么好了。"如果成绩不理想，也不要气馁。不怕这次考试成绩低，就怕考试过后情绪低，找不到方向、找不出问题，不知道下一步应该怎么办。每次考试过后，都要仔细分析，成功的原因是什么，失败的教训是什么。考试中出现的问题，不是考试时才有的，是平时缺点的集中暴露，所以要在平时的学习过程中去解决，平时把这方面的缺点纠正了，考试也就不会再出错了。

对于考试中不会的问题，要坚决学会。只准考前不会，不准考后不会。自己不会的问题，往往是规律性的问题，下次考试还会遇到。如果轻易放过，以后再考还是不会。

6. 教育孩子要时刻保持心态平衡

平静的心态能使人做事有办法。问题处理得是否恰当，是由当时人的心态决定的。人有了平静的心态、平衡的心理，就不会犯糊涂、做傻事，不犯不应该犯的错误。

教育孩子遇事不与别人比，只与自己比，力求不断战胜自己，不断超越自己。当自己不如别人时，要与自己比，与自己的过去比，发现自己比过去好了，比过去进步了，以增强自己的信心。当自己超过别人时，也还是与自己比，与自己追求的理想目标比，发现自己与理想目标还差得远，应该继续努力，防止盲目自大、故步自封而停滞不前。告诉孩子，前进路上的阻力，不是来自别人，而是你自己；不是别人打败了你，是你自己打败了自己。

不要在意面子。人的尊严，不是表现在外部，而是存在自己的内心里——“我”不像别人说得那样差。自己心里明白就行，不要在乎别人怎样说你、怎样看你。

许多历史教训告诉我们：人后来犯的一系列错误，都是由于心理不平衡造成的。如果说习惯成就未来，那么心态决定命运。

过去别人对自己的不好，要学会忘记，不要记仇、不要有报复心理。造成的心结，要设法化解。记住，“朋友千千少，冤家一个多”“冤家宜解不宜结，得饶人处且饶人”。报复人一时的快乐，远远小于对自己的伤害。只有忘记仇恨，心理才会平衡。

四、教育孩子懂得：人生的追求是德才学识，不是吃喝打扮

现在家庭生活条件好了，有的孩子习惯了享乐浮华，讲究吃穿打扮，只知道追求外在的美，不知道真正的美是什么。

家长应该教育孩子明白，人真正的美是他的德才学识，而不是华丽的外衣。人一生追求的也应该是德才学识，而不是吃穿打扮。把精力用在学习上，一心想学习，不去追时髦，这才是正道。

家长注意从小就对孩子进行做人和立志教育，孩子就会沿着正道直行。

第四章　家长应该懂教育、会教育

要想把孩子培养教育好，首先要懂得教育。但懂教育未必就能教育和培养好孩子，还得讲时机、讲方法、讲艺术，看效果。

第一节　首先家长要懂教育

从孩子出生到高中毕业，一般来说孩子都在父母身边。在这十八年中，要经历四个学习阶段：学前阶段、小学阶段、初中阶段、高中阶段。由于孩子在每个学习阶段的生理、心理发展变化不同，应该有不同的教育方向。在孩子成长过程中，经历每个学习阶段，所面临的路都有正路、错路、弯路。让孩子少走弯路，不走错路，这是家长所期望的。

为了规范家庭教育内容，提高家庭教育的质量，中华全国妇女联合会和教育部等九个部门，联合修改和发布了《家庭教育大纲》，现将有关内容摘录下来，作为家长对孩子教育的遵循，希望家长努力实施。

（一）0～3岁儿童的家庭教育

1.0～3岁儿童的身心发展特点

这是儿童身心发展最快的时期。儿童的身高和体重迅速增长，神经系统结构发展迅速；感知觉飞速发展；遵循由头至脚、由大动作至小动作的发展原则，逐步掌握人类行为的基本动作；语言能力迅速发展；表现出一定的交往倾向，乐于探索周围世界；对家长有强烈依赖感；道德发展处于前道德期。

2. 家庭教育的内容要点

(1) 提倡母乳喂养。产后尽早用正确的方法哺乳；在睡眠、情绪和健康等方面保持良好状态，科学饮食，增加营养；在母乳不充分的阶段采取科学的混合喂养，适时添加辅食。

(2) 鼓励主动学习儿童日常养育和照料的科学知识与方法。家长要让儿童多看、多听、多运动、多抚触，带领儿童开展适当的运动、游戏，增强儿童体质。家长应按时为儿童预防接种，培养儿童健康的卫生习惯，注意科学的饮食调配；配合医疗部门完成相关疾病筛查，做好儿童生长发育监测，学会观察儿童，及时发现儿童发展中的异常表现，及早进行干预；学会了解儿童常见病的发病征兆及应对方法，掌握病后护理常识；了解儿童成长的特点和表现，学会倾听、分辨和理解儿童的多种表达方式。

(3) 制订生活规则。家长要了解孩子成长规律及特点，并据此制订日常生活规则，按照规则指导孩子的行为；采用鼓励、表扬等正面教育为主的方法，培养孩子健康的生活方式。

(4) 丰富孩子感知经验。家长要创设孩子充分活动的空间与条件，充分利用日常生活环境中的真实物品和现象，让孩子在爬行、观察、听闻、触摸等活动过程中获得各种感知经验，促进感官发展。

(5) 关注孩子需求。家长要为孩子提供抓握、把玩、涂鸦、拆卸等活动的机会、工具和材料，用多种形式发展孩子的小肌肉精细动作和大肌肉活动能力；分享孩子的快乐，满足孩子好奇、好玩的认知需要，激发孩子想象力和好奇心。

(6) 提供言语示范。家长要为孩子创设宽松愉快的语言交往环境，通过表情、肢体、语言等多种方式与孩子交流；提高自身语言表达素养，为孩子提供良好的言语示范；为孩子的语言学习提供丰富的机会，运用多种方法鼓励孩子表达；积极回应孩子，鼓励孩子之间的模仿和交流。

(7) 提高安全意识。家长要有看护意识，要告诉孩子哪件东西不能动，哪些地方不能去，有危险。家长要消除居室和周边环境中的危险因素，防止孩子意外伤害的发生。

(8) 加强亲子陪伴。家长要认识到陪伴对于孩子成长的重要性，学会建立良好的亲子依恋关系，不用电子产品代替家长陪伴孩子，多与孩子一起进行亲子阅读；学习亲子沟通的技巧，与孩子建立开放的沟通模式；关注、尊重、理解孩子的情绪，合理对待孩子过度情绪化行为，有针对性地实施适合孩子个性的教养策略，培育孩子良好情绪；处理好子女间的关系，让每个孩子都得到健康发展。

(9) 重视发挥家庭各成员角色的作用。要积极发挥父亲在家庭教育中的作用，适度发挥祖辈参与的作用，引导祖辈树立正确的教养理念。

(10) 做好入园准备。入园前，家长要有意识地培养孩子一定的生活自理能力及对简单规则的理解能力，入园后，家长要与幼儿园教师积极沟通，共同帮助孩子适应入托环境，平稳度过入园分离焦虑期。

（二）3～6岁儿童的家庭教育

1.3～6岁儿童的身心发展特点

这是儿童身心快速发展的时期。儿童的身高和体重稳步增长，大脑、神经、动作技能等获得长足的进步；自我独立意识增强，开始表现出一定兴趣、爱好、脾气等个性倾向；初步具备自我情绪调节能力；愿意与同伴交往，乐于分享；学习能力开始发展，语言表达能力强；依恋家长，会产生分离焦虑；处于道德他律期，独立性、延迟满足能力、自信心都有所发展。

2. 家庭教育指导内容要点

(1) 积极带领孩子感知家乡与祖国的美好。家长要和孩子一起外出游玩、观看影视文化作品等多种形式，了解有关家乡、祖国各地的风景名胜、著名建筑、独特物产等；适时向孩子介绍国旗、国歌、国徽的含义，带领孩子观看升国旗、奏国歌等仪式，培育孩子对家乡和祖国的热爱之情。

(2) 引导孩子关心、尊重他人，学会交往。家长要培养孩子尊重长辈、关心同伴的美德：关注孩子日常交往行为，对孩子的交往态度、行为及时提供帮助和辅导；结合实际情境，帮助孩子理解他人的情绪，了解他人的需要，做出适当的回应；引导孩子学会接纳差异，关注他人的感受；培养孩子多方面的兴趣、爱好和特长，增强孩子与人交往的自信心；经常带孩子接触不同的人际环境，为孩子创造交往机会，帮助孩子学会与同伴相处。

(3) 培养孩子的规则意识，增强社会适应性。家长要结合孩子生活实际，为孩子制订日常生活规范、游戏规范、交往规范，遵守家庭基本礼仪；要求孩子完成力所能及的任务，培养责任感和认真负责的态度；有意识地带孩子走出家庭，接触丰富的社会环境，提高社会适应性；在孩子遇到困难时以鼓励、疏导的方式给予必要的帮助与支持。

(4) 加强孩子营养保健和体育锻炼。家长要积极带领孩子开展体育活动；根据孩子的个人特点，寻找科学合理又能被孩子接受的膳食方式；科学搭配孩子饮食，做到营养均衡、比例适当、饮食定量、调配得当；科学管理孩子的体重，学习关于孩子营养的科学知识；与孩子一起制订合理的家庭生活作息制度，培养孩子良好的生活和卫生习惯；定期带孩子做健康检查。

(5) 丰富孩子感性经验。家长要重视生活的教育价值，为孩子创设丰富的教育环境，带领孩子关心周围事物及现象，多开展接触大自然的户外活动，参观科技馆、博物馆、美术馆等，开阔孩子的眼界，丰富孩子的感性经验；尊重和保护孩子的好奇心和学习兴趣，支持和满足孩子通过直接感知、实际操作和亲身体验获取经验的需要，避免开展超出孩子认知能力的超前教育和强化训练。

(6) 提高安全意识。家长要尽可能消除居室和周边环境中的危险性因素；结合孩子的生活和学习，在共同参与的过程中对孩子实施安全教育；重视孩子的体能素质，提高其自我保护能力。

(7) 培养孩子生活自理能力和劳动意识。家长要鼓励孩子做力所能及的事情，学习和掌握基本的生活自理方法，参与简单的家务劳动，在生活点滴中启发孩子的劳动意识，激发孩子的劳动兴趣。

(8) 科学做好入学准备。家长要重视孩子幼儿园与小学过渡期的衔接适应，充分尊重和保护孩子的好奇心和学习兴趣，帮助孩子形成良好的任务意识、规则意识、时间观念，学会控制情绪，能正确表达自己的主张，逐步培育孩子通过沟通解决同伴问题的意识和能力；坚决抵制和摒弃让孩子提前学习小学课程和教育内容的错误倾向。

(三) 小学阶段：6～12岁儿童的家庭教育

1.6～12岁孩子的身心发展特点

这一阶段孩子的生理发展处在相对稳、均衡的时期，入学学习是孩子生活中的一个重大转折。孩子的身高和体重加速发展；大脑仍在持续快速发展，以具体思维为主，逐步向抽象思维过渡；情绪总体稳定，偶有较大波动；个人气质更加明显；能逐步客观进行自我评价，注重权威评价；社会交往能力增强，开始有较为稳定的同伴关系；学习能力逐步提高，学习策略逐步完善；自理能力增强。

2. 家庭教育指导内容要点

(1) 培养孩子朴素的爱国情感。家长要重视优秀传统文化的价值，了解家乡特色习俗和中华民族的共同习俗，过好中国传统节日和现代公共节日；开展家国情怀教育，多给孩子讲述仁人志士的故事、中华民族传统美德、国家发展的成就等；指导孩子写好中国字，说好中国话；初步了解优秀传统文化的内涵，培养孩子作为中华民族一员的归属感和自豪感。

(2) 提升孩子道德修养。家长要提升自身道德修养，处处为孩子做表率，结合身边的道德榜样和通俗易懂的道德故事，培养孩子良好的道德行为习惯；创设健康向上的家庭氛围；与学校、社会形成合力，净化家庭和社会文化环境；从大处着眼，从小事入手，及时抓住日常生活事件，教育孩子孝敬长辈、尊敬老师，学会感恩、帮助他人，诚实为人、诚信做事。

(3) 培养孩子珍惜生命、尊重自然的意识。家长要将生命教育纳入生活实践中，带领孩子认识自然界的生命现象，帮助孩子建立热爱生命、珍惜生命、呵护生命的意识；抓住日常生活事件，增长孩子居家出行的自我保护意识及基本的自救知识与技能；引导孩子树立尊重自然、顺应自然、保护自然的发展理念，养成勤俭节约、低碳环保的生活习惯。

(4) 培养孩子良好的学习习惯。家长要注重孩子学习兴趣的培养，保护和开发孩子的好奇心，鼓励孩子的探索行为；引导孩子形成按时独立完成任务、及时总结、不懂善问的习惯，成为学习的主人；正确对待孩子的学习成绩，设置合理期望，不盲目攀比；用全面和发展的眼光看待、评价孩子，增强孩子学习信心。

(5) 培养孩子健康的生活习惯。家长要科学安排孩子的饮食，引导孩子养成健康的饮食习惯；培养孩子关注个人卫生和环境卫生，养成良好的卫生习惯；培养孩子良好作息习惯，保证孩子睡眠充足，每日睡足 10 小时；为孩子提供良好的学习环境，注意用眼卫生并定期检查视力；养成科学用耳习惯，控制耳机等娱乐性噪声接触，定期检查听力；引导并督促孩子坚持开展体育锻炼，培养一两项能够终身受益的体育爱好；配合卫生部门定期做好孩子健康监测。

(6) 培养孩子的劳动习惯。家长要正确认识劳动对孩子成长的价值；坚持从细微处入手，提高孩子的生活自理能力，养成生活自理的习惯；给孩子创造劳动的机会，教授孩子一定的劳动技能，培养劳动热情，树立劳动创造价值的观念；根据孩子的年龄特征、性别差异、身体状况等特点，安排适度的劳动内容、时间和强度，做好劳动保护；让孩子了解家庭收支状况，适度参与家庭财务预算，视家庭经济状况和孩子的年龄给适量的零用钱，引导孩子合理支配零用钱，形成正确的消费意识。

(7) 积极参与家校社协同教育。家长要主动与学校沟通联系，了解孩子在学校的学习、生活情况，与学校共同完成相应的教育活动，提高孩子的学习效果；参与学校的家长委员会、家长学校、家长会活动以及亲子活动等，自觉接受家庭教育指导；积极参与学校管理，主动根据需要联系社会资源，与学校共创良好育人环境。

(四) 初中阶段：12 ～ 15 岁儿童的家庭教育指导

1. 12 ～ 15 岁儿童的身心发展特点

这是孩子从童年向成年的过渡期。孩子的生殖器官逐步发育，出现性冲动和性好奇；整体身体素质好；大脑发展迅速，抽象思维能力增强，记忆和观察水平不断提高；自尊心强，重视外表，建立自我同一性成为本阶段孩子最重要的任务；情绪波动大，敏感易怒，容易有挫折感，情感内隐；易和家长产生冲突；重视同伴交往及其评价，对父母依恋减少；责任心增强，自我控制能力有明显发展。

2. 家庭教育指导内容要点

(1) 重视价值观教育。家长要理解、践行社会主义核心价值观，以身作则，为孩子树立榜样；结合发生在家庭、学校和社会的事件开展价值观教育，培育孩子正确的思想观念和价值取向；通过孩子喜闻乐见的方式，讲好中国故事，用爱国主义激发孩子的梦想，让孩子能够结合自己的现实和未来，自觉践行爱国、敬业、诚信、友善等价值准则；让孩子学习正确认识与分析问题，分辨是非。

(2) 重视孩子青春期人格发展。家长要认识青春期孩子发展特征，不断调整教养方式；帮助孩子悦纳自我；尊重孩子自主意愿，鼓励孩子独立思考与理性表达；培养孩子应对挫折适应环境的能力和坚毅品格；引导孩子以合理的方式宣泄情绪，积极调控心理，自主自助，预防和克服各种可能产生的青春期心理障碍；正确对待孩子的叛逆行为。

(3) 增强孩子学习动力。家长要帮助孩子树立正确的学习目标，将学习的外在动力转化为内在动力；培养孩子勤奋学习、持续学习的意志力；重视孩子学习方法和学习习惯的养成，帮助孩子形成制订合理的学习计划的能力；指导孩子正确应对学习压力，克服考试焦虑，在孩子考试受挫时鼓励他。

(4) 提高孩子信息素养。家长要正确认识媒介对孩子的影响，掌握必要的信息知识与方法；了解孩子使用各种媒介的情况，培养孩子对信息的是非辨别能力和加工能力；鼓励孩子在使用网络等媒介的过程中学会自我保护、自我尊重、自我发展；丰富孩子生活，规范上网行为，预防网络依赖；了解网络沉溺标准，能够在专业机构和人员的帮助下，指导孩子戒除网络沉溺行为。

(5) 对孩子进行性教育。家长要充分了解青春期生理卫生知识，对孩子开展适时、适度的性教育，让孩子了解必要的青春期知识，认识并适应身体的生理变化；开展科学的性心理辅导，对孩子进行与异性交往的指导；加强对孩子的性道德教育，帮助孩子认识到对性健康和生殖健康应当采取负责任的态度和行为。

(6) 构建良好的亲子关系。家长要与孩子平等相处，理解孩子自主愿望，保护孩子隐私权；学会倾听孩子的意见和感受，学会尊重、欣赏、认同和分享孩子的想法；学会运用民主、宽容的语言和态度对待孩子，促进良性亲子沟通。

(7) 重视生涯规划指导。家长要正确认识自己的孩子，帮助孩子客观认识自我，勇于面对现实，保持信心；支持孩子参与志愿服务、研学等社会实践活动，协同学校合理安排孩子进行一定的农业生产、工业体验、服务业实习等劳动实践，引导孩子加深对各种职业的了解；协助孩子综合分析学业水平、兴趣爱好，并根据个性特征合理规划未来；宽容对待孩子在做自我选择时与家长的分歧。

(五) 高中阶段：15 ～ 18 岁儿童的家庭教育指导要点

1. 15 ～ 18 岁儿童的身心发展特点

这一阶段的孩子已经进入青春中后期。孩子在外貌上与成人接近，身体各器官逐步发育成熟，发育进入相对稳定期；认知结构的完整体系基本形成，抽象逻辑思维占据优势地位；情绪不稳定，情感内隐，易感到孤独；重视同性和异性的友谊，并可能萌发爱慕感情；自制力和意志力增强但仍不成熟；独立性强，有决断力；观察力、联想能力迅速发展。

2. 家庭教育指导内容要点

(1) 引导儿童树立国家意识。家长要引导孩子树立国家意识，增强孩子的公民意识和社会责任感，关注社会发展，将个人理想与国家需要相结合，认识国家前途、命运与个人价值实现的统一关系，学会将个人理想与国家的发展、现实的奋斗相结合。

(2) 培养儿童的法治观念。家长要加强法律知识学习，正确理解自由、平等、公正、法治的内在含义及其要求，成为孩子遵法、学法、守法、用法的榜样；掌握家庭法治教育的内容和方法，引导孩子树立权利与义务相统一的观念，养成遵法守法的行为习惯，学会在法律和规则框架内实现个人的自由意志；与孩子建立民主、平等的关系，切实维护孩子权益。

(3) 提高儿童交往合作能力。家长要根据该年龄段孩子个性特点，引导孩子积极开展社交活动和正常的异性交往；以性道德、性责任、性健康、预防和拒绝不安全性行为为重点，开展性教育；对有恋爱行为的孩子，给予正确引导；鼓励孩子在集体生活中锻炼自己，学会与人相处，体验与人合作的快乐；帮助孩子学会宽容待人，正确对待友谊；了解校园欺凌行为的性质、特点及家校合作的基本处理方法。

(4) 培养儿童的责任意识。家长引导孩子树立社会责任感，正确处理个人与自我、与他人、与社会的关系，勇于承担责任。

(5) 加强儿童美育。家长要培养孩子正确的审美观，具有发现美、欣赏美、表现美的能力；让孩子接触、欣赏自然美，培养热爱自然环境、热爱祖国美好河山的情感；欣赏文学和艺术，发展想象和表现美的能力；明确内在美与外在美的关系，理解劳动能创造美；加强自身修养，践行文明礼仪；增强对个性美的感受，提高自我评价能力，形成文明健康的生活方式。

(6) 家长要教育儿童孩子正确对待挫折与失败，学会情绪调节时刻保持心态平衡，时刻保持奋进的学习情绪。

(7) 指导儿童以平常心对待升学。指导家长在迎考期间保持正常、有序的家庭生活，科学、合理安排生活作息，保证孩子劳逸结合，身心愉快；保持适度期待，鼓励孩子树立自信心，以平常心面对考试；为孩子选择志愿提供参考意见，并尊重孩子对自身的未来规划与发展意愿。要将上述教育内容与要求，落实到孩子身上，确实不容易。家长需要加强学习，加强研究。

为了孩子能顺利健康成长，将来能适应社会发展要求，家长应该高度重视家庭教育。

第二节　如何把孩子培养好、教育好

要想让孩子健康顺利成长，把孩子培养好、教育好，家长要从三个方面去做：一是营造良好的家庭育人环境与和谐的育人气氛；二是掌握好家庭教育的基础原则——孩子能心悦诚服地接受家长的教育；三是对孩子实行动态管理。

一、营造良好的家庭育人环境与和谐的育人气氛

孩子的成长需要能量，这个能量来自家庭的每个成员身上的正能量。营造良好的家庭育人环境与气氛，就是打造一个良好的家庭能量场。

（一）摆正家庭成员的序位关系，传承家庭能量

家庭成员的序位关系必须摆正，否则就会影响家庭能量的流通，对孩子产生不利的影响。在家庭成员中，每个人都有自己的位置、扮演不同的角色，每个位置、角色都起着不同的作用。

在家庭成员中，应该是爷爷奶奶在上，爸爸妈妈在中间，孙子孙女辈在后。一家人应该老爱幼、少敬老。这种关系不能改变，若是改变了，家族链中的能量关系就无法传承了。有个例子，应该能引起我们的深思。

一个周末的下午，全家人聚在一起给一个 12 岁男孩的奶奶过生日，随着敲门声响，孩子的爸爸拎着一个精美的蛋糕走了进来。孩子一看到蛋糕就吵着要吃。爸爸说：“不行！一会儿咱们给奶奶庆祝生日后，让奶奶切开再吃。”可让大家没想到的是，孩子不干了，一把抢过蛋糕，恶狠狠地说：“哼！不让我先吃，

你们也别想吃。”话音刚落，那个无比精美的蛋糕就被重重地摔在了地上。在大家的一片惊愕中，奶奶泪流满面：“我疼了你十二年，可你为什么连一天的爱都不能给我啊！”

在这件事上，大家会觉得男孩任性、不懂事，可是，这能全怪孩子吗？如果不是长辈平时对他百依百顺，如果不是小男孩的奶奶每次都把好吃的东西让给他吃，如果不是大人们在养育孩子的过程中忽视了教育孩子对序位的遵从，小男孩又怎么可能如此不懂事呢？

每个家庭的内部都隐藏着一股动力，家庭的每一个成员都会受这股力的影响，这股动力就是所说的家庭能量。每个人身上都带着家庭传承的能量密码，我们要通过家庭链来传承家庭能量，经历和体验着这种家庭能量给我们的影响。家庭能量——它看似无形，却远远要比人在意识上的百般努力强大得多，时刻影响并左右着我们的人生。

人的内在力量建立在家庭系统的根上。在家庭里对父母很孝顺的孩子，即使父母对他严厉，他也依然对父母心怀感恩，这个孩子日后会有很大成就，生活也一定会很幸福，这就是家庭能量的影响。

如果家庭中的每位成员都能遵从序位生活行事，那么家庭就会和谐，家庭能量就可以自由流动；如果违反了这个序位，家庭成员就会一代又一代不断地复制先人的问题模式，或不断弥补先人的过错，从而导致一系列家庭问题的出现，甚至会严重影响孩子的人生。

在家庭系统中，每个人都有自己的位置和本分。孩子有孩子的位置，父母有父母的位置，爷爷奶奶有爷爷奶奶的位置，只有当所有人都在合适的位置时，家庭系统才能达到一个平衡状态，才能使家庭能量顺畅地流动起来，才能让孩子能传承家庭能量。所以，我们在教育孩子的过程中，一定要从自身做起，为孩子树立良好的榜样，让孩子懂得尊老爱幼，学会对家族序位的遵从。

（二）要营造和谐的家庭育人气氛

所谓和谐的家庭育人气氛，就是家族成员都处在自己合适的位置上，关系融洽，没有冲突、没有矛盾、没有争吵，全家人和睦，环境宽松、温馨，孩子能自由、健康地成长。

父母两人关系很和谐，不争不吵，孩子心里也会很高兴。父母一定要一起共同关爱孩子和教育孩子，并且步调一致。

有机会、有时间，父母一起陪孩子到野外观景、赏花，看天空中的鸟飞，看水中的鱼游，开心地玩耍；到科技馆，接受科普教育；到书店看书、买书，丰富孩子的知识……这些活动，会让孩子感受到父母对他们的关爱、体会到家庭的温暖，心灵上得到满足，没有创伤、没有忧虑。在这样的气氛下，孩子定会健康、顺利地成长。

二、家庭教育的基本原则

孩子能心悦诚服地接受家长的教育，那就是平等、关爱、尊重、信任。我在院子散步，经常有家长对孩子说："快跟薛爷爷说说话，让他好好指导你。"更有甚者，听说我今天晚上要辅导学生，赶紧回家对孩子说："今晚薛爷爷在辅导学生，你快去听听！"孩子正在写作业，对家长这样的安排很不高兴，家长见他不高兴，更逼着他去我家。我见孩子很不情愿，就对家长说："今晚我是对高三学生做辅导，你孩子才上高一，我讲的内容与他没关系，你让他回去吧！如果有什么问题，约个时间让他单独来找我。我针对孩子的问题单独讲，才有效果。"

教育必须有的放矢，必须符合孩子的需要，才能起到效果；教育必须因人而易，根据实际情况和时机确定，不能硬性灌输、强迫命令，更不是家长的随心所欲、情绪的发泄。教育要讲艺术、讲方法，看时机、看效果。没有效果的教育，家长再怎么好心，也没有用。经常听家长说："我这都是为了你好，你为什么不听、不领情，反而和我对抗呢？"家长在埋怨孩子的时候，要静心想一想：你遵循教育的基本原则去做了吗？是孩子的问题，还是家长的问题？

要想让孩子心悦诚服的接受家长的教育，你必须注意以下几点：

第一，要弄明白自己和孩子的关系：孩子不是父母的附属品。

每个人都有生存的权利，也都有得到心理和生理尊重的需要。孩子也是人，也一样具备思想和人格。当父母懂得尊重孩子的个性、兴趣、选择和人格时，孩子的能量自然会得到不断提升。

父母要想把孩子教育好，首先要尊重孩子。平等是尊重的基础。当父母能够认识到孩子与自己是平等的，能够平等地对待孩子时，尊重就已经存在了。然而，现实生活中，让家长真正做到这点却很难。“你是我生的，所以必须听我的。”这种错误的观念，是孩子与父母发生矛盾、冲突的根源。

很多父母把孩子当作自己的“私有财产”，孩子的一切都要听从自己的安排。但父母只有对孩子的抚养权，没有对孩子的所有权，孩子不是父母的附属品。只有我们具备了这样的境界，拥有了这种观念，我们才会从一开始就把培养独立这一品性纳入对孩子的教育。这样，对孩子的一切教育才会步入正道。

父母懂得尊重孩子，他们就会懂得尊重自己，同时也会懂得尊重别人。

爱孩子不能以占有为条件，占有的爱是自私的，后果是不好的，有一些母亲甚至在孩子成家之后，都不愿意放弃对孩子的占有。所以，现实生活中，经常能看到有的母亲把儿子弄得婚姻破裂、妻离子散，这就是为什么很多婆媳的关系不好的原因。

孩子有自己要走的路，总有一天他们要去寻找自己心灵的归属。而这个归属也是他们来到这个世界上的使命。作为父母，我们能做的就是提升自己的能量与知识，聆听孩子的心声，给予孩子平等的对待，用尊重和支持把孩子培养得足够坚强、足够优秀。在与孩子平等相处的过程中，与孩子一起获得身心的同步发展，让孩子能按照自己的成长轨道迈好人生成长的每一步。给予孩子内在的价值，使孩子成为他愿意成为的人。

第二，用尊重塑造孩子的内在价值。

(一) 教育应从尊重开始。生命的存在需要能量，能量的提升会让孩子茁壮成长。在孩子成长过程中，父母缺乏对生命的尊重，不能正确对待生命，使孩子被很多的束缚和限制所牵累。

特别是孩子受到创伤后，如果被压抑的情绪没有得到有效释放，就会变为恐惧、害怕、嫉妒、怨恨、愤怒等负面心理，形成生命程序储存在孩子的潜意识中，消耗孩子的生命质量，使原本能量畅通的身体出现阻塞，严重影响孩子的生活和学习。

教育是什么？教育是上行下效，始之为善。教育是唤醒人格，教育是尊重和信任孩子。多鼓励孩子树立自信，找到人生的价值。可有些家长忽视了对孩子的尊重和信任，为了满足内心深处那个“我一定要培养出一个了不起的孩子，学习成绩好的孩子”的欲望，对孩子要求太多、管束太多，考试成绩只能一次比一次好，若比上次差，就指责、抱怨，弄得孩子无所适从。孩子觉得自己有很多优点家长却看不到，只看到自己的缺点；自己再怎么努力，也达不到家长的要求。后来孩子干脆不学了，独自窝在房间内玩。家长再说什么好话，孩子也不听了。为什么会造成这种局面？是家长对孩子不尊重，没给孩子正能量，孩子对家长失去了希望与信任。

如果父母不懂得给予孩子生命的尊重与热爱，而是抱着急功近利的心态，霸道地让孩子完全服从自己的意志，带给孩子的只能是无限痛苦，这也是为人父母最大的失败。放下自己的强者心态，认识并尊重自然规律，给予孩子内在的价值，使孩子成为他愿意成为的人，这才是父母的智慧。

（二）让孩子做自己心灵的主人。教育孩子的核心就是让孩子成为他自己，这也是人成长的最核心目标。孩子的成长必须通过自己不断探索才会获得真正的进步，即“经历就是恩典”。

父母千万不要用孩子来满足自己的成就感，孩子不是我们成就感的来源。我们应该用尊重塑造孩子的内在价值，让孩子自己做心灵的主人，学会自己管理自己。

父母不要替孩子做出人生规划，不要要求孩子按照父母设定的人生之路走。从人性的角度来讲，没有人喜欢时时处处被人管着，人都有对自由的渴望。只有给予孩子符合时代要求的自由、意志、解放和尊重，才能期待孩子创造出不一样的未来。

父母都希望自己的孩子出类拔萃，可一味地要求孩子听自己的话，就会压抑孩子的本性，使孩子渐渐成为一个没有主见和个性、缺乏自我意识和人生理想的人。这样的孩子又怎么能有幸福的人生呢？

拥有更多的能量才能让一个人有面对挫折和困难的勇气。每个人在成长、受教育与社会化的过程中所产生的恐惧、失落、怨恨、内疚、害怕、自责、愤怒等负面情绪，如果得不到有效释放消除和化解，就会产生细胞记忆，形成潜意识的“程序”。这些记忆及“程序”，就像计算机病毒一样，只要有条件满足，就会自动运行。出于这个原因，当现实生活中，人们再次遇到与以往经历有着相同感觉的情境时，潜意识就会自动启动“程序”，引导身体做出反应，导致人的烦恼与痛苦经历不断重现。这样，即使有着对美好生活的追求，人生也会因为不自觉地受控于潜意识负面的影响和作用，很难改变现状。

情绪是对心智能量最大的消耗。当人们努力压抑、控制这些情绪时，那些可以用于达成目标和创造物质生活的生命能量就会被大大消耗，造成应该达到的目标没有达到。

人们所受的心灵创伤，大多发生在幼年时期，而伤害者往往都是自己最亲近的人。在童年时期，由于缺少独立面对生活的能力，孩子常常依赖父母，希望得到父母的照顾和关爱。所以这个阶段孩子的人格培养，在很大程度上取决于父母、亲人所给予的帮助和支持。因此，这个时期所经历的任何创伤都会在孩子幼小的心灵中形成负面能量，影响其一生的人格和健康。

生命本应是一种自然成长的过程，我们应该尊重自然，守护孩子的天性。每一个孩子都是独立的个体，作为父母，我们可以给予孩子无私的爱，却不能代替孩子做决定。孩子有自己的思想、兴趣爱好，我们应该尊重孩子的差异，让孩子成为自己，在各种经历中寻找属于自己的路。把决定权与选择权还给孩子吧！我们的尊重与支持会让孩子成为自己心灵真正的主人，成为一个有主见、有个性且拥有积极健康心态的人。如此，他自然就能够勇敢地面对成长经历中的坎坷，战胜人生中的苦难，快乐成长，获得自由。

（三）给孩子内在的价值。孩子在成长过程中，对其性格影响最大的，莫过于幼年时期父母的态度和处事方式。当孩子长大后，他所经历的事情和所受到的伤害，皆由自己的性格造成。所以，父母对待孩子的态度和方式，会直接影响孩子今后的性格习惯和价值取向。

对任何人来说，获取成功最重要的前提就是要自信——拥有内在的价值感，在孩子与家长相处的过程中，家长的一言一行都在直接影响着孩子，对孩子内在价值的形成有着非常重要的作用，直接决定着孩子将来的生活习惯、性格、人格、情感等。家长必须密切关注孩子的内在需求，从自身做起，通过正确的言行给予孩子积极的心理暗示。

当然，尊重孩子的内在需求并不是满足孩子的一切要求，但正当的要求一定要满足。而且家长言行要一致，在约束限制孩子的时候，也要约束限制自己。不能像有的家长那样，孩子想买一件心爱的玩具，家长说没带钱。可在衣服店看上了自己喜欢的衣服，即便价值好几百元也毫不犹豫地买下。这种做法对孩子有何影响，家长考虑过吗？虽然孩子不说什么，但在他的潜意识里会认为家长的衣服比他重要，家长可以买自己喜欢的东西而他却不可以，这表示他是没有价值的。

值得提醒的是，当孩子向父母要一件东西时，家长不应只是去看物质的外在价值，而是应该静下心来去透视一下孩子内在的感情动态，看一下这件东西是否会给孩子更好的内在价值，这才是最重要的。

对孩子一生都会产生影响的教育，是人格教育。人格教育在于让孩子学会控制情绪，建立积极的价值观。家长如何做才能够不让没有价值的信念植入孩子的潜意识中，而培养孩子正确的价值观呢？

首先，给予孩子应有的尊重。拒绝做孩子的权威，尊重孩子的内在需求。

其次，父母要为孩子树立良好的榜样。孩子最善于模仿自己的父母，孩子的价值观的形成往往会受到父母的价值观的影响和作用。

再次，给予孩子正确的引导。父母是孩子的第一任老师，对孩子价值观的起到引导作用。父母对孩子的教育必须积极向上的，不能在孩子面前发牢骚，不能口不择言。

最后，关注孩子的言行举止。一旦发现孩子有不正确的价值观时，要给予及时的纠正。这是每一位父母不可推卸的责任。

给予孩子外在的财富，不如帮助孩子建立起正确的内在价值观，因为只有具备了积极的内在价值，我们的孩子才能够拥有更强大、更持久的成就感和满足感。

（四）要尊重孩子的“隐私”。每个孩子进入青春期时，都会有自己的小秘密不愿意让父母知道。父母要允许孩子有小秘密，尊重孩子的隐私，不要强迫孩子说出自己的小秘密。父母不能乱翻孩子的东西，不能偷看孩子的日记。如果让孩子知道了，孩子会很不高兴，觉得父母不信任他，反过来，孩子也会不信任父母。

那该怎么办呢？静观其变。发现有不对头的情况，要进行“暗示教育”，不要直接点破，让孩子自悟、自醒、自律；如果家长直接点破了，伤了孩子的自尊心，孩子可能会破罐子破摔，不再接受父母的教育。采用“暗示教育法”，孩子也会知道父母在说什么。父母给孩子留了面子，孩子觉得父母通情达理，认识到自己做得不对，不应该再继续做下去，免得让父母伤心。

当孩子做了“出格”的事，向父母认错时，父母不要大呼大叫，不要声张，要帮孩子保守秘密。女儿向妈妈说的事，不需要让爸爸知道时，也不要告诉爸爸。这样女儿会十分感激妈妈，定会要遵从妈妈的教诲，努力“修炼”自己，让自己变得很出色。

第三，用信任强大孩子的内心。

为什么本是同一起跑线上的人，最后的生活与命运却迥然不同？那是因为我们的外在生活取决于我们的内在心境，正是内在有一点点差别，导致了外在的巨大不同。

积极的内在可以让人们看到希望，可以帮助人们克服困难；而消极的内在会让人自我封闭，沮丧不已，甚至会限制和扼杀人的潜能。孩子在成长过程中，父母不仅要让孩子多多学习科学文化知识，更要注意培养孩子内在积极与富足的心态，让孩子有一个强大的内心世界。

当父母时时处处都对孩子表现出充满信任时，就会很大程度上提升孩子的积极性，让孩子在鼓励和信任中不断进取，获得内心的充实与幸福。每个孩子的潜力都是巨大的，来自父母的信任往往能够有效地激发其内在的潜能，增强其处事的信心和能力，也能塑造孩子好的品质。

一位家庭教育专家曾说过：“教育的奥妙在于坚信孩子‘能行’。”跟成人一样，在孩子的内心深处，都渴望受到赏识和肯定。父母相信孩子，就是要不断通过表情、眼神、话语向孩子传递信任的信息，告诉孩子“我相信你没有问题”“你一定能行”，等等。父母相信孩子，就是要赋予孩子的决定权，并支持孩子按照自己的想法去做事，要认可孩子的能力，及时给予鼓励，巧妙地提出改进意见，切忌粗暴地批评阻止。

父母要成为孩子的啦啦队，在孩子成长的道路上不停地为孩子鼓掌欢呼、加油喝彩。有时候，来自父母的一句肯定的话，一次不经意的信任和鼓励，都能够使孩子激动好长时间，甚至会改变他的整个面貌。

在孩子的学习成绩暂时落后、学习信心不足时，父母要鼓励孩子放下心理压力，要不断战胜自己、超越自己。父母要鼓励孩子：“你的进步速度超出我的想象，说明你很有潜力，照这样下去，你很可能成为学习的尖子生！”孩子听了家长的话之后，增强了信心，学习就会进步得很快。也确实有很多实例证明能后来居上。

父母相信孩子，就是要允许孩子犯错误，允许孩子在改正错误的过程中出现反复，并坚信孩子能改好。当孩子出现反复时，不要说："你的老毛病又犯了！"只能温馨地提示："你的进步不慢，应该坚持下去。"孩子得到父母的肯定后，一定会努力，彻底改正自己的错误。

信任的力量是巨大的。父母对孩子的信任不仅能滋润孩子的心灵，还能给孩子带来放松和坚定的感觉，并能唤起孩子强大的内心。父母的信任能使孩子在将来的人生道路上，积极勇敢地面对一切困难和挑战，从容自在地活出精彩人生。

三、对孩子应该实施动态的管理教育

家庭教育的方式方法要灵活，不要死板，不要总是用老一套，要与时俱进。家庭教育也不能复制别人的经验，不能照搬照用别人的做法，要根据孩子的情况，根据孩子的成长阶段、成长需要，动态实施相应的教育内容和采取相应的教育方式方法。

（一）开始阶段以管理为主，以培养各种良好的习惯为内容

1. 三岁以前，孩子还不太懂事，要以管教为主。告诉孩子哪些事该做，哪些事不该做。反复强调、反复指导，要让孩子懂规矩、守规矩，不能任性所为。

2. 三岁之后，孩子上小学之前，是培养孩子良好性格、良好习惯的关键时期，也是进行立志做人教育的启蒙阶段。应该抓住关键期，进行这方面的培养和教育。

这个阶段的孩子，主观自我意识开始形成，有了自尊心。所以，父母千万别在外人面前说孩子的缺点、毛病，免得伤害孩子的自尊心。可能父母是觉得孩子不懂才会这样做的，其实孩子早已懂事了。应该多鼓励、多表扬、多夸奖，以增强孩子的自尊心和自信心。

这个阶段家长对孩子的教育，不仅要言教，还要注意身教，父母必须给孩子树立良好的榜样。在教育方式方法上，要耐心、细心，态度要温和，多面带

微笑。孩子有做得不对的地方，不要埋怨、批评、指责，要耐心地把道理讲清楚，让孩子心悦诚服地接受教育。如果父母老是霸道地命令："别问为什么，就得这样做！"孩子虽然会服从，但心里也会很委屈。长此以往，会造成孩子心理扭曲。

（二）孩子上学之后，要根据孩子的成长需要，实施相应的教育，根据孩子的具体情况，采用相应的教育方式和方法

（三）家长对孩子的教育，要讲究方法、艺术和选择时机，讲效果

1. 孩子不是家长的出气筒，家长对孩子的教育不要情绪化。

当家长打算教育孩子时，必须心平气和，必须做到胸有成竹。要解决什么问题，达到什么目的，先讲什么、后讲什么，都要想周到。还要选择时机，看孩子的情况而定。

2. 选择教育孩子的最好时机，也是在孩子心情平静时，有意愿听家长教育的时候。同时，要注意方式方法，不能只是家长讲、孩子听，也要听听孩子的声音。在教育孩子时要体现平等、关爱、尊重、信任的基本原则，才能收到预期的效果，达到教育的目的。切忌在自己心情不好时去教育孩子，也不要在孩子不想听时逼着孩子听你教育。

要想搞好家庭教育，确实不容易，父母需要研究，需要学习，需要不断提升自己。孩子成长的过程，就是父母修行的过程。最好的家庭教育，就是父母和孩子一起成长，一起进步。

最好的激励是自我激励

——给家长的建议之一

当一个人获得了设定目标以及实现目标的习惯，就赢得了成功的一半。如果你每一天都坚信，每一个任务，无论多么微小或无趣，都能让你向实现自己的梦想接近了一步，即使最乏味的差事也会变得容易忍受。

普通的人相信那些很可能变为现实的事，而非凡的人想象的是那些看似不可能的事。通过把不可能的东西可视化，他们就开始把它看作可能的。那些成就了伟大的事业的人，都有一个伟大的目标，他们的目光一直盯着那个伟大的目标，即使这个目标有时看起来是不可能的。

树立目标，不怕高。莱斯•布朗说，当你的目标对准月亮，即使你够不到那么高，你至少也是在星星之中。假如孩子的目标是当个医生，他向这方面努力，尽他最大的能力，最后即使当不了医生，也可以从事医药领域的其他职业，比如医学教授、医生助理、医学物理学家、医学工程师、护士等。所以不要害怕制定高目标。在不确定的时候，宁高勿低。

目标和愿望是不一样的，二者之间有着很大的区别。你可以有一个你不打算采取行动的愿望，但你不能有一个目标却不打算对它采取行动。

短期目标有长远效能。孩子树立远大目标以后，还是要从小事做起，扎扎实实一步步向目标迈进。就像海伦•凯勒所说的："我渴望完成一项伟大而崇高的任务，但是我的首要职责是完成小任务，并把小任务看作是伟大而崇高的。"

不要每天用长期的目标来吓倒孩子。比如，"你到底能不能考上北京大学？"一下子就用大目标来衡量孩子，孩子当下做不到就会失去信心，变得自卑，从而破罐子破摔。

既然想上北京大学，就要学习成绩优异。要学习成绩优异，孩子今年要争取学习到什么程度，这个学期要怎样，这个星期要怎样，今天要达到什么样的目标，让孩子一次只树立一个目标，这个目标应该是现在对孩子最有意义的。引导他随时想着这个目标，在大脑中想象自己达到了目标的画面。这样他能够集中注意力做好。让他把这个目标用最通俗易懂的话写下来，也会增加他对目标的认真程度。让他自己决定什么时候要达到这个目标。

然后和孩子一起来一次头脑风暴，想想要达到这个目标，自己的态度、行为、习惯等要有哪些变化。列一个计划表，记下对态度、行为、习惯将做什么变化。最后，让孩子思考落实到每天的具体行动上。鼓励孩子把这个目标计划表贴在自己房间的墙上，让这个表格每天激励孩子上进。

当他们做出并遵守承诺，即使是很小的承诺，也是他们开始建立思想或意愿的完整性，并给予他们自我控制的勇气和力量，来为自己的生命而接受更多的责任。让孩子庆祝自己在实现目标道路的任何进展，不要等到做到尽善尽美。

一点一点地，他们的成就感将稳步上升。

“授人以鱼，不如授人以渔；授人以渔，不如授人以欲。”就是说，给人物质，不如给人获得物质的本领，给人获得物质的本领，不如给人获得物质的欲望和动力，这说明成功欲望的重要性。有本领的人，还必须有动力才能去努力付诸行动。当一个人有飞翔的愿望，他不会满足于爬行。

奥拉朱旺说：“我一直觉得不应该仰仗别人来让我做到最好。”所以，最好的激励是自我激励。一个人不能等着别人来把自己“发动”起来。如果一直没人来呢？如果来的人激励不了你呢？你必须对你的人生有个更好的计划。自己激励自己是最有把握的。

自我激励是进步向上的动力。它能让孩子自己树立更高的目标，推动孩子去达到目标。当孩子遇到困难想退却的时候，自我激励的素质让他继续向前。孩子一旦觉得自己能够做到什么事，就是成功路上需要很多努力，他也会去试。

自我激励是一种非常重要的品质。一个孩子内心有了自我向上的动力，就没有任何东西能够把他的这种力量拿走。这种力量来自于孩子的内心，是不可征服的。持久性的强烈愿望会推动他把目标变成现实，这就是觉醒的力量。

给家长的建议之二

“无论成绩好坏，都请想想：每个孩子都是种子，只不过每个人的花期不同。有的花，一开始就灿烂绽放；有的花，需要漫长地等待。不要看着别人怒放了，自己的那棵还没有动静就着急。相信是花都有自己的花期，细心地呵护自己的花，慢慢地看着他长大，陪着他沐浴阳光风雨，这何尝不是一种幸福？相信孩子，静等花开。也许你的种子永远不会开花，他却可能是一棵参天大树。”

不是每一朵花都会在春天怒放，每一个孩子都有属于自己的灿烂季节。美国科学家麦克琳•托克在81岁时才获得诺贝尔生理医学奖，她说：“我是一朵秋天里的雏菊。”

教育是一项开发生命的事业。每一粒种子都需要适合自己的土地，每一个孩子都有其存在的独特价值。老子说“道法自然”，大自然的存在自有其规律，万物各得其所，孩子的成长也需要遵循自然的规律。所以，作为父母，我们对待孩子的最好方式就是尊重规律，做好自己，化身沃土，静待花开！

第五章　写给爷爷奶奶、外公外婆

爷爷奶奶、外公外婆都希望自己的孙辈学有所就、事业有成、家庭和睦、幸福，走正道、不走歪门斜路；孙辈人人有出息，自己有个幸福的晚年。这个愿望如何实现？从长辈的角度如何做？特向爷爷奶奶、外公外婆提出如下建议。

第一节　顺应时代发展，老人也应该转变观念

时代不同了，爷爷奶奶、外公外婆作为家中的长者，要顺应时代的发展，转变旧思想、旧观念，与时俱进。

首先要端正家庭序位关系，传承家庭正能量。作为家中的长者，思想观念要正确，为孩子做出榜样。要经常教育孩子，不属于自己的就别争、别抢，要用正确的方式，凭能力干事，凭智慧赚钱，守住底线、守住良心。

男孩女孩都一样，男孩女孩都有父母遗产的继承权，都有赡养父母的义务。不论男孩女孩，只有培养教育好了，才能给家庭带来幸福。作为爷爷奶奶，不能持有旧思想，不能强迫儿媳非得生男孩。再说生男生女是自然规律，不以人的主观意志为转移，不管孙辈是男孩还是女孩，都要高兴。在家中，孙子、外孙同样对待，儿也喜欢，女也喜欢。

作为长者，要为子女做出榜样，注意自己的言行，不要伤害孩子，要让他们发自内心地对老人尊重和敬畏。做到这一点不在于老人是否有文化，有些没有文化的老人照样做得很好，有文化的老人自己思想不端正，照样做不好。

关于家庭教育，全国妇联教育部等九部门印发了《全国家庭教育指导大纲

(修订)》，我们可以遵循指导大纲。

其次，要尊重孩子，和孩子们搞好关系。

老人如果是给儿子带孩子，首先要和儿媳处好关系。要把儿媳妇当自己的闺女看待，疼儿子也要疼儿媳。儿子有什么地方做得不对，不能袒护，要引导儿子改正，向儿媳道歉。该干的家务活，要抢着干，因为儿媳也很辛苦，她也兼顾着工作和照顾、教育孩子，做长辈的要理解。为人要谦和，处事要大方。儿子和儿媳要干的事情，老人不要干涉，由他们自己商量着去干。当儿媳教育孩子时，要和儿媳配合，步调要一致。若觉得有不当之处，不要当面争吵，要事后商量。老人要做到自尊自爱，儿媳觉得老人通情达理，很好相处，自然对老人也尊重。

一家人要做到大爱小、小敬老，全家人和和睦睦，家庭就幸福。

若老人是给闺女带孩子，首先也是要处理好和女婿的关系，要把女婿当成自己的儿子看待。既疼女儿，又疼女婿；不迁就女儿，不埋怨女婿，不干涉他们之间的事。像公婆对待儿媳妇那样去对待女婿，自然家庭就和睦和谐，全家欢乐幸福。

不管是爷爷奶奶，还是外公外婆，只要大家态度端正，公平处事，自己先做到自尊自爱，为孩子们做出表率，都能搞好家庭关系，家庭关系和谐了，全家也就欢乐幸福了。

再者，根据儿子、儿媳或女儿、女婿对孩子的要求，配合搞好家庭教育。

一是要和他们对孩子的教育要求口径、步调一致，不能各搞一套。凡是孩子的父母要求不能办的，到爷爷奶奶或外公外婆这边路也不通，也是坚决不能办。老人不能成为孩子犯错的避风港，也不要成为满足孩子无理要求的老好人。比如孩子的父母要求孩子不能乱吃零食，不能整日玩手机，长辈们千万不要偷着给孩子吃，让孩子玩个不停，更不能说："你爸爸妈妈不在，该怎么办你就怎么办吧！反正他也看不见，要是问我，我就说你没做。"如果是这样，家长就不能对孩子进行正确的教育了。这不是疼孩子，反而是害了孩子。

二是要坚持引导，培养孩子的良好习惯。作为爷爷奶奶、外公外婆，不仅不能溺爱、迁就孩子，更要配合父母，培养孩子良好的性格和良好的习惯。但方法要灵活，特别是在孩子年龄还小的时候，不要吓唬孩子，不要讲一些不健康、不科学的故事给孩子听。可以让孩子的父母买一些适合教育孩子的故事书讲给孩子听，也可以找一些培养孩子好习惯的动画放给孩子看。随着孩子年龄的增长，教育方式方法不能生硬、不能粗暴，更不能用老经验——当年教育自己子女的方法来教育孙辈。因为时代不同了，孩子知道的社会信息量太大了，知道的事甚至比有些大人多得多，老一套办法行不通了。如果长辈们固执己见，孙辈不爱听，那长辈在孙辈心中的威信就没有了。不管长辈们说什么，他们都不听，甚至讨厌长辈们瞎唠叨。

长辈们要想教育好孙辈，不容易、不简单，也要加强学习、加强研究，借助别人的经验。

要培养孙辈哪些好习惯和好性格呢？

1. 讲卫生

一定要督导孩子勤洗手。饭前要洗手，吃东西前要洗手，手拿东西弄脏了要洗手。擦鼻涕、眼泪要用手绢，不要用手，更不要在身上乱抹。不要随地吐痰，也不要无故弄脏衣服。

2. 爱劳动

自己的手绢自己洗，自己的衣服自己穿，鞋带也要自己系。用过的东西、玩过的东西，从哪里拿过来的要放到哪里去，不能到处乱放。

随着年龄的增长，还要帮助大人打扫卫生、整理房间，力所能及的活儿都要做，不能当懒虫，要勤快。

3. 良好的性格

脾气不要暴躁，做事不能急躁。孩子做手工或者玩积木、拼图，开始阶段不会，容易急躁。这时候，长辈不要责备他，更不能说他笨，要耐心告诉他应该怎么做。要反反复复做示范，反反复复教孩子去练习，直到学会为止。

有时候孩子找自己的东西，找不着就会急躁，甚至急得跺脚。这时候要告诉他，不要急躁，仔细想一想，慢慢找。等孩子找到之后，要让他接受教育：为什么找不到，是因为你用完之后没有归放原处，以后要养成习惯，自己的东西要存放有序，找时就容易了。

在这个过程中，首先要长辈要耐心，自己先不能急躁，更不能发脾气，不要大声吼孩子和埋怨、批评孩子。只有经过长时间的潜移默化，孩子才能形成做事细心、生活有条理的习惯。

当孩子脾气暴躁时，长辈要告诉孩子，有话慢慢说、好好说，发脾气不能解决问题，还会伤人和得罪人。不要动不动就生气，生气是拿别人的错误惩罚自己。要学会大度、包容，要学会得理让人，不要盛气凌人，要学会理直气和。

要让孩子脾气不暴躁，长辈首先不能脾气暴躁，要温和，说话和气，事事讲道理，不霸道，孩子才会跟着学。

4. 爱学习

孩子小的时候，要陪孩子一起看书，要告诉孩子一页一页地耐心看，反复看。不能到处乱翻，不能把书弄脏撕坏，看完要把书放回书架。和孩子一起念唐诗、背唐诗。当孩子不想学时，要像青岛一个叫王屹恒的小朋友的奶奶那样，耐心地告诉孩子：“少不学，老何为？”

等到孩子开始上学了，在孩子放学之后，要督促孩子抓紧学习，让孩子写完作业再去玩。告诉孩子写作业时要细心、耐心、集中精力，不要想别的事情，不要磨蹭，不要拖延，更不要“马拉松”式地写作业。写完作业要自己仔细检查，自己修改错误，长辈绝对不能代替孩子检查作业，更不能替孩子修改错误。

5. 懂礼貌、守规矩

和别的小朋友玩耍时，要讲团结，要友爱。

要有礼貌，在家中要尊敬老人，尊敬父母；对外面的人说话和气，见人打招呼。要守规矩，到别人家玩时，不要乱动客人家的东西，不要到处乱跑。

总之，爷爷奶奶、外公外婆一定要和孩子的父母的教育步调一致，才能把孩子培养教育好。

阖家人和睦团结，子女孝顺，孙辈能健康成长、好好学习，老人就会幸福安康。

第二节　她是怎样带孙子的

这是一个真实的故事。故事的主人公不仅是一位懂教育的奶奶，也是一位伟大的母亲。她知书达理，文静聪慧，有教养，为人谦和，处事大方，不发脾气，不争吵，做事细心，不张扬，有涵养。平素生活里，会打理，家中的东西都是存放有序，家里干干净净。而能真正传承她的性格、脾气、做事的风格和智慧的却是她的孙子。

她带孙子的时间，是孙子一岁半到六岁期间。这个阶段的孩子，正处于大脑迅速发育期、疾病多发期、性格形成的关键期、智力萌发期，各种良好习惯培养的有利时期。她具体是如何做的？

第一，注意孩子的膳食合理，让孩子讲卫生，多运动，确保孩子健康发育。

土豆、西红柿、西兰花、胡萝卜，各种蔬菜都让孩子吃。牛奶、鸡蛋、肉类各种食品合理搭配。不准孩子挑食，也不准贪食。好吃的东西不能多吃，定时定量。自己吃饭，两顿饭之间不吃零食，只吃水果。

让孩子讲卫生，饭前要洗手，吃东西之前要洗手，拿东西手脏了要洗手，睡觉前要刷牙，养成习惯，不用大人催。

白天只要天气好，就坚持让孩子户外运动，比如在草地上踢球。晚上睡觉前让孩子在室内跑步，天天坚持。所以，孩子很少生病，体格健壮，智力发育正常。

第二，从小培养良好的生活习惯。

让孩子按时睡觉，按时起床。孩子从两岁开始单独睡，睡觉前要听奶奶讲故事。讲着讲着孩子就睡着了，这时奶奶才离开。

让孩子自己铺床、叠被子。一开始，睡觉前铺床和起床后叠被子，都由奶奶帮着做，随着年龄的增长，让孩子自己铺床、叠被子。孩子手够不着，跑到这头拉拉，跑到另一头拽拽，直到弄直，再把被子叠起来。

孩子玩过的玩具，让孩子自己收拾好，放回原处，不许到处乱扔，不准弄得满地皆是。

要求孩子自己的手绢自己洗，自己的鞋带自己系。

要求孩子要把看过的画册放回书架上，不能到处乱放。

第三，和孩子一起玩游戏，让孩子享受游戏中的快乐。

玩游戏是孩子最开心的活动，但需要大人和他一起参加。这样不仅能让孩子享受快乐，还能激发孩子动脑思考。如“你藏我找”或“我藏你找”，一起猜谜语，一起玩小猫钓鱼。

第四，和孩子一起唱儿歌、童谣，听古典音乐，让孩子感受音乐的美，培养孩子的韵律感。“两只老虎，跑得快，跑得快，一只没有眼睛，一只没有耳朵，真奇怪，真奇怪！”“小小蚂蚁在洞口，看见一粒豆，用力拉呀拉呀拉不动，急得直摇头。小小蚂蚁想一想，找个好朋友，抬着一起走。”……让孩子唱出韵律节奏感，也可以让孩子用两块鹅卵石撞击出同样的节奏。每次一家人坐车出去玩，就让孩子爸爸放美妙的音乐，孩子听了就随着音乐敲节奏。在回家的路上，孩子和奶奶一起用石块碰击出节奏来，一路玩耍。从小培养了韵律节奏感，以后对孩子学习乐器大有好处，孩子对空拍、节奏都会掌握得很好。

第五，和孩子一起拼图、搭积木，培养孩子做事耐心、细心，动脑思考和动手的能力。

从 3 岁开始练习平画拼猫图。一张猫图，可以割成若干片不同颜色的纸片。然后，根据猫的整体形象，找有关纸片，放到相应位置，最后拼成完整的猫图。

这种拼图方法，需要细心观察猫未分割前的整体形象，记住耳朵什么样，是什么颜色；尾巴什么样，是什么颜色；眼睛什么样，是什么颜色；猫的爪子什么样，是什么颜色；猫的肚皮什么样，是什么颜色；猫的脊背什么样，是什么颜色。在拼图时，要细心找有关纸片。如：拼猫的耳朵，要根据记忆中的耳朵形象和颜色，寻找有关纸片拼起来。然后拼猫的眼睛、嘴巴、腿、爪子、肚皮、脊背、尾巴等。

开始阶段，是奶奶自己找纸片、自己拼，让孩子细心看；然后打乱，由奶奶拼，孙子找；再打乱，由孙子拼，奶奶找；然后由孙子自己拼，自己找。这样反反复复练习，每次需要近两小时的时间，孩子都能坐得住，细心去做，这就无形中养成了孩子以后做事耐心、细心的良好习惯。从 4 岁开始，练习搭建立体小汽车、飞机、坦克。这个游戏，自始至终，需要很大的耐心、细心，动作也要小心翼翼，稍不留心，就会前功尽弃。

1. 需要的材料

若干不同颜色、不同长短的塑料片，且塑料片的两端，正面是凹的，反面是凸的，两条塑料片能扣在一起。

小汽车、飞机、坦克的整体平面图和分层构建的平面图。

2. 具体操作方法，以搭建小汽车为例

(1) 先看小汽车车轮的平面图，根据图的要求，选有关塑料片，搭成小汽车轮子。

(2) 看小汽车车头平面图，根据图的要求，选有关塑料片，搭成汽车头。

(3) 看汽车车身平面图，根据图的要求，选有关塑料片，搭成车身。

(4) 把车头、车身连成一体，再把已搭好的车轮安上。

这样，一个完整的立体小汽车就搭成了。

在搭建过程中，一是要选准塑料片，二是手的动作要轻巧，特别是最后合成一体时，要特别小心。拼成一个完整的汽车，一般需要一个时，甚至更长的时间。开始阶段，是奶奶和孙子一起搭建。熟练之后，由孙子自己动手，奶奶在旁边指导，奶奶总是和风细语地告诉孙子怎么做，孩子偶有失误奶奶也不埋怨。在这个活动过程中，就有意无意地培养了孩子的空间感、动手能力，以及做事细心、耐心的习惯，孩子也感受到了奶奶的亲切和做事的细心、耐心。

第六，和孩子一起干活，一起劳动，从小培养孩子爱劳动的习惯。

儿子在草地上割草，奶奶用耙子搂草，孙子就用小车运草，把草运到菜地里，埋在地下当肥料。奶奶去浇花，孙子就和奶奶抬着水桶，并且边走边唱："抬着一起走……"

奶奶要包水饺，孙子就在买来的面皮边上抹上水，让奶奶省劲。要炒四季豆了，奶奶把豆洗好择好，孙子用手掰四季豆。把豆掰得长短一样，发现有的长了，就再掰一下。

要烙饼了，孙子就动手擀皮，擀得不圆，再让奶奶加工一下，然后让爷爷去烙饼。

每次吃饭前，都是由孙子摆筷子，摆到谁的跟前，谁就要跟孩子说一声谢谢。有时摆到爷爷跟前，爷爷忘了说谢谢，孙子就说："爷爷你还没有说谢谢！"爷爷只好说："对不起，谢谢冬冬！"

这些家务活，孩子有时干得不好，奶奶总是和风细语地对孩子说，应该怎样干才是对的，孩子便很愿意听奶奶的话，按奶奶的标准去办，干完之后，奶奶总是夸奖一句："这件事冬冬干得不错，奶奶很高兴！"孩子得到大人的尊重和赞赏，心中有了自豪感，觉得在别人的心目中有了地位，就愿意和大人一起干活，越干越高兴。在干活的过程中，孩子学会了怎样干活，并养成了从小要劳动的习惯。这样，孩子长大以后，很勤快，不偷懒，星期天回到家中，经常主动帮助妈妈打扫卫生，清理房间。

第七，和孩子一起看图画书。奶奶根据画上的内容讲故事，孙子耐心听，奶奶反复讲。孙子听熟了，便由孙子看着画自己讲。孙子讲得不完整，奶奶再做纠正，以后孙子就能自看自讲了。用这种方法，锻炼孙子的口头表达能力。

因工作关系，孩子的爸爸只要有空闲就看书，有时候孩子看见爸爸看书，也拿着本书在旁边看，从小养成了爱看书的习惯。长大以后，孩子还是喜欢看书。有时朋友请客，大人还没吃完饭，孩子已经吃完了，他就在一边看书，大人说话，他不插嘴，也不感兴趣，总是自己在看书。回家看奶奶，总是带着很多书，抽空就看，且专心致志。

第八，在玩耍时教孙子背唐诗，练习数数，培养口算能力。

不用专门教孩子背唐诗。孩子在玩耍时，奶奶在旁边反复念一首唐诗，念上几遍，孩子就能记住了。然后奶奶背上一句，孙子就接下一句。如，奶奶说“日照香炉生紫烟”，孙子答“遥看瀑布挂前川”；奶奶说“飞流直下三千尺”，孙子就答“疑是银河落九天”。

开始练习数数时，奶奶一边拍球，一边数次数。后来奶奶拍球，孙子数次数。再后来教孙子背数，从 1 开始背到 100，再从 100 背到 1000……

会背数了，再练习口算，先是 10 内的加减法，再练习超 10 加减法，再到 100 以内的加减法。后来让孩子做练习越来越复杂，提前进行了口算练习，有利于提高计算能力。

第九，和孩子一起下跳棋和国际象棋，培养孩子的观察力和思考能力。

孩子一开始不会下，奶奶就耐心教他。慢慢地孩子学会了、熟练了，奶奶便有意识地让孙子胜，他就越来越有兴趣，有空就让奶奶陪他下棋。在下棋的过程中孩子能坐得住，能静心观察，认真动脑思考。后来参加国际象棋比赛，曾获得不错的成绩。

第十，奶奶教育孙子从小就要懂礼貌。和小朋友在一起，要友爱，不打架。

有时邻居朋友带孩子进家来玩，孙子先说：“阿姨好！”然后领着小朋友和自己一起玩，不争抢玩具，有意识地让着其他小朋友，和小朋友总是玩得很和谐、很开心。

邻居朋友走时，孙子会说：“阿姨再见！”他年龄大一点后，还会再加一句：

“欢迎阿姨再来玩！”

有一次，奶奶觉着儿子、儿媳工作很忙，饭后就帮着洗碗。儿子觉得老人看孩子累了一天，便让她抓紧时间去休息，说话声音大了一点，孙子听后，马上说：“爸爸，不许那么大声和奶奶说话，不礼貌，你得向奶奶道歉！”儿子惭愧地说：“妈妈，对不起！”

后来孙子长大了，和大人一起吃饭，大人不说“现在开始吃饭了”，他决不会先吃，更不会不管别人吃不吃，把自己喜欢吃的菜挑出来吃了。

第十一，和孙子一起干家务活，从小培养他生活的条理性。

儿媳妇把全家人的衣服洗净烘干之后，奶奶就领着孙子一起对衣服进行分类整理，儿子的衣服放在一起，儿媳妇的衣服放在一起，孙子的衣服放在一起，叠得整整齐齐。同一双的两只袜子要找出来，套在一块。儿子和儿媳的衣服，他们拿走自己放好，孙子的衣服，奶奶放到孙子床旁边的衣服架上，由孙子自己拿来穿，脱下的脏衣服不到处乱放，叠在一块，放到另一层架子上。

孩子自小养成了生活有条理的习惯，长大之后就会自己的事情自己办，自己的活自己干，不用大人催办和操心。每次外出旅游或回老家，孩子的旅行包和箱子，都是由自己收拾。有一次回老家看爷爷、奶奶，临走时，奶奶见有很多东西，怕孩子自己弄不好，奶奶问：“要不要让奶奶帮你收拾？”孙子说：“不用，我会收拾。我从 8 岁开始，外出的旅行包、箱子都是我自己收的哩！”不一会儿，孩子果真把行李弄得有条有理，很细心地把所有东西都装好了。

第十二，遵循孙子父母的教育思路，从小培养孩子的自我约束能力。

孙子的父母对孩子要求很严格，对如何培养教育孩子有自己的主见和教育方式，孩子的合理要求会满足，不合理的要求一律不答应，不养成孩子的任性和胡作非为。

这位智慧奶奶和儿子、儿媳相处得非常和谐，教育方式也配合得很默契。例如，有个夏天的晚上，一家人吃西瓜。大家吃完了，孙子还想吃，儿媳说：“今天很晚了，不能再吃了，要吃明天再吃。”孙子就哭闹，可任由孙子再怎么哭闹，儿媳也不答应。这位奶奶啥也没说，就悄悄离开了，孙子见奶奶不在，妈妈又不答应，哭了半天也没人搭理，只好自己对自己说：“不吃了吧，明天再吃！”也不哭不闹了。

爷爷奶奶疼爱孙子，在感情上胜过当年对自己的子女，但在教育孩子的问题上，必须同孩子的父母步调一致。如果当时奶奶见孩子哭闹，一时激动，并说："有什么了不起的！不就是一块西瓜吗？奶奶给你一块。"那在孩子心目中就会形成错误的意识——以后遇到父母不答应的事，就去找爷爷奶奶，那家庭教育就乱套了。所以，家庭教育要搞得好，必须所有家庭成员都要形成正面合力，才能对孩子进行正确施教。如果有意见不合的地方，不要当着孩子当面争吵，要事后在一起商量。

儿媳平素对孩子要求很严格，要孩子做事守规矩、讲道理，不能由着自己的性子去办，应该有节制。在这点上，这位智慧的奶奶做得很好。孙子的母亲不让孩子乱吃零食，奶奶绝对不会偷着给孩子吃；不让孩子看电视、玩游戏，奶奶也不准孙子偷着看电视、玩游戏。有时孙子问奶奶："妈妈为什么不让我做这件事？"奶奶总是和风细语地给予解释，说明道理，让孩子知道妈妈说的有道理，应该按照妈妈说的去做。凡是要求孩子不能做的事情，都要事先讲明道理，不能强迫，要尊重孩子，要理解孩子的心情。长此以往，孩子就养成了习惯，凡是做事之前，先问大人："我能不能做？我能不能吃？"从不妄动。从幼儿园放学回家，先不进房，要跑到菜园看爷爷种的瓜果蔬菜，但从不乱摘乱采，摘之前都是先问："爷爷，这个西红柿能摘了吗？这根黄瓜可以摘了吗？"经爷爷允许后，再去动手采摘。

从小养成了做事守规矩，行为有节制的习惯，孩子长大之后，自我约束力、自我控制力都会很强。就拿玩游戏这件事来说，从小就不让孩子任性玩游戏，每周只能在星期六晚上玩二十分钟。长大之后，他就不会因贪玩游戏影响学习。在一次视频通话中，奶奶问孙子："你现在上中学了，是不是星期天可以多玩游戏了？"孙子回答："不行，还是每周不超过二十分钟。"

这位奶奶耐心培养和教育孙子，孙子和奶奶的感情很深。当奶奶要离开他们，回临沂老家时，头一天晚上，孙子在爸爸妈妈面前总是说："我不想让爷爷奶奶走，我不想让爷爷奶奶走……"爷爷奶奶心中也泛起阵阵不舍之情。第二天早上，没等爷爷奶奶起床，他先起床了，到爷爷奶奶的房间来，帮着收拾东西。每当要回临沂看爷爷奶奶时，总是在电话里问："爷爷奶奶有什么要买的东西吗？"总是叮嘱他爸爸妈妈不要忘记要给爷爷奶奶买的东西。

回到老家中，吃饭要和奶奶坐在一起；奶奶下台阶时，他主动上前搀扶。奶奶给他钱让他路上买点东西吃，他怎么也不肯要，总是说“我实在不需要，实在不需要”，并问爸爸妈妈“我们的路费够不够”，爸爸妈妈回答：“我们的路费很充足！”孙子向奶奶说：“奶奶您放心吧，爸爸妈妈说路费很充足，难为不着！”孙子的行为话语，让爷爷奶奶十分感动。

在孩子成长过程中，妈妈发现孩子稳重细心有余、胆子勇敢不足，于是就利用星期天带孩子去儿童游乐园荡秋千、练攀登，锻炼孩子胆子。后来，又让他学滑冰、游泳、打羽毛球、踢足球，孩子逐渐锻炼得大胆、大方，公众场合不打怵。孩子后来成为少年组球队的队员、少年交响乐团的小提琴演奏员，做到了德智体美劳全面发展。

学前阶段的家庭教育十分重要，这是孩子健康顺利成长的奠基关键阶段，不管是父母能自己带，还是让长辈帮着带，都要教得科学，教得正确，教得及时。而这需要孩子的看护人加强学习，加强研究，不能想当然去做。

第二编

如何管理初中阶段的学生

初中阶段的学生，年龄在十三岁至十五岁，是学生身心发生变化的急剧期。班主任工作要根据学生的身心变化规律，制订详细的整体计划，分段实施。要摸清学生的家庭背景、性格特征、学习基础，不偏爱、不歧视，因材施教，全面关心爱护每一个学生，期望他们每个人都好好学习，一个都不要掉队。

制定合理的、科学的、具体的班规、班训，做好“入轨导向教育”和“养成教育”，形成自觉遵守纪律、尊敬老师，上课认真听讲、课下主动学习的良好班风和学风。凡是让学生做到的老师首先做到的是给学生树立榜样，让学生感到老师可亲、可信又可畏。在建立良好的班风、学风的过程中，要使用“加减法”，即每天表扬那些按老师要求做得好的学生，这样，那些不按老师要求做的学生就会越来越少，最终一个也没有。

在平时的学习过程中，要不断针对学生的学习方法举办讲座，并要经常举行同学之间的学习经验交流会，促使学生爱学习、会学习。对成绩暂时落后的学生，让学习成绩好的学生一对一地进行帮助，使整个班级的每个学生，都争先恐后地努力学习。

对学生实行动态管理，把工作做在前头，在学生前进的路上，提前堵好岔路口，让学生在正道上直行。

第六章　实验的目的、方法、步骤及意义

创建“爱学习，会学习”实验班已过去多年了，现将当时设想的目的、步骤及意义，回顾总结如下。

一、实验设想的初衷

在我的从教经历中，曾经当过小学初中联校的校长十年，初中高中联校的业务副校长十四年。对如何管理初中学生积累了一些经验，而且亲自教授除英语外的所有学科。后来，精力集中在对高中学生的管理研究。在心理疏导、学习方法指导方面也积累了一些经验，发表了不少文章。但对初中学生的管理，一直没有系统地总结，总觉得有些遗憾。我总想把它写出来，但又觉得这些经验是零散的，即使写出来价值也不大。于是想通过实验进一步验证自己的教育思路、教育理念是否正确、是否能实际应用，等实验结束后再系统整理成文或许更加有参考价值，让使用的老师用起来更有可操作性。

另外，我还想选出一个热心初中教育的年轻老师，对他进行指导，让他实践和检验我的教育思路、教育理念。让他经过三年的实践摸索，体会如何才能当好一个初中班主任，让他自己有一套成熟的管理理念，日后在初中教育上作更大贡献。

二、实验学校、年级、班主任的选定

1. 实验学校选在临沂第十一中学

因为临沂第十一中学是原临沂三中的初中部分出来的，我曾在此当过业务

副校长。当时的老师，有的是原来的同事，有的是原临沂三中毕业的学生，他们在大学毕业后又回到母校任教。而且年级主任又是我教过的学生，她欢迎我到她的年级选班做实验。

2. 班主任的选定

年级主任在她管理的年级中，对所有班主任说明搞实验班的目的，以及这三年中要采取的实验方法、步骤，并讲明这个班的班主任比其他班主任更辛苦，要多做许多学生和家长的工作，而且要坚持三年，中间不可交换。谁愿意当这个班的班主任，向她报名。有一位年轻的班主任自愿报名了，愿意当这个实验班的班主任。

3. 实验班选定在临沂十一中 2014 级三班

该班学生和其他班级的学生一样，是学校按入学成绩统一调配分的班，由班主任抽签选定的，不是挑生组班。

三、实验的目标及要求

1. 实验的预期目标

让该班的每位学生做好从小学到初中的过渡，一个不掉队。激发他们爱学习的欲望，指导他们会学习，帮助他们养成良好的学习习惯，提高学习的主动性、积极性，具有自我管理能力，并让他们全面提高素质、充分发挥自身潜能。在三年的学习过程中，老师始终正面指引，争取初中毕业时百分之一百的同学都能顺利考入高中，其中百分之六十以上的学生达到重点高中的入学要求。

2. 实验过程中对学生的要求

(1) 让学生明确自己的人生追求目标并为之奋斗，从而产生学习动力，解决为什么读书、为谁读书的问题。

(2) 让学生明白，学习的进步首先从课堂上认真听课开始。让学生认识到课堂听课的重要性，学会主动认真听讲，提高课堂学习效率。

(3) 让学生要尊敬所有任课老师，主动与老师配合，虚心接受老师的教诲，在老师的指导下爱学习、会学习，不断摸索出一套适合自己的方法，做到自主学习。让学生不要满足于成为“跟随型”的学生，要逐渐成为“自主型”和“超前型”的学生，学会让学生明白自主学、超前学。

(4) 让学生明白不仅要学习好，还要德、智、体、美、劳全面发展。要时刻保持奋进的学习情绪，学会调节自己的心态，时刻保持心态平衡。不仅会学习，还要会做人，自觉遵守学校的纪律、班规。与同学友好相处，不做粗人、俗人。不早恋，不分散自己的学习精力，要有抗干扰的能力。

(5) 让学生懂得要体恤父母的艰辛，生活上坚持艰苦朴素，不乱花钱。学会尊敬老人、孝敬父母，提高自我管理能力。

四、实验过程中对班主任的要求

不是用嘴管理学生，而是用制度、章法管理学生，用良好的班风管理学生，甚至让学生学会自我管理。老师的作用是善于出谋划策，不断启发提高学生的语言表达，可从六个方面启发、教育学生。

1. 唤起学生内心的渴望，有改变自己、追求理想的意愿。这是学生好好学习的根本动力。

2. 唤起学生内心的自信、坚强。这是学生不断前进的力量。

3. 指导学生掌握学习的方法。科学的学习方法是学生自信的保障。

4. 让学生在学习过程中要细心、耐心。

5. 学会坚持。不能在学习上犯“冷热病”，要勤奋持久。要实现自己的目标就要坚持，不达目的不罢休。

6. 要保持良好的心态：胜不骄，败不馁；不与别人比，只与自己比。不断战胜自己，不断超越自己，时刻保持奋进的学习情绪。

另外班主任要善于发现正面典型，及时鼓励表扬，使正面典型不断扩大，用榜样的力量去教育学生。如遵守纪律的典型，认真听课的典型，助人为乐的典型，关心班集体的典型，维护班集体荣誉的典型，自主学习、超前学习的典型，乐于助人的典型，团结友爱的典型，尊敬师长的典型……

要开好主题班会，及时与家长沟通，保持联系。

五、实验的意义

学生学习成绩差，百分之九十的原因不是智力差造成的，主要是自控力差，没有养成自觉学习的习惯。而爱学习、会学习的习惯主要是在初中阶段养成，学生的自控力也是在初中阶段培养出来的。

通过三年实验，不断学习，不断研究，不断总结，我们探索出一些如何管理初中学生的办法，让学生爱学习、会学习，不断提高自我管理能力，始终能走在正道上，这些经验和办法对初中老师有参考价值。

班主任写出的班主任工作经验，可对初中班主任提供工作参考，改变以时间换成绩、以健康换分数的局面，既减轻学生负担，又提高教学质量。

六、实验的步骤方法

根据学生的成长需要和可能出现的问题，由我做“行为导航”和“心理导航”讲座，介绍一些成功学生的典型事例，激发学生的斗志，帮助他们明确目标。向他们介绍各种学习方法，让他们学会自觉学习。疏导学生心理障碍，引导他们自我管理。

根据我的讲座内容和印发给班主任的工作建议，由班主任考虑具体实施方案，再根据班级学生情况进行具体工作。对实践过程中学生出现的问题，和我沟通解决。个别存在的问题，我做书面解答；共性的问题，我提出建议，由班主任对学生讲。

每次开讲座之前，我先收集学生的意见和建议，使讲座更有针对性，这样也受到了学生的欢迎。

第七章　针对学生的讲座稿

现将当时针对学生的不同阶段开展的讲座的讲稿略作修改，整理如下。

第一次讲座的讲稿

时间：2014 年 9 月 30 日

内容：“爱学习、会学习”总动员

一、做个爱学习、会学习的好学生

同学们，想不想学习好？想不想将来考上北京大学、清华大学？想不想将来成为一个对祖国、对人类做出贡献的科学家、诗人、作家、医生、学者？

（学生回答：想！）

想就好。请同学们记住下列几句名言：“不想未来就不会拥有未来”“这个世界根本不属于有钱人、有权人，而属于有心人”。有梦想就有学习的动力，因为学习的动力等于目标乘以期望心理的概率。有梦想，并为之奋斗，持之以恒，将来自己的愿望就一定能实现。

这样说的原因之一，是因为每个人都有巨大的智力潜能。有研究表明，人脑能容五亿本书的信息量。如果人一生能发挥大脑二分之一的潜能，能获得十二个博士学位，能背诵世界百科全书。一般人的大脑潜能一生只能发挥百分之一左右。人还有巨大的心理潜能——信心和信念的力量。但人的智力因素要靠非智力因素去开发。

什么是非智力因素？不是父母遗传给你的因素，经过后来培养的一切因素都是非智力因素，如理想、信心、奋斗、毅力、自觉、乐学、会学、方法等……这些在你成才路上的作用是：理想是支柱，信心是灵魂，奋斗是途径，毅力是保证，自觉是前提，乐学是关键，会学是效率，方法是要领。

要想学习好，必须在这十六字上的做文章。人人都有潜能，谁干谁都行，不要迷信那些能学好的是天才。没有什么天才，所谓天才是持久勤奋、耐心的结果。

其二，我有实践证明：谁真干，谁真能行！

世界上没有绝对的天才，那些看似天才的成功人士，不是他的天赋起了作用，而是他自身潜能发挥得比别人好，比别人多。我曾见证和辅导过许多当时学习成绩很差的学生，经过自己刻苦努力、奋斗、拼搏考取了大学。现举例如下：一位高二结束时班内排在七十二名的女生，经过两年的努力考取了大学，并在自己专业上不断深耕，最后来获得了博士学位；一位男生高中毕业了在家务农三年半，经过半年复习，考取后中南财经政法大学，而后考研获得硕士学位；一位女生，升初中、升高中都是学校扶持的，高中毕业也未能考取大学，但经过一年复读，考取了名牌大学；一位落榜的艺术考生，改考文科，经一年努力复读，由上一年的 391 分，一跃考到 695 分，考取了名牌大学；还有一位男生从初二年级开始努力，后来考取了北京大学，并赴美留学，获得硕士学位，毕业时代表学校参加北美洲地区金融工程竞赛还获得冠军，现就职于华尔街的一家公司。这样的例子还有很多，受时间限制不再多说了。

同学们会问：他们是怎样取得成功的？现在告诉你们，他们学习成功的秘诀：期望产生动力，信心改变自我，成功贵在坚持，学习方法必须科学，心态还需阳光，身体必须健壮。

以上这些同学，他们都知道学习动力等于目标乘以期望心理的概率，他们都有自己的奋斗目标，都有渴望成功的强烈愿望，并且想象得到成功的喜悦，在美好愿望指引下努力奋斗、拼搏，而且坚信只要自己真干，就真能实现梦想。心理学中有一条定律："只有把某种情景当作真实的，其结果才是真实的。"只有怎样想，又怎样做，才能有怎样的结果。例如，你想我要考北京大学。虽然当时没有实现，但你要时刻想着：我一定能考上北京大学。在你心里要很向往北京大学，考上北京大学的心情什么样，要在你心里装着。这样，可能最后你就考上北京大学。有位初中毕业的学生，暑假期间去了一趟北京，觉得北京大学很好，回来以后立志将来一定要到北京大学读书。于是写了一个纸条："我要上北京大学。"挂在床头上。纸条旧了，再重新写一张。最后，他高三毕业时以山东省第七名的成绩考进了北京大学。

美国心理学家罗森塔尔也研究过"期望心理"在学生学习过程中的作用。他有意把一些成绩暂时落后的学生说成是"神童"，这些学生信以为真，重新认识自我，觉得自己能行，从此努力奋斗，最后这些学生确实成绩都很卓越。所以说，不想未来就不会拥有未来，不想成功也就永远不会成功。光想不做，那是空想，也不会有美好的结果。只有有梦想，又能努力奋斗的人，才会有美好的未来。

现在有些初中学生，学习不努力，成绩掉队，自控能力差，光想着玩游戏，甚至做了一些出格的事；有的不愿意接受老师的教育，和家长对抗……究其原因，就是他们从不想自己长大后要成为什么样的人，没有理想，没有目标，没有追求，站在十字路口，不知向哪个方向走。等过了这个年龄段才知道后悔，但是晚了。世界上没有"后悔药"，要想不后悔，必须早明白。

我为什么在你们班搞三年的"爱学习、会学习"的实验呢？就是要让你们早明白，早奋斗，早有自己的奋斗目标，向着理想的道路前行，充分发挥自身的潜能，初中毕业时都能考上高中，高中毕业后都能考上大学，成为对国家有用的人才。

二、我们怎样才能做到爱学习、会学习

1. 要像他那样学习

有个小孩四岁半开始读书，那时正值中国科技大学少年班招生，家长告诉他，你将来可以上少年班读书。他牢记在心，经常对自己说几岁能上初中，几岁能上高中，几岁就能考大学，结果他 14 岁时就考入了北京大学少年班。因为他有自己的奋斗目标，在学习上从不让家长督促，会自主学习。

2. 每个人都要有自己的奋斗目标

建议班主任召开主题班会，大家都谈谈自己的理想，将来要成为什么样的人，谈自己的奋斗目标和实现目标的决心和动力，然后写出来贴到教室后边的墙上，以此激励自己，不断努力奋斗。自己说出的话就要照着做，并且马上就做，不拖延，不怠慢，要相信别的同学能行，自己努力也能行。

3. 要养成良好的学习习惯

一是做到课上听讲没有盲区，对老师讲的知识没有盲点，即自始至终都在听讲，没有开小差不听讲的时候。对老师讲的知识都要听懂记住，如有疑点要及时问老师，彻底弄明白。这样学的知识才扎实，才能不断进步。（事后发现有两位同学做得特别好，她们的学习方法附在后边。）

二是读书学习时要做到“三入”：入静、入迷、入境。“入静”就是学习时心无杂念，只想如何学习，不想其他事；“入迷”，就是专心学习，专心思考，遇到不明白的问题不轻易放弃，直到弄明白为止，把心思都在学习上；“入境”就是看书学习专心到“物我皆忘的境界”，专心到连自己都忘了。

这个习惯要慢慢养，我教你们个窍门，让你们从思想杂乱中快速入静，进入学习状态。

（于是我拿起一支铅笔，高举手中，让同学都看我手上的铅笔尖，一会大家都觉得精力集中了。我告诉他们今后就要用这种方法进行学前的精力集中，很快进入心静状态，排除各种干扰，提高学习效率。）

4. 要学会管控自己

用下列三句话提高自我管控能力。

第一句：“我的目标是什么？”不要忘了自己的奋斗目标，时刻提醒自己，时刻都要为实现自己的目标不懈怠地努力奋斗！

第二句：“我在做什么？”问自己是在集中精力学习，还是偷懒、贪玩，是否分心。

第三句：“我现在做的事情，对我的目标实现有没有帮助？”有句话说得很好：“成功的秘诀，就是忘掉与你的目标无关的东西。”学会目标聚焦，对实现目标没有用的东西不想也不干，别让无聊的小事干扰你的学习。

具体说来，就是管好自己的欲望，拒绝不良诱惑，管好自己的行为：三思而后行，说出的话、做出的事不出格。时刻和偷懒作斗争，真学会“自己逼自己成功”，做到让父母放心、让老师省心，做最好的自己。

要坚持写成长日志，进行自我激励、自我反省、自我督促，增强信心，鼓舞斗志。

5. 要不断研究和改进学习方法，提高学习能力

(1) 转变学习模式，提高学习能力

真正的学习是自主学习。按原来的学习模式，总是听老师讲课然后再去看课本，现在改为老师讲课之前先自学。

先听老师讲课再去看课本，这是被动式听讲，听讲时没有针对性，效果不好。如果提前进行学习，再去听老师讲课，是主动式听讲。通过提前学习，弄明白课本上的知识哪些已经懂了，哪些似懂非懂，哪些根本不懂。这样在听讲时就能心中有数，也能知道自己似懂非懂的地方是怎样弄明白的，根本不懂的地方是否弄懂了。

在听课过程中，要跟紧老师的讲课思路走。如有当时听不懂的地方，可以做个记号，留下课后解决，及时跟上老师的思路，继续往下听。

有了自己学习的能力，可以借助参考书解答疑难问题，也可以利用节假日进行超前自学。可以做到人无我有，人有我优。提高学习的自信心，也会比别人的学习能力强。

(2) 学习策略：“一个突出”“两个必须”“三个巧”

第一要突出数学，把数学学好后，学习物理、化学也会容易。

“两个必须”，即必须学好语文和外语。以上三科是将来要高考的必考学科，这三门功课要下功夫学好，要科学安排时间，利用好时间。学语文要细水长流，多读、多记，加强积累，提高阅读理解能力；学语文无法突击，只能是坚持不断，加强积累，做有心人。

用好“三个巧”，就是巧学、巧记、巧安排。国家规定的学科，我们必须认真学好，但要根据各科的特点，采取相应的学习方法，做到巧学、巧记、巧安排。用时减少，但效果要好，彻底改变“以时间换成绩”“以健康换分数”的局面。

因时间有限，我不能展开细讲。我写了各科学习方略，印发给你们，课后由班主任向你们仔细讲。

我强调了学习目标的重要性，也讲了一些学习方法，但我要特别交代：你们不能光顾学习，更要注意身体健康。因为知识是灵魂，身体是躯壳，没有躯壳，哪里还能有灵魂。一定要加强锻炼身体，除认真上好体育课和积极参加课外体育活动外，还要自己找时间锻炼，在活动中寻求乐趣、增强体质，才能有精力学习，将来更好地为祖国做贡献。

最后，请同学们记住我总结的四句话："期望产生动力，信心改变自我，成功贵在坚持，方法必须科学。"这就是学习成功的秘诀。还要记住如何管控自己的"三句话"。望同学们个个都成为爱学习、会学习的好学生。

（我的讲座，班主任做了录音。班主任在班会时重复放录音，提示同学们不要忘了我的讲话，督促同学们按照我说的要求做。）

第二次讲座的讲稿

一、时间：2014 年 12 月 15 日

二、讲课目的

1. 本次讲座邀请一部分家长参加，让家长看到孩子的进步，增强对自己孩子的信心，转变家长的教育观念，学会表扬、鼓励孩子，不能老是指责、批评孩子。

2. 给同学们鼓劲，再讲解一些学习方法，增大他们学习进步的幅度。

三、讲座内容

同学们给我写的信，我都看了，同学们进步很快，我很高兴！仅仅三个月的时间，我们班同学的考试成绩获得了年级第一，平均分比第二名多八分，有十七名同学进入年级前一百名（全年级有十二个班）。争取期中考试时再有十名同学进入前一百名，我坚信经过三年的努力，同学们毕业时都能全部考上高中，百分之六十以上的同学能达到重点中学录取分数线，将来也能有考上北京大学、清华大学的同学。

同学们要充满信心，一定能实现这个梦想，因为我不仅指导你们爱学习、

会学习，还要教育你们会做人、会做事。不仅学习好，还要人品好、性格好、身体好，有做事能力，能与人和谐相处。德、智、体、美、劳全面发展，并突出自己的才艺特长，为将来的高飞打下坚实的基础，还会与家长取得联系，指导家长如何关爱孩子。

希望目前成绩暂时落后的同学不要灰心，要相信自己能进步，相信自己有潜力。相信别人能行，自己也能行。但应该转变学习态度，克服懒惰，不要甘心落后，要奋起直追。没有永远的差生，只有成绩暂时落后的学生，这些同学进步的空间还很大。

（当时班主任让我表扬进步快的九位同学。）

为了使学习深化，进步更快，我再向同学们讲三个要点：一是思维能力在学习中的巧妙应用；二是记忆能力在学习常识课上的巧妙应用——学好常识课的秘诀；三是阳光的心态、开朗的性格，是学习进步的保障。

第一点，思维能力在学习中的巧妙应用。

人的智力包括注意力、观察力、记忆力、思维力、想象力、动手能力等。其中思维能力是智力的核心，思维能力具有顺序性、逻辑性、深刻性、概括性、批判性、发散性、聚合性等特性。思维的顺序性、逻辑性告诉我们：学习要有顺序性，即由浅入深，步步深入，先会第一步，再会第二步、第三步……对知识的掌握要遵循“懂—会—熟—巧”的认知规律。思维的深刻性告诉我们：对问题的认识，对概念、道理的理解，不能限于表面、不能肤浅，应该深刻理解，到底是个什么事儿，要真的去弄明白。现在中学生常犯的毛病是：理解表面化，记忆大体化，只知其一、不知其二。记忆的内容不是清晰、准确、完整的，都是约莫、差不多的。真正运用起来又不会，考试不得分。思维的概括性告诉我们：学习过程中，对知识的认识往往都是个体的、孤立的，互不联系的。我们应该把学过的知识归纳在一起，寻找联系、寻找规律，这样便于在大脑中储存，便于回忆。思维的批判性告诉我们：对学过的知识，要重新认识，检查原有的知识是否正确。正确的肯定保留，不正确的要否定，重新再认识。现在中学生在学习上常犯的毛病是：对于学到的知识不做检查就认为是正确的，考试时凭原来的认识去做题，结果错了。为什么错了？是因为你把错误的知识，当成正确的知识用了，错是必然的。

思维的发散性、聚合性告诉我们：遇到难题要从多方面去思考，多方面找做题的依据，然后综合分析、归纳到一个正确的思路，找到确切的解题方法。现在中学生在学习上犯的毛病是：遇到难题就打怵，不会从多角度思考，思维不会转弯。所以深不进，走不出，学习进步不快。

思维的这些特点，如何在学习中应用呢？

1. 思维的批判性，在考试中的运用举例。遇到选择题，不能一看就盲目确定，应该把所有选项都认真看完，然后觉得哪个选项对，先想一想，再想一想，如果两次想都认为对，此时再做确定。如果第一次想和第二次想的不一样，再想一想，到底哪次想法对，就确定下来。

2. 思维概括性在阅读中的应用。阅读必须理解，理解必须记忆，记忆是为了应用。看书的目的是什么？为了弄懂这方面的知识，记住它将来好应用。这就要求在“懂”上下功夫，不能粗略一看，要静心、细心、耐心，把字里行间都认真看准，再逐字逐句推敲，彻底弄明白是什么意思。如果有不认识的字词要查字典，要搞清楚，然后要记。记，不是所有的字都要记住，有的需要把原文记得一字都不能错，有的不需要记原文，但要把原文分析、归纳、概括出来。但概括的内容必须符合原意，不能违背原意胡编乱诌。这就需要发挥思维的概括性，抓住原文的核心知识点，把它从课文里挑出来进行分析，归纳组成一段精练的文字，然后再把它记在心里，这样才能应用。

我们要从现在养成爱阅读、会阅读的良好习惯，这是学好语文的根本方法。阅读理解不仅是语文考试题的主要形式，在以后的考试中都需要有很强的阅读理解能力，单纯靠死记硬背的试题不会出现在考试中。

3. 思维的严密性、逻辑性在学习数学时的应用。数学是以计算为主的科学，不仅要会算，还要算得准、算得快。这就要求同学们学习数学时，一定要注意计算。计算时要细心，不能有笔下误，不能让不该错的地方由于马虎而出错。数学计算要讲究运算步骤，步骤要严密且符合逻辑。

学习数学要有逻辑性，第一个问题不会，第二个问题就无法做。公式记不住，例题就不懂；例题不会做，习题也根本不会做。所以学习数学时，一定要把基础打牢，以后才有可能学好。基础不牢，就无法学好数学，就像建高楼一样，基础建不牢，上边的楼层无法建。

4. 思维的发散性、聚合性在学习中的应用。同学们在学习过程中一定会碰到困难，特别是学数学，一定会碰到难题。既然是难题，不是一下子就能想得出来的。这个时候，要耐心进行思考，不要犯愁，要发挥大脑思维的发散性，多方联想：这道题是用哪些知识综合的？以前做过或见过哪些类似的题？那些题是怎样做的？有什么方法可以用？通过大脑的发散联想，再进行聚合就能找到做这个难题的方法。切忌遇到难题不去想、不敢想，束手无策，长此下去就会一碰到难题就打退堂鼓——“这道题我肯定不会做”。做了自我限定，就永远不敢碰难题了。

第二点，记忆力在学习常识课中的巧妙运用——细谈“三个巧”学习方法。

首先要明白记忆的原理。记忆是“记”和“忆”两个概念的合成。“记”是记住事物，“忆”是将以前识记的事情能回想起来，即回忆。记忆是一个过程，包括识记—保存—再现，或者说回忆是检查记忆效果，是看你对识记的东西能不能记准、记清，能否迅速想起来。这里的关键是识记阶段，对识记的知识要弄明白，要记得准、记得清。如果识记阶段的印象是模糊不清，或是错误的，将来回忆起来的印象也是模糊不清，或是错误的。就像照片，底片模糊不清，洗出来的照片也是模糊的。底片什么样，照片就什么样。

之前提过的“三个巧”学习方法，到底要怎么做呢？根据记忆的原理过程，识记阶段是基础，识记的印象越深刻越容易记住。识记的印象是清晰的、完整的、正确的，才有在大脑中保留的价值。如何让识记的效果更好呢？要抓住这三个关键。

1. 课堂上认真听讲

一是要求同学们，特别认真听讲，让代你们课的老师都喜欢到你们班讲课。同学们越是喜欢听讲，老师讲得越有条理，还会越讲越有精神，对你们的学习越有帮助。

二是听讲时打起精神，集中精力，边听边思考，边听边做课堂笔记，把老师讲的知识内容都能清晰地记住。有时老师讲一句，你在心里重复一句。这样在学习的实际过程中，就能有良好的印象，课后复习就很容易了。

2. 要端正学习态度。

不要认为功课不重要，看书漫不经心，眼睛没看清、脑子没弄明白就盲目去记，结果识记的图像是模糊的，甚至是错误的。大脑中保留的知识是错误的，将来考试也是按错误的印象去答题，这怎么能不出错！你们也发现考试时出的错，不是有意弄错，而是你答题的根据本身就是错的。要想学习好，首先把好识记这一关。

3. 根据各科知识本身的特点，采取巧妙的学习方法

(1) 历史的学习方法主要是学会巧妙记忆，防止遗忘。

上课听老师讲历史要像听老师讲故事，老师讲一句，你自己在心中重复一句，力争把老师讲的所有知识当堂记住，临下课时把课本仔细阅读一遍，检查自己的记忆是否和课本一致。

要寻找记忆窍门，会联想、会归类、会将知识串联、会找记忆规律。历史是人创造的，所以记历史事件，必须记当时的人物，还要记历史事件产生的时间、地点、经过、结果，这就是历史规律。记历史人物，首先要记住他是个什么人物，然后记住他的贡献，以及他的贡献的意义及影响。这样联起来去记，就不容易忘记有关的内容，还能记得全面。

在阅读课本时，看到后边，要想到前边的类似内容。前后联想对比记忆，防止记忆混淆，张冠李戴。例如，当看到司马光相关的内容时，可以联想到司马迁。

在学完课本之后，要把同类型的历史事件进行归类，并且从头到尾串起来，这样就不容易遗忘。

要经常回忆，看着课本目录，想具体内容，若有遗忘，再翻阅课本。也可以看着历史年代表，回想历史事件的内容、地点。总之，让历史知识内容在大脑中活起来，经常回顾，就能把历史学好。

(2) 地理课的学习方法主要是听懂并记住。

初一开始学习的地理内容是自然地理知识，比较难懂，同学们必须认真听讲。有不懂的地方及时问老师、问同学，或者看有讲解的参考书弄明白，不能轻易放过去。同时还要留心观察自然现象，学会看地图，记住地图所涉及的问题，会根据图示回答问题。

(3) 政治课的学习方法，不是让你死记硬背，是让你照着做。把课本知识和自己的认识、行为相结合，是学习政治的根本方法。

(4) 生物课的学习方法主要是培养兴趣，善于观察。

上课认真听讲，要对所学知识有兴趣，细心观察自然界的动物、植物，可以自己动手培养，在动手培养和观察中深化对知识的理解。

培养细心做实验、观察实验的能力，要积极和老师配合，按照老师讲的去做。

第三点，心态阳光性格开朗，是学习好的保障。

人的智力因素，受非智力因素的制约，即非智力因素既能促进人的智力发展，又能阻碍智力因素发展。当一个人的情绪处于极端低落、悲观绝望时，人的智力因素的发展几乎等于零。当一个人心平气和心情愉快时，智力因素也特别活跃，想事情、处理问题，想法来得快，方法多且正确、恰当。所以说要想学习好，时刻都要有高昂的学习情绪，这就要求我们要做到心态阳光，性格开朗。

心态阳光，就是不要自寻苦恼，遇事想得开，不计较一时的得与失，没有虚荣心，失败了不气馁，成功了不骄傲，心态自然，荣辱不惊。不在乎别人怎样评价你，不要计较别人背后怎样说你，只要自己问心无愧，什么也别去在乎。走自己的阳关道，让别人说去吧，什么事情都不要影响自己的情绪。做到心态阳光，时刻保持乐观、向上的情绪，你的学习就会不断直线上升了。

性格开朗，就是有什么苦恼、不顺心的事，不要闷在自己的心里，要和别人交流，寻求别人的帮助来解除心中的苦恼，使自己心情愉快，把精力更好地投入学习。如果老是把自己的苦恼闷在心里，就会越想越苦恼，从而不能自拔。即使学习成绩一时上不去也不要气馁，要相信自己有潜力、有能力把学习成绩提上去。不想失败的事情，想自己成功时的喜悦就会振作精神，如果老是怕失败，失败就会在眼前，思想上的“假想敌”，会让人丧失信心。所以要学会性格开朗，大胆与别人交流，求得别人的帮助，以使自己的心态阳光。为什么说阳光的心态、开朗的性格是学习好的保障呢？心理学家研究表明：人在心平气和，不嫉妒、不怨恨，没有负担、没有压力，并想象到成功的喜悦状态时，学习效率最高，效果最好。请记住，要想做一个出类拔萃的学生，必须心态阳光。

第四点，是给家长的建议。

培养一个好孩子，需要家长付出艰辛。一个孩子的健康成长，需要温暖的家庭环境，需要家长科学的教育方法。搞好这个实验班，也需要与家长沟通，取得各位家长的支持和配合。为让家长更好地培养自己的孩子，今天我向家长们讲一个真实的故事，供家长们借鉴。

一位母亲，生了一个一开始不让她省心的孩子。她一路走来，总是心态端正，最后的结果却让一般人想不到。孩子上幼儿园时，总坐不住，幼儿园的老师跟她说："你的孩子是否得了多动症？他一分钟都坐不住。你是否带他去找医生看一看？"听了老师的话，家长自然十分焦虑。但回到家，孩子问她"我老师说我什么啦？"时，她却对孩子说："老师夸奖你啦！说你原来一分钟都坐不住，现在能坐住三分钟了。"孩子听了妈妈的话后十分高兴，端起饭碗，很快把饭吃完了。他原来吃饭老是磨磨蹭蹭的。孩子上小学时，学校召开家长会，在家长会上，老师表扬了许多学习好的学生，就是没提及她的孩子。会后这位母亲问老师："我的孩子近来怎么样？"老师说："你的孩子学习很差，班里五十二名学生，他是倒数第二名，第五十一名。"此时，她也是十分焦虑。回到家中，她没有对孩子发脾气，反而说："老师说你进步很快，一定能考上的初中。"孩子初中毕业时，老师说她的孩子虽然进步很快，但考普通高中可以，考重点高中不可能。回到家中，她向孩子说："老师说你一定能考取重点高中。"结果，孩子真是考取了重点高中。孩子高中毕业时，她去参加班主任召开的家长会，会上老师分析了每个同学的情况，报哪些学校能够录取。当老师谈到她的孩子时说："你的孩子学习不错，报考一般重点大学没有问题，但若是要报北京大学、清华大学，是没有把握的。"她回到家中，对孩子说："老师说你报北京大学、清华大学有把握，你就大胆报吧！"最后孩子确定报清华大学。

北京大学、清华大学都是提前录取，一般大学还没有录取时这两所学校就把通知书提前发到学校了。当学校通知孩子取通知书时，她心想：孩子可能被清华大学录取了。当孩子把录取通知书递给妈妈时，孩子趴到床上放声大哭，并说："我知道自己从小到大都不是很好的孩子，可是你从来不埋怨和指责我，总是耐心不断鼓励我，使我逐步增强了自信心。是你的辛苦、你的鼓励才有了现在的结果……"

听了我讲的事例，家长有什么感觉？是否应该反思家教，听听孩子的呼声？记住，好孩子是鼓励起来的，不是讽刺挖苦出来的。

为了更好地让家长转变家教的不当方式，请班主任让每位同学都以“爸爸妈妈，您听我说”为题写一篇文章，反映同学们对家长的正当要求。然后收集起来，根据同学们的想法召开家长会，讲一讲家长如何科学地教育孩子。再一项建议就是让同学们从现在开始注意练好字。

第三次讲座的讲稿

一、时间：2015 年 3 月，第二学期开始。

二、目的：进一步激发学生的学习兴趣，指导学生会学习。

三、内容：讲记忆方法，提高记忆能力，强调学好数学的重要性，细讲学好数学的方法，时刻想着自己的奋斗目标，继续增强学习的自觉性、积极性。

同学们，新的学期开始了，每位同学都期望在新的学期里学习继续进步，取得更好的成绩。这就要求同学们，首先制订出一份超越自己的详细计划，设想每门功课要考到多少分。有了计划后，学习的进步要从提高记忆力开始。

一、如何提高学习的记忆力

我们已经知道，记忆是两个概念的合成。一个是“记”，一个是“忆”。“记”是在大脑存储知识，“忆”是将大脑中存储的知识提出来运用。记是为了用，因为一切知识都是记忆。如果用时能“忆”出来，说明你记住了；用时“忆”不出来，说明你没有记住。如何才能做到忆时能迅速地、准确地把大脑中存储的知识再现呢？在上次讲课时，我讲了记忆过程的“识记”阶段，如何能做到让“识记”的印象清晰、正确、完整。这次，我要详细讲一些技巧、方法、艺术。

1. 怎样形成记忆

“记”就是客观事物的外在形象，通过人的感觉器官——眼、手、耳、鼻、舌输入大脑，在大脑中发生了生、化、电变化，留下的痕迹——客观影像。这个变化反应过程，至少需要二十秒的时间才能完成，所以看东西、记东西不能太快，不能一扫而过。如果时间太短，没有完全留下的痕迹，记忆就不完整、不清晰。就像照相的底片，因没有充分感光而不清晰，那么冲洗出的相片也是模糊不清。

2. 怎样才能记得准、记得牢

(1) 看书时要注意力集中，别想其他事情。

把“看”和“想”结合起来，做到入眼、入脑、入心。真正看准、看清再去记。记就要记牢、记准、记全。

(2) 上课听讲时也要注意力集中，把“听”和“想”结合起来。

听讲必须入耳、入脑、入心，真正听进去。“心”是什么？是大脑的信息记忆库。只有把看的东西存入自己的记忆库，才能把书本知识变为自己的知识。只有把老师讲的内容记入心了，进入信息记忆库，才能把老师讲的知识变成自己的知识。

（现在中学生犯的毛病是听讲不专心，似听非听，这个耳朵进、那个耳朵出，结果在大脑中没留下印象。老师在课堂上都讲到了，他都没有听着，没有记住。课堂上没有听懂，课下又没有及时看书，考试时怎么能会呢？）

(3) 要用联想去记忆，发挥大脑右半脑的功能。

科学家研究表明右脑的记忆能力是左脑的 100 万倍。平常我们学习大部分是利用了左脑的功能，右脑的功能用得比较少。右脑主导的功能是想象、节奏、音乐、空间位置，又是形象思维中枢。我们根据右脑的功能，设计一些新的形象记忆法、谐音记忆法，能迅速提高记忆能力。

谐音记忆法：无论是文科知识，还是理科知识，想办法编成谐音，不仅好记，且不会忘。如，历史上有八国联军侵略中国，具体是哪些国家呢？有俄国、德国、法国、美国、日本、奥地利、意大利、英国。把每个国家的名称中的头一个字取出来，用谐音记忆就是“饿的话，每日熬一鹰”，这就很容易记住了这八国的名字了。

同学们可以自己动脑想办法，可以把难记的知识组成谐音，这样记得又快又准。

联想记忆法：就是从一件事，联想其他事来记忆。先记住第一件事，可以回想其他事，可以归类联想。例如：桌子是一个词，可以联想出下列同类物品的词：凳子—沙发—茶几—衣柜—衣架—床—梳妆台……热天是一个词，可以联想出下列相关情境词：冰棍—冰箱—商场—售货员—红裙子—布匹—工厂—工人—老板—办公室……

我们可以把学过的知识归类，概念类、公式类、习题类、单词类……它像一张网，通过这个网眼，找到下一个网眼，穿在一起容易记，且不容易漏记。我们在记忆一样单独的东西时很容易忘记，但如果能跟另外一件事物联系起来，起到提一方带出另一方的作用，就会减少遗忘。

开发右脑功能的工具，就是形象记忆法。我们在记忆的时候，充分发挥大脑的想象力，想象得越奇特、越荒诞、越不合逻辑，就越好记，因为奇特的事物容易引起记忆兴趣。如看见四条腿的牛在路上走，谁也不去有意记忆；若一头三条腿的牛在路上，谁都会记忆深刻。

还可以把一些互相联系的词编成故事记忆。自行车、录音机、香烟、铁皮、毛巾、牛皮鞋、图章、磁带、汽车、面盆可以这样串联记忆：自行车的轮子是录音机的两只喇叭做的，录音机唱歌时会抽香烟，香烟外层是用铁皮包的，铁皮脏了用毛巾擦一擦，毛巾塞在牛皮鞋里，鞋里有图章的印记，图章是用磁带做的，磁带绕汽车很多圈，汽车的方向盘是只面盆。大家可以发挥想象来编，只要对记忆有帮助，就可以用。

还可以把前后没有顺序的词调整一下，编成押韵的句子来记忆。如人体中的化学成分有十三种，单个很容易记不准、记不全。若编成押韵的句子——“氧钙磷碳，氢钾硫氮，钠氯镁铁碘”，就很好记了。

还可以用一些技巧提高记忆能力。背诵一篇很长的文章，可以一段一段地记，前一段记住了，再记下一段，不要从头往下记到尾。外语单词打算一天记三十个，可以分成三段时间记，上午记十个，下午记十个，晚上记十个，这样效果好。

为了防止遗忘，在学习后边的知识时，先回想前边的，如前边的还能记住，再往下学；若有忘了的，再反复看一遍。读书学习要学会迂回记忆，不能“黑瞎子掰棒子”，前面学了后面忘，到头来，只剩下手中拿着的一个。

要养成习惯，每天学习的知识，晚上要“过电影”。

二、再谈学好数学的重要性及学习方法

1. 学好数学的意义

数学是一切科学之母。你们考大学的时候将进行高考改革，必考科目是语文、数学、外语，每科 150 分。其他科是选考，从平时学习的其他六科中，任选三科考试，每科都是 100 分。

不是聪明的人去学数学，而是学习数学能使人聪明。数学成绩好的学生，学习都比较轻松。数学考得好，情绪积极，其他学科也会考好；若是数学考不好，情绪很低落，影响其他科考试。

生活中无处不用到数学。走进商场，碰上卖衣服打折，买 100 元返 50 元，到底打了几折？你能算出来吗？

2. 数学不难，人人都能学好，但要讲方法

数学是具体思维。看到一个习题，要马上想例题、想定义、想公式。对学过的定义、公式，必须记准、记熟，一想便能马上想起来。

数学是联想思维。遇到新题，马上联想做过的例题和做过的练习题，从旧题的影子里找到解新题的方法。平时每学完一个单元之后，要把做过的练习题进行归类，并总结出做题的思路、规律、方法、技巧。所有考过的试卷都不要丢掉，以便总复习时用。

数学是逻辑思维。做题时思维要严密、细心，一步一步地向后推进。步骤要完整，并且计算要准确。不准抄错题，并想一想为什么这样做，心中装着以前做题的影子。

数学是套路思维。要熟悉做题的套路，也就是规律思维。套路是在熟练的基础上，形成的思维定式，不要光顾做新题，还要把以往做过的题，反复想、反复做，在熟练中总结规律，总结方法技巧。虽说要适当多做一些题，多熟悉一些套路，但并不是越多越好，做的题要有代表性、技巧性。

数学是钻研思维，学习数学要有钻研性。

钻研性就是耐心、不急躁，坚信自己一定能找到解题的办法。遇到难题不打怵，多方联想，回忆以前做题的方法，总能悟出解题的办法，算不出来誓不罢休。每天用一道难题做靶子，也可以看一些奥数题。平时有了做难题的磨炼

和体验以后，考试碰到难题，就再不会打怵了。

三、要想学习能持续地进步，还需要做到以下几点

第一，不断强化学习动机，时刻保持奋进的学习情绪。

你要时刻想着自己的奋斗目标是什么。目标会激励你充分发挥自己的潜能。

当考试成绩好的时候，不要骄傲，这仅仅是开始，离实现自己的目标还远着呢。不放松，不自满，要更加努力，争取更好的成绩。如果自满了，下次考试一定会下降。

当考试成绩不理想时，不要气馁，仔细分析，是什么原因，哪些地方出了错。要想办法解决，切忌光看分数，不沉下心总结教训。如果只是一阵难过，没有解决措施，下次考试还是出错。虽然常说“失败是成功之母”，并不是说失败后必定成功，必须记住另一句话“总结是成功之父”。在总结中找出解决问题的新办法，看到希望，增强信心。所以，我们必须养成善于总结、善于探索，不走老路的良好习惯。时刻保持奋进的学习情绪，不计较一时的得与失，心态阳光。要建立错题集，不能只是简单地记录错题，还要记录错误的表现，分析出错的原因，写上纠正的措施。平时经常翻阅错题集，考前浏览一下，警示自己注意。

第二，只与自己比，不与别人比。

前进的目标不是与别人争胜，而是不断战胜自己，不断超越自己。进步没有中止，前进路上没有了“歇脚点”，只有“加油站”。

第三，上课跟着老师走，课下跟着自己的目标走。

上课一定要认真听讲，老师讲什么，我们就听什么；老师教什么，我们就专心学什么和老师同步走，不能另一套。对所有老师的讲课，都要边听、边思考、边记忆，做到“入耳、入脑、入心”，充分利用课堂上的时间，提高学习效率。

课下跟着自己的目标走，学深、学透，拓宽知识面，别人会的自己要会，别人不会的自己也要会。

由于受课堂听讲时间的限制，自己没有听懂，或老师没有讲透，课下

自己找时间学，通过有讲解的参考书，把自己没有听懂或老师没有讲透的地方，学懂、学深、学透。基础知识学得扎实，学习会越来越好，越会觉得轻松。

现在的初中生常犯的毛病是在学习过程中遇到不懂的问题不去解决，绕过去，导致欠的“账”太多，越学越觉得难，学习就会掉队，成绩就会越来越差，最后丧失学习的信心。甚至有个别同学，最后选择放弃，干脆不学习了。要想学习好，必须在每个学习阶段都要扎实学。

初中阶段的学习，是为以后成长打基础，不能老是想着考第几。为求考试有个好分数，只限老师考什么就学什么的话知识面太窄，思路不开阔，到时就觉得“书到用时方恨少”。所以，需要加强课外阅读，掌握更多的知识。在规定的课程都学好的前提下，可以突出自己的特长，有的喜欢作文，有的喜欢做数学奥赛题，有的想考托福、雅思，可以学习自己喜欢的有关知识。

第四，要学会调节自己的情绪。

人的智力受情绪控制，良好的情绪有利于学习，不良情绪影响学习。不要动不动就生气，生气是拿别人的错误惩罚自己。不要自寻苦恼，要学会自己排解，要心存善意，不要有嫉妒、怨恨的心理。心胸要开阔、大气，不计较小事。遇到情绪不高，自己又不能排解时，要学会与人沟通，请别人帮助。

第五，要注意劳逸结合、饮食合理，确保精力充沛。

我不主张拼劳战术，我主张学习要讲效率。在时间的利用上，我不主张“8+1”，我主张“8–1 大于 8”，即用 7 小时的学习时间，效果要比用 8 小时的好。拿出一小时的时间，让大脑进行休整。可以闭眼停止思考，呼吸新鲜空气，恢复大脑的活力，从而更有效地学习。

总之，我的教育理念是不仅要求你们学习好，还要思想好、人品好、性格好、身体好，全面发展，提高自身素质。在这三年的实验学习过程中，我想教会你们会做人、会学习，有自学能力，有自控能力，遇事知道该怎么做。这样，对上高中有益，对上大学有益，且终身受益。

我还研究国外的教育，把人才培养与社会发展相结合，让你们要适应社会的发展而学习，适应社会的发展而生存。

希望班主任对学生实时动态管理，让每位同学都能保持奋进的学习情绪。

不仅要研究共性，还要研究个性；不仅因材施教，还要因问题施教；把对学生的教育要求，落实到每个学生的身上、心上。

第四次讲座的讲稿

一、时间：2015 年 9 月，第二学年第一学期开学初

二、题目：勿忘初衷，方得始终。

三、目的：

初中二年级阶段的学生是情绪多变的时期，学习容易松懈，分心。行为上容易做出一些出格的事情，意志不坚定的学生容易掉队。为防止学生松懈，防止学生走岔道、掉队，坚持正向指引，提出一些新的举措。

我今天的讲课题目是“勿忘初衷，方得始终”，意思是说：无论做什么事情，始终坚持，不怕困难、不怕失败，经得起挫折，努力到底，才能实现开始设想的结果。如果只有计划，没有实际行动，没有持之以恒地去奋斗，到头来美好的愿望都将会化为泡影。这里有两个关键：首先是有初衷，再就是朝着设想的目标所指出的方向不停止地奋斗。

一、我们建立实验班的初衷是什么

“爱学习、会学习，三年之后全部同学升入高中读书，要有百分之六十以上的同学达到重点高中入学分数线”。回想一年前的今天，我对同学们提出的要求是什么？在学习内容上要求“一个突出、两个必须、三个巧”。这是有根据的，是被实践证明是科学的，与将来高考改革思路是一致的。数学好的学生，学物理、化学也不难。语文好的学生，语言综合能力强，阅读理解能力强，对作文、表达都有帮助。从高考答题情况看，扣分都是答题语言表达不准确、不简练。标准答案其实很简单，可是考生答得长篇大论，满锅糊涂没有豆，抓不住要点，不扣题，阅卷老师也就不给分了。语文好的学生，学历史、地理等学科

也很简单。英语好的学生，对将来考研究生有帮助，建议同学们可以学《新概念英语》。

我不是说其他科不重要，不用去认真学，而是说要用巧办法学。凡是国家规定的学科都必须认真学好，要从思想上重视，要立足于课堂。

据我了解，有一部分同学不愿意学习政治，认为政治难背，没有兴趣。上课听讲不认真，对政治课的重要性认识不足。政治是讲青少年政治修养的，是让你健康成长的人品保障。政治不是让你背的，是让你去做的。先从思想上认同书上的道理，再化为自己的行动，随着老师的讲解，把道理装在心里，早就背上了，用不着考试前再去背。

有的同学，认为有些功课一看就明白，课堂上不认真听讲，这是错误的。当时不听讲、没有记住，到考试前再去突击死记硬背，得不偿失。应该要随学随会。所以我提出课堂听讲要认真，尽量在课堂上解决问题。

有的同学确实做到了，我们班的高慧、陈雪妍做得特别好。每次听课，她们都不放过一个“盲点”。要求大家都要努力，都要向前奔跑，不能有的跑、有的走、有的不跑也不走。有许多同学坚持一直向前跑，到了班级前列、年级前列。池澄同学由入学时的一百七十名进入年级前十名，现在请大家听一听她们是怎样进步的。

（高慧做学习经验介绍。）

高慧的学习体会很好，她不是编出来的，而是干出来的，是她平时学习的真实写照。她的学习经验应该成为大家的宝贵财富，大家要向她学习，对照自己找差距，落实到行动上。

回忆一年的经历，同学们努力了，老师努力了，大部分家长也尽心了。但我们不能满足，我们不能停步，要向着更高峰攀登。下面由陈雪妍同学朗读一篇文章，题目是《迈向人生高峰》。

（陈雪妍朗读文章。）

学习的进步不是一朝一夕就能成功的，学习的成长是蜕变，要耐得住寂寞，经受得起挫折的考验，要有耐心，要持之以恒，要有量变到质变才能发生飞跃。请池澄同学给大家朗诵一篇文章，题目是《成长是一种美丽的疼痛》。

（池澄朗诵文章）

二、新的一年，我们怎样做呢？特向同学们提出下列要求

全班同学要更加尊师、守纪、团结、友爱、互相帮助，共同进步，把已经形成的“关心集体，维护正义，积极向上”的良好班风坚持下去。

同学们要经常阅读《思维与智慧》，逐渐学会辩证法，想问题、做事情防止出现偏激情绪，要“一分为二看问题，一分为二对自己，一分为二对他人”。要善于学习别人的优点，弥补自己的不足。在日常生活学习中，也要学会包容，学会理解，学会理直气和，不是理直气壮。要善待他人，善待自己。不计较小事，不耍小脾气，时刻保持心态平衡，让自己逐渐成熟起来，使心理素质不断提高。

人人养成“爱学习、会学习”的习惯，学会阅读，学会思考，培养自学能力，不仅要学习成绩好，还要思想好、人品好、身体好。

要求全体家长密切与学校老师配合，做好对孩子的教育工作，尽到家长的责任。为实现设想的目标，家长、老师学生共同努力奋斗。

三、具体措施

1. 坚定信仰

把学习当成一种责任。现在的中学生学习积极性不高，缺乏动力，糊里糊涂的，不知道为什么学习。没有目标，学习就被动，缺乏进取精神。什么原因？是没有信仰。

什么是信仰？这个概念在学生心中是模糊的。“信仰”的含义是对生命来源的感恩，生命的第一来源是父母，生命的成长不仅有父母，还有老师、社会对他们的教育，要抱着对父母的感恩、对老师的感恩、对祖国的感恩而去努力学习。现在中学生普遍存在的问题是不知道去感恩，甚至还有许多埋怨、牢骚、不满。能把读书当成一种责任的学生太少了，所以我们必须对学生进行感恩教育。利用主题班会让学生讨论，为什么要感恩，怎样用行动去感恩。让每个学生从内心觉醒学习是一种责任，本着对父母负责、对老师负责、对国家负责、对自己的将来负责，不仅要读书，还一定要读好书。明白人生的价值是为自己

的理想活着，为父母活着，为祖国的美好未来活着。有了这些理念，学习的积极性才会持久，学习成绩才会稳步提高。

教育的本质是自我教育，就是自己教育自己。没有自我教育，外界的一切教育都是无效的。思想支配行动，“我为什么不爱学习”“我为什么学习退步了”“我为什么学习时‘分心’了”“我为什么老是进步不快”“我为什么总是受到别人的干扰”，等等，这是自己的思想上出了问题。所以我们必须守住“心灵的净土”，保持纯真、抵制诱惑，且耐得住成长的“寂寞”。

我们要牢牢记着池澄朗读的那篇文章——《成长是一种美丽的疼痛》，学会不断改变自己，不断完善自己。

做到在正道上直行，常用《管好自己就能飞》一书中的三句话提醒自己：“我的目标是什么？我现在干什么、想什么？我干的和想的是否对实现我的目标有帮助？”要在成长过程中不断反思自己，不断优化自己，牢牢记住“总结是成功之父”。

要自觉主动学习，不是别人要我学、催我学，而是我要学，自觉学、乐学、会学。

2. 努力提高课堂学习效率

课堂教学是我们学生学习知识的主要渠道，我们要充分利用课堂时间进行学习。为提高课堂听讲的针对性，注意做好课前预习。为巩固课堂学习效果，课后要及时复习，不留“盲点”。若有自己不能解决的问题，要及时问老师，求教有讲解的参考书。要向高慧同学学习，向陈雪妍同学学习，榜样的力量是无穷的，身边的榜样更是宝贵的。要在班内形成你追我赶的学习热潮。

我们要就下列问题进行研究探讨：

(1) 课堂听讲如何抓效率？

(2) 写作业如何提高效率？

(3) 课前学习如何抓效率？

(4) 复习功课时如何抓效率？

(5) 知识的记忆如何抓效率？

(6) 记忆时如何抓关键词语？

请大家利用主题班会进行大讨论，让每个同学都思考：为什么有时学习效率不高，怎样做才能提高效率？此项工作抓好了，本学期该班学生的学习成绩普遍都会提高很快。把讨论的结果进行归纳，形成班里的学习公约，让每个同学都必须执行。

3. 学会阅读，提高阅读能力

学习的本质是自学，只有学生具备了自学能力，学习才会有较大的进步。自学有一项就是阅读，如何提高阅读能力是当前中学生的大问题；没有养成自觉阅读的习惯，阅读速度不快，阅读质量不高，这是普遍存在的问题。阅读不是简单地理解为看书，阅读有学问、有技巧、有方法，老师必须对学生进行具体指导。阅读不是我看了就见效的，粗浅地看一遍或几遍，收效不大。必须静下心来，防止有急躁情绪，防止走过场，而是细看、细读，字里行间都要看准、看清楚，读懂每个字、每个词是什么意思。要养成查字典的习惯，如有不懂，查字典弄明白。要懂透这篇文章写的什么事，讲的什么道理，应该从中学到什么。反复咂摸，真正理解，把理解的知识变成自己的记忆，凭着自己的记忆能用自己的语言表达出来，这样方能应用。用文章的观点教育自己，用文章的词汇来丰富自己的语言。这样的阅读才是真正的阅读。

课前预习要阅读。阅读完了要思考哪些知识点能理解，哪些知识点还不懂。对自己能理解的知识点定要记住它；对自己还不懂的知识点，留待课堂中去解决。带着问题听老师讲课，才能提高课堂听课效率。这样的课前预习才是有用的，走过场的预习是起不到作用的。复习功课时也要阅读。带着问题去细读，反复思考，并问自己心中的问题解决了没有。如果还没有记住，再去阅读课本，记忆时要学会抓关键词语，抓住关键词语去记忆，能提高记忆效率。

4. 根据学科本身的知识特点去学习

语文，研究的是中国人的语言交流和文字表述能力的学问。要交流，必须会看、会听、会说。要看懂、听懂、会表达，就必须认字、识字、懂词义、会语法。所以要想语文学得好，必须多识字，多掌握词汇，为作文和阅读打下良好的基础。要求同学们熟练运用好《汉语词典》和《成语词典》。还要练好字，这是交流时的门面。在认真打好基础的前提下，加强课外阅读，开阔视野，扩大知识面。语文学习靠修炼，无法速成，只能是多看、多读、多记、多练，日积月累，从小不喜欢看书的学生，语文成绩准不好。

初二年级的课外阅读，主要以现代文为主，内容是丰富多彩的。可以看历史故事、伟人传记、名人名言录、科幻文章，像《读者》《意林》《思维与智慧》等刊物，应该经常阅读，并背诵“卷首语”。从书中吸收精神营养，并丰富自己的语言，积累记忆语汇，有利于写作。经常阅读《思维与智慧》杂志上的文章，能让你学会辩证地看待问题，也教你如何做人，学会换位思考。当听到父母唠叨时，自己反思一下：“我哪些地方做得不好，又惹父母生气了？”此时，就不会感到“厌烦”了。在阅读中，要学会抓关键词语进行记忆，才能较快地记住书中的内容。

英语，是外国人的语言和文字，不能按照中国人的思维模式和交流习惯去学英语。要想把英语学好，必须进入外国人的语言环境，按照外国人的思维模式和交流习惯去学习。

单纯地听老师上课讲讲语法，背背单词，很难把英语学好。要想真正把英语学好，必须注意课外阅读。要看英汉对照读物，先避开汉语翻译，直接读英语。不懂的词要查英汉词典，根据上下文确定词义进行翻译，遇到问题再看英语语法书。自己翻译完后，再去看译文，哪个地方翻译得不准，彻底弄明白。不是直接看译文，那样一点作用没有。

物理，是研究物质运动现象和运动规律的科学，学物理的思维方式和方法与语文、英语不一样。它不仅要透彻理解概念，对概念的运用、对运动现象的解释要分析。分析运动现象，要牢牢扣准定义，离开定义无法解释。例如大人与小孩拔河，从认识上看，大人一定能拔过小孩，可是不一定，若大人站在冰上，小孩站在沙地上，大人不一定能拔过小孩子。为什么？利用作用力与反作用力的定义来解释你就明白了。还有运动和静止没有参照物做标准，就无法说明谁在运动，谁在静止。

学好物理，要注意观察，注意实验。有些道理无法用语言说清，一看实验就明白了。不仅看实验，还要动手做实验，

数学很重要，我们必须以高度负责的精神、谨慎的学习态度把它学好。

数学是研究计算技巧、计算方法、计算规律的科学。学习数学必须遵守计

算规律，掌握计算技巧和计算方法。首先要求会算，要算得对，算得快。怎样才能算得对呢？必须牢记公式定义，牢记例题的计算方法再去做习题，一切练习题都是根据例题派生出来的。如果连定义公式和例题的解法都不会，怎样去做题呢？

数学是逻辑思维，必须做题时要严密审题，要认真把所有要求都弄清楚，把做题条件都要分析出来。再去做题，这样才可以能做对，计算步骤要规范才能符合考试要求。

不仅要算得对，还要算得快。要想算得快，必须在熟练的基础上才有可能达到，因此要把平时做过的题归纳在一起总结做题规律，学会“举三反一”，应用时才能做到“举一反三”，要应用已掌握的做题思路、规律、方法去做没有见过的新题。

遇到难题不放弃，坚决攻克它。考试时遇到难题不发慌，坚定信心把它拿下。这些方法我在前几次讲座中已经讲过，大家要照着去做。还要多找一些参考书，可借助“课程全解”丛书帮助理解基本概念。在概念弄清楚之后，再去看有关知识点如何运用的参考书，看带详细题解的练习题，从中体会课本知识在考试中是如何运用的。特别细看“解题剖析”的栏目，明白做题的思路、规律、方法、技巧，提高计算能力。

5. 成功贵在坚持

必须和懒惰作斗争。现在的孩子几乎没有因为笨而学习不好的，都是懒造成的。要说干就干，干就干好，在干中找到学习方法，用一分功一分效，增加一分信心。信心也是干出来的，看到自己的进步，学习情绪来了，越干越有劲，学习就进步得快。进步得越快，干劲就越大，进步幅度也越大。要经常鼓励自己：“我”还有余力，“我”还能再进步，“我”一定能进步。既不为过去后悔，也不为将来彷徨，立足每天，让每天都过得充实，每天都有收获，就不会留下后悔和遗憾。

俗话说：勤奋一天容易，两天容易，天天勤奋、持之以恒不容易。这需永恒的动力，这个动力来自哪里？来自目标，来自期望心理和“预期心理效应”——成功的喜悦。把美好的愿望作为自己的信仰，让信仰作为一盏明灯照耀自己，引领自己不断前进。这样，我们心中的奋斗目标就一定能实现。

一个中学生心智素质好不好，就是看他是否具备两种能力：一是快乐学习的能力，二是自主学习的能力。简言之，就是爱学习、善于自学。这样的能力，体现在功课上。就是在学习过程中能摸索出一套有效的学习方法，能比较轻松地应对考试（好学生不怕考试，怕考试是因为没学好）。另一方面就是体现在课外阅读上，看他课外阅读在学习中占的比重有多大。课外阅读是学生个性和禀赋自主自由发展的重要空间。

所以本学期的学习要在研究学习方法、提高课堂学习的效率、提高做作业的效率上下功夫，留出更多时间进行课外阅读。

四、给家长的忠告，别让等待成为遗憾

对于家长，我有两句忠告：一是孝敬父母不能等，二是教育孩子不能等。家长千万别说“等我有钱了要好好孝敬父母”，孝敬父母不是钱的问题，而是真正的孝心。等你有钱了，父母老了，到想玩走不动，想吃的东西不能多吃，或者不能吃了。现在趁父母都健在，该怎么孝敬就怎么孝敬。

对孩子的教育也必须抓紧，不能光忙着挣钱而忽略了对孩子的关爱。孩子的成长是有关键期的，过了这个村，就没有那个店了。光忙着挣钱而忽视对孩子的教育，等你有了钱的时候，孩子的成长关键期过去了，再去教育孩子就晚了。这也是许多家长留下的教训。现在我们这个班还有五六个学生，暂时处于后进状态，是家长的原因。家长关心不够，与老师配合得不好。别等孩子初中毕业考不上高中时才后悔。

据我了解，高慧、陈雪妍、池澄的家长做得很好，我们应该向他们学习。池澄由入学时的年级一百七十名跃居现在第十名。她的进步说明了什么？家长应该深思，同学们也要深思。为了孩子的将来，家长就得付出，甚至做一些牺牲，多吃点苦、多受点累，多给孩子提供学习上的一些支持与关爱。

同学们，要坚定一个信念：金山银山，不如有一个好习惯。不能光有梦，要真干实干梦想才能实现，而且还要飞得更高更远。

同学们，努力吧！

附

我的学习方法

高　慧

薛校长的报告让我受益匪浅，现我把自己的学习方法总结如下。

一、上课认真听讲

上课认真听讲，绝对是排在第一位的。因为老师对于这一课的看法、理解与长久以来教课时积累的能让学生快速理解的方法，都会在课堂上教给学生，因此，上课认真听讲是绝对有必要的。倒不如说如果不这样，才是损失了巨大的一笔财富。

二、整理笔记

整理笔记其实算是我的个人爱好，但这项爱好却让我在学习方面获益良多。上课时将老师讲的知识笼统地记下后，下课了再根据记忆将老师讲的内容按顺序详细地列出来。这样不仅对课上的内容进行了一次复习，还将知识点都整齐地分类、标记好，便于在以后回过头来复习时能够一目了然地知道哪些是重点、哪些知识点互有关联。并且，在整理好笔记之后再回头一看整整齐齐的笔记，有说不出来的自豪感呢！

三、预习与复习

这一项我其实说来惭愧，因为我对预习其实并不怎么看重，反倒是在复习方面我花的功夫比较多。复习对我来说其实是一个能够理清思绪的好机会，上课时老师讲的内容如果来不及理解透彻，就先把它记下，等到复习时再自己一个人冷静地细细体会、渗透，这样就能将来不及理解的知识理解了。并且复习也有益于加深记忆，在记忆时也可能会发现新的、更简单的记忆方法，所谓“熟能生巧”便是这个道理吧。另外在复习时也会发现一些不懂的问题，能够查漏补缺。

四、敢于向老师提问

上面也说过了，复习时很可能会发现一些自己不懂的问题，能够自己解决当然也好，但当自己不能解决时最好的方法还是问老师。或许会有因为害怕老师或者害羞而不敢去问的情况，这种情况我也体会过。但是现在已经不会有这种感觉了，因为我想任何一个负责任的老师都不会讨厌勤学好问的学生。询问老师不仅能解决自己的难题，有时候更可能会有小小的“意外收获”，所以在遇到难题时我会很乐意去询问老师。

五、保持对学习的热情

虽然将这一点放到最后说，但我想把这一点看作是最为重要的一点也不为过，因为只有保证了对学习的热情，才能够如愿完成上述几点。学习新的东西的热情是我能够完成以上几点的所有动力。这份热情虽然不知道来自于哪里，或许是人类的本能，也或许是从小养成的习惯，但是能够确认的事就是，在学习新的事物时，我能够感受到源源不断的生命力。不记得是从哪里看到的一句话了：“学习是让人类最能够感受到自己的存在的事情。”现在想来这句话真是一点也没错。正因为有着这份热情，我才能够前行至今，所以这一点对我来说实在是举足轻重。

第五次讲座的讲稿

一、时间：2016 年 3 月，第二学年下学期开学初。

二、题目：管好情绪，改进方法，提高自控能力，学习成绩才会大幅度提高。

今天，我是第五次在你们班开讲座，在前四次的基础上，又对你们提出更高的要求，要求大家要深度思考，认真领悟。努力落实会对你们的学习产生更大的影响，每个同学在下个阶段的学习会取得更大更快的进步。

今天我讲四个问题：没有永远的差生，只有成绩暂时落后的学生；积极的学习情绪是学习进步的动力；科学的学习方法是学习进步的依托；提高自控能力是学习进步的保障。

请同学们回忆我以前讲的学习成功的六个秘诀是什么？

（学生回答略）

一、没有永远的差生，只有成绩暂时落后的学生

美国心理学家布鲁姆说：95%以上的孩子都是可以成才的。为什么只有95%呢？因为世界上还有5%的人有身体残疾、智力障碍，他们无法和一般人那样学习和生活，他们要经历更多困苦才能成才，我们班的同学都在95%以内。请同学们坚信“我”能行，“我”能成才，“我”能考上高中，“我”能考上大学，“我”可以成为有用的人才……

上次听完罗森塔尔的试验之后，同学们有什么感想？课后每位同学都要写一份感想交给班主任，班主任利用班会念给大家听。

罗森塔尔通过研究“期望心理”在学习成才路上的作用，期望学生转变心态，转变自我——由原来认为自己不行，改变为自己能行，在暗示自己能行的积极心态鼓舞下努力奋斗，而终获成功。然后，他应用这个道理激励后进生，由暂时落后变为先进。后来，抓“期望心理”，使后进生转化，这叫作“罗森塔尔效应”。我曾经利用这个方法，使当时自己认为考学没有希望的许多学生，不仅考取了大学，有的还考取了名牌大学。

同学们，再想一想，你和他们相比，是你的智力差吗？不是。那是为什么？

一是没有追求和梦想，至今还有个别同学没有觉醒，没弄明白为什么读书，为谁读书，所以学习缺乏热情、缺少激情。

二是向自己头上乱贴标签，“我不行”“我不如别人聪明”“我成不了才”……自己限制了自己，影响了潜能的发挥。

三是学习方法不够科学。表面上也很用功，但效率不高。只是跟着走，不善于动脑思考，知识学得不扎实，没有一套适合自己的学习方法，做了许多无用功，进步不快。

四是自控能力差，老是管不住自己，光想着玩儿。特别是到了假期，什么都忘了，只顾着玩了。真正的好学生都是利用假期坚持学习的。别人跑时，你也跑，想超过别人不容易；只有别人休息时，你还坚持跑，才能超过别人。

这一年半的时间证明，入学时成绩一般的同学现在进入年级前几名，有许多成绩差的同学都逐步上升。所以没永远的差生，只有成绩暂时落后的学生。希望成绩暂时落后的学生不要自卑、不要气馁，要奋起直追。

我辅导过许多高中阶段的后进生，最终他们都考上了大学。我辅导过的初中生后来考上北京大学的有三个。他们都是爱学习、会学习的学生。别人玩不着很难受，他们是觉得自己学习不了很难受。他们都是利用节假日自学的，这在心理上的感觉是“别人无我有了，当别人有时我已经优了”。

二、积极的学习情绪是学习进步的动力

一提起学习成绩好，就认为是“学海无涯苦作舟”，仿佛我们就应该视读书为苦海，视学习为畏途。家长也常在我们身边唠叨：“不吃苦中苦，难得甜上甜。”于是在青少年头脑中形成了一个错误概念：只有吃苦才能学好。现在的青少年就怕吃苦，所以一读书就不快乐，成绩差的学生就更厌学……

但这个概念错了，快乐不是境遇，而是心中的体验。同是一件事情，理念正确，觉得快乐，理念错了就觉得是苦。就像一位老叟一样，他养了两个女儿，大女儿卖面，二女儿卖伞。他天天不快乐——下雨了，他担心大女儿的面卖不出去，于是发愁不快乐；天晴了，他又担心二女儿的伞没有人买，又发起愁来。后来一位智慧的老人告诉他可以换位思考，就能天天快乐——当下雨时，他就想二女儿可以卖伞了，于是高兴快乐；当天晴了，他就想大女儿可以卖面了，又是高兴快乐。可见快乐还是不快乐，不是事情本身决定的，是你的心灵体验，是你心中的理念决定的。

其实读书是一种快乐。读书不是先苦后甜，而是快乐在前、成功在后，快

乐是持久的竞争力。想到成功的喜悦，你就会为之奋斗，你就不会感到努力是苦的了。请问你们班学习好的同学，哪个是觉得学习苦的？

（进行互动）

如果你感到学习是苦的，你学习就不会好。

如果你立志想考北京大学、清华大学，你一想象到在北京大学校园里的未名湖畔边、博雅塔下，在清华大学校园的荷塘边，和同学们畅谈未来时，你就会热血沸腾、浑身是劲，自觉发奋努力，即使学习很累，也不觉得是累、是苦。这是“预期心理效应”产生的结果。

最近心理学家研究情绪对学习的影响，发现积极的心理对学习有促进作用，消极的心理对学习有阻碍作用。于是倡导要发挥积极的心理情绪对人的正面影响，防止消极的心理情绪对人的负面影响。

积极的心理情绪，要求同学们在学习过程中充满希望，要自信，要宁静，不浮躁，要有兴趣，要感激，要从容，要自我激励，要喜悦……反之，学习过程中的失望、自卑、焦虑、孤独、气恼、嫉妒、恐惧、抑郁、疲乏……碰到这些情绪时，要马上躲开，不去碰它不去想它。

天天要想积极的内容，要锻炼正向思维，遇事向好处想，不要向坏处想。要在学习过程中看到自己的进步，想到将来的希望。“我能进步我能考上高中，将来能考上自己理想的大学”，天天这样想，你就会很快乐！

如果你想到负面去了，就会天天苦恼，没有心情学习了，就会觉得很累、很苦。为什么林黛玉把好话当成坏话听，总是不快乐？因为她大脑里有负面情绪，有错误的理念。失去父母，寄人篱下，敏感、多疑。

如果有的同学在学习中还是不能自信、缺乏希望的话，请你这么做：每天记下你认为的三件让你高兴的事，过后不断回头想这些高兴的事，一个月后你就会变得自信又快乐。

另外，不要自卑，要对自己有信心。不管别人怎样看你，你都不要介意，关键是如何正确地对待自己。不是别人看不起你，而是你自己看不起自己，自寻苦恼。

今天我告诉你们两项措施，让你保持积极的学习情绪，防止产生悲观情绪。

第一，“目标递进式”。目标递进式就是：X+5+5+5……直到满分。

一件事情办成了就感到很快活，没有办成心中就很沮丧。学习也是如此，自己想考多少分，结果真考了那么多分，心里就很快乐。想考某所大学但还没有实现，体验不到真实的快乐。如果使用目标递进式，每次考试都在原有的基础上提高 5 分，那么每个同学努努力都有可能实现，都能获得快乐感。下一次再在现在的基础上提高 5 分，也能实现。看到自己的进步，心中就充满快乐，不断地每次提高 5 分，你很快就进步了。希望每位同学都能这样做，让学习情绪不断高涨。我们这个班就是用这个方法，让同学快速进步的。

每个同学都希望考试成绩好，有时考得不好心里很苦恼，这个问题怎样解决呢？

第二个措施就是用“ABCDE”模式解决。

“ABCDE”模式，是美国密西根大学心理学家研究出来的一套模式，帮助学生忘掉痛苦，增加自信。“A”代表前因，“B”代表观念，“C”代表结果，“D”代表辩驳，“E”代表激励。具体如何运用呢？

例如，“A”表示比理想的考试成绩少 10 分；“B”表示“这次考不好，以后很难考好”的观念；“C”表示这次考试结果造成的苦恼；“D”表示辩驳，不是考试不理想造成的苦恼，是错误观念导致的苦恼；“E”表示激励，“我以前很好，这次确实是偶然，绝不是必然。”

你认为自己这次考不好就会影响以后，于是产生了一连串的错误想法，脑中出现了许多“假想敌”，越想越苦恼，思想负担很重，压力很大……不应该光想苦恼，应该反省、反驳，是“我不行了吗？”不是，这次失败是偶然，不是必然。想通了，不害怕了，情绪振作了，苦恼没有了，就能更好地学习了。

三、科学的学习方法是学习进步的依托

学习的不断进步靠什么？靠爱学习、会学习。这就要求同学们在学习过程中不断改进学习方法，使自己的学习方法更科学、更有效。

第一，要不断改进自己听课的方法，使课堂学习效率最大化，听课的方法和重要性以前我讲过，这次提出的要求是最大化。怎样才能更好地提高课堂学习效率？

1. 提高课前预习的质量，带着问题去听讲。根据时间安排，有时详有时略，但一定要找出自己在预习时还没弄明白的问题，以便在课堂上解决。

2. 变被动听课为主动听课，特别注意预习时没有弄明白的问题，争取在听课时解决。

3. 听课要跟上老师的讲课节奏和思路，边听、边思考、边记忆。

4. 课堂上要大胆发言，别怕说错，不会就问。尽可能别把问题留到课后去解决，力争堂上解决。如有疑问，做个记号，课下及时去问老师。

5. 做好课堂笔记。笔记怎样记？记下老师的总结，记下课本上没有的知识点，记老师的板书提纲。但不是什么都记，还是以听明白为主。

6. 凡是课堂上没有解决的问题，一定要当天弄明白，不能拖延、不能放过。

第二，强科要更强，弱科要补上，但不能割长补短。

1. 语文、数学、外语三科都要强，不能有弱科，哪科弱要下大力气补，不能再拖延。

2. 如何补弱科？要冷静分析和思考，为什么差，差在哪里，是基础不牢还是难题不会做，还是方法不对头。想明白之后，有针对性地补，借助有讲解的参考书，学会正确使用参考书。

第三，缩短作业时间，提高作业速度和质量。

1. 做作业要抓紧时间，不能磨蹭，不无故浪费时间。

2. 要先弄明白再去做作业，先复习后做作业。

3. 仔细审题，细心、耐心地写作业，争取一遍做对。

第四，再强调一下学习物理的方法。

学习物理不是靠死记背，而是在懂上下功夫，在思考分析上下功夫。

首先要懂，对物理概念要透彻理解。到底是怎么一回事，一定要弄明白。一定要认真听老师讲课。有的地方不明白要问老师，也可以通过参考书弄明白，对公式、例题要记住。

做题时要会思考、会分析。要用哪个概念来解答，要认真思考，不是拿过来就能套上的。只要转变思维方式，学好物理并不难。

第五，其他科的学习方法，大家互相交流，我提出用“三个巧”学好其他科，同学们都动了脑子。同学们有的创造了学好地理的方法，有的创造了学好历史的方法，有的创造了学好生物的方法，有的同学学政治很有方法……希望这些同学把方法详细写出来，交给班主任，让班主任利用班会时间进行交流。一个班的同学写的经验可以给大家互相学习、共同进步，不明白的地方还可以交流。这个办法应该经常用。

第六，建好、用好错题集。

错题集，是许多学习好的同学总结出来的学好数学的基本经验。同学们应该重视，每个同学都要建错题集。错题集，不是简单地把做过的错题集合在一起，而是写出错误的表现，分析出错误的原因，提出纠错的办法，写上正确的答案。

建了错题集，要经常看，警示自己，以后不能再次出错了。

第七，转变学风，做到“静、钻、思、悟”。

要想学习进步得快，除了不断改进学习方法外，我们还需要转变学风，做到“静、钻、思、悟”。

“静”——教室是学习的地方，进教室要安静，不能大声喧哗，保持室内安静，营造浓厚的学习气氛。不仅室内安静，学习时更要静心，不要浮躁，养成边学边思考的习惯。在思考中学，在总结中前进。

“钻”——养成好钻研的学习风气，不要碰到困难就躲开。学习应该有钻研性，弄不明白不罢休。

“思”——养成若干思考的习惯，举一反三。

“悟”——学的知识要理解，要领悟出自己的认识和道理。

第八，要用“十字学习法”使学习不断深化。“十字学习法”就是：找、测、听、写、忆、记、想、整、串、用。

“找”——找自己存在的问题，找解决的办法。

“测”——自学、自测，看到底自己学得怎么样。

“听”——掌握听课的方法，提高听课的效率。听就要专心记住、记准、记全。

“写”——要把老师讲课的小结写下来，以便课后复习；要把自己的学习心得写出来，以便继续使用。

“忆”——学过的知识要经常回忆，每天晚上都要像看电影一样过一遍，防止遗忘。在听老师讲课之前，先回忆上一堂课老师讲了什么，以便新旧衔接。

“记”——研究记忆方法，找特征、找规律。在理解的基础上记忆，防止死记硬背。

“想”——要用心想、细心想、多联想，把思路打开，充分发挥自己的想象力。在学习中学会“举三反一”，再用时学会“举一反三”。

“整”——对学过的知识要进行整理、归类，便于记忆，不能杂乱无章地就输入大脑。输入大脑的知识，必须是有序的、有条理的，以便应用时能迅速从大脑中提取。

“串”——对学过的知识点要穿成串、连成片，以便应用。学习一大片，考试一条线，考试考的知识点都是成串的，不是零散的。

“用”——学过的知识要考虑如何用。每记一个知识点，要考虑这个知识点如何用。记定义、记公式，要知道如何用。

今天我讲的第六点，你们一时很难做到。长期坚持下去，你会觉得这是“金科玉律”。

四、提高自控能力是学习进步的保障

再好的学习方法，不在学习中运用，也就失去了意义。只有管理好自己、努力实践，才能让学习不断进步。怎样不断提高自我管理能力呢？

第一，常用我以前讲的“三句话”提醒自己。

1.“我”的目标是什么。（当初设想的目标常在大脑中浮现，让目标的光辉照耀着你前进，永不停步。）

2.“我”现在干的是什么，想的是什么。（想你当时的情景做法。）

3.“我”想的、做的对实现“我”的目标有帮助吗？（有帮助的就去想，就去做；否则，就坚决不去想，不去做。）

第二，用大脑中的“控制我”指挥“行为我”，做到令行禁止。

人的大脑中有两个意识，一个是“意识我”，一个是“控制我”，两个“我”应该协调发展：共同使用。“控制我”在大脑的眼球后边，前脑皮质下。既然是技能，用则发达，不用则退化。在日常生活中，有的人自控力比较强，做事时什么该干、什么不该干，什么时候该干、什么时候不该干，都能自控。因为他们经常运用自控力，所以做什么事情都能有节制、有规则。有些人不能自控，任着性子无规矩地行事，就是因为他没有运用自控力。

第三，自控力可以练出来。

有意识地运用大脑自控功能，让你的自控力不断提高。

1. 上课听讲之前你要告诉大脑中“控制我”：“我”要开始听讲了，不许想别的事情，到时候自控力就能让你听讲专心。经常这样提醒自己，你就会养成课堂听讲的好习惯。只要一上课，你就进入听讲状态。

2. 写作业时，你就告诉大脑“控制我”：“我”要集中精力思考，认真完成作业了。这时自控力就指挥你去认真写作业。

3. 起床后要规划好今天准备做什么、怎么做，告诉大脑“控制我”，自控力就会指挥你按时去做。这样，你就会养成做事有头有尾、善始善终的良好习惯，不至于干什么事都是一时热情、虎头蛇尾。

4. 玩时要告诉大脑“控制我”只能玩 30 分钟。到时候自控力会告诉你，时间到了，别再玩了，防止玩起来没有节制。

5. 要学会控制情绪。遇到一些不顺心的事情时，你要告诉大脑“控制我”不能急躁、不能生气、不能自寻苦恼，自控力就能指挥你应该怎么做。

要想学习进步得快，就必须提高自控力。不管你现在是什么情况，照我说的去办，这学期一定会有很大的进步！

第六次讲座的讲稿

一、时间：2016 年 9 月，第三学年上学期。

二、今天的讲座题目：学习的成功不是靠天赋，而是勤奋坚持的结果。只要爱学习、会学习，谁都能成为学习能力强的学生。

第一，听听学习能力强的同学是怎样说的。

1. 由陈雪妍同学朗诵 1 ～ 3 条。

(1) 学习的动力来自哪里？来自目标和期望心理，学习动力等于目标乘以期望心理的概率。

(2) 只有怎么想，又怎么做，才能有怎样的结果。

(3) 心理学上有一条定律：只有把某种情境当作真实的，其结果才会是真实的。因为内在的思想决定着外在的行动，最终才会产生美好的结果。

2. 由高慧同学朗诵 4 ～ 6 条。

(4) 学习这件事不在于有没有人教你，最重要的是你自己有没有觉悟和恒心。

(5) 学到很多东西的诀窍，就是一下子不要学很多东西。

(6) 所学到的任何有价值的知识都是自学得来的。

3. 由陈相臻同学朗诵 7 ～ 9 条。

(7) 华罗庚说："聪明在于学习，天才在于积累。所谓天才，实际上就是依靠学习。"

(8) 爱因斯坦说："学习知识要善于思考，思考，再思考。我就是这个方法成为科学家的。"

(9) 陈景润说："学习要有三心：一是信心，二是决心，三是恒心。"

4. 由池澄同学朗诵 10 ～ 12 条。

(10) 当你还不能对自己说今天学到了什么东西时，你就不要去玩耍。

(11) 读书要学会静、钻、思、悟。

(12) 将来的你一定会感激现在拼命的自己。

5. 勿忘初心，才能保持奋进的学习情绪。

下面请几位同学谈谈自己对以上 13 条是怎样理解的。

(课前已由班主任找好了几位同学发言，在此略。)

我的小结：念力 + 行动力 = 梦想成真。也就是说，相信自己的能力，加上行动的能力，梦想就能成真。

第二，请大家先回想我为什么要搞"爱学习、会学习"实验班。美国心理学家布鲁姆说过，世界上 95% 的孩子都是可以成才的，这是针对人的智力因素讲的。如果天赋得到充分挖掘和发挥，都是可以学习好的。人与人之间的天赋有些差别，有些人聪明，有些人并不是那么聪明；有些人接受能力强，别人学三遍才会，他学一遍就能会。但是光靠聪明，绝不会成功，还有其他因素，其之一就是毅力。

在学习过程中，有的同学一直坚持向前进步很快，但有的同学进步不大，有的同学甚至还向后退。这到底是什么原因？不是笨，也不是天赋比别人差。

这些同学前进路上的阻力，不是来自别人，而是来自自身，是他们没有毅力、没有觉醒、没有强烈改变自己的欲望和决心。希望这些同学赶快觉醒，抓紧努力，经过一年的奋斗还能赶上去，现在努力还不晚。

我研究过人生成长规律，一个人从一岁到三十岁，在漫长的成长道路上，在每个学习阶段上都有三条路：正路、错路和弯路。人不可能时时处处都能走正路，能够少走弯路、不走错路，走一条接近直线的曲路就不错了。

第三，对家长的要求。

我们这个班，班主任孔老师付出了很多艰辛，可以说是呕心沥血。为了让每个学生都不掉队，对个别学生进行了多次谈话，并为成绩暂时落后的同学安排学习比较好的同学进行一对一的帮助。绝大部分家长都能与老师密切配合，积极关爱和教育自己的孩子。但至今仍有个别家长只顾忙自己的工作，忽视了对孩子的关照教育。现在这个班级的班风很正，孔老师又对每个同学都真心关爱，其实机会难得，希望家长不管多忙，都一定要和老师及时沟通，了解孩子在学校的表现，以便对孩子进行教育。家长还要督促孩子按时完成家庭作业，并监督孩子把硬笔字练好。因为以后的考试许多都是网上阅卷，字迹潦草，会影响成绩。

为了不给孩子留下后悔和遗憾，希望家长和同学们共努力把这个实验班搞好，争取毕业时人人都能考上高中，将来考个好大学，实现自己的梦想。让我们共同记住“十六字”学习经，即理想、信心、奋斗、毅力、方法、自觉、乐学、会学。希望同学们都做个有理想、有信心、肯奋斗、有毅力、能自学、乐学、会学的好学生，将来成为德才兼备的有用人才。

第七次讲座的讲稿

一、时间：2017 年 2 月 19 日，第三学年下学期。

二、目的：给学生鼓劲，继续发扬良好的班风学风，争取中考获得更好的成绩。

三、题目：真干、巧干是学习的真经。

新的学期开始了，同学们都在发奋好好学习，争取中考能有个好成绩，考上自己理想的高中，在成才路上圆第一个梦。这个美好的愿望，如何才能实现呢？学习上没有轰轰烈烈，只有踏踏实实，那就是实干加巧干。实干就是怎么想就怎么做，说到做到，想到做到。不空想，不喊口号，不一阵风，要信心永恒，勤奋持久，一直向前冲，不松劲，直到中考结束。巧干不是拼时间，而是讲方法、抓效率。不是抓紧每分钟去学习，而是抓紧学习的那一分钟。在思考中学习，在不断总结中前进，加强学习的计划。不无故浪费时间，时间要计划着用，每天晚上要检查计划完成的情况，重新规划明天如何执行。记住一句话："当你没有学到什么东西时，你就不要睡觉。"这句话怎样理解？请同学们举手发言。

（同学们发言略）

不睡觉干什么？是继续学习吗？不是，是思考为什么。

这学期我们应该如何做？

一、继续发扬我们班良好的班风、学风，不松懈，一直向前冲

两年半来，我对你们班提出了许多要求，也讲了一些学习方法。同学们都养成了"爱学习、会学习"的良好习惯，形成了良好的班风。大家都自觉遵守纪律，上课认真听讲，课下努力学习。教室一直保持安静，有浓厚的学习气氛，不管谁一进教室，都能静心学习，从来没有同学在教室大声喧哗。同学们互相团结、互相帮助、互相交流，你追我赶、争先恐后，班内风气很正，没有一个同学走下坡。班干部认真负责，并且以身作则，班级管理得井井有条，不用老师操心。

在学习方面，大家都在按照我讲的学习方法去学习，并不断研究改进学习方法，提高学习效率。在这方面，高慧、陈雪妍等同学做得特别好，她们的学习经验不仅我们班同学在学，其他班级也在推广她们的经验。大家越来越能静心思考，克服了学习上了的浮躁，使学习不断深入。

我们要继续发扬良好的班风，要继续坚持良好的学风，要继续使用科学

的方法。只要大家别松懈、别自满、别骄傲，一直向前冲，中考一定能取得好成绩。

二、进一步改变学风，真正做到静、钻、思、悟，用好“十字学习法”，就能确保你学习成功

1. 静，学习写作业时要平心静气。先排除一切杂念想法，做到入静，这是提高学习效率的首要任务。

2. 钻，就是要善于钻研。在迎考复习阶段，肯定会遇到一些难题和综合性题目。这就需要你认真动脑思考，要有钻劲，不能怕困难，不能放弃，只有攻破难题，中考才能考高分。要养成习惯，不要怕！要想题再难，也不会超出我们平常所学习的内容，只是我们没有找到解题的方法。这需要耐心，别急躁。难题的特点是，有些条件隐蔽，我们一下子看不出来。再就是题有综合性，解这道题不能只是用一个知识点，可能要用多个知识点，我们一时想得不周全，无法把题完整地解出来。这需要多方联想，有的解题需要技巧，可我们想不到。所以要在平常的学习过程中，要善于做难题，并要想一想，这个题还有别的解法吗，有没有更简便的方法。有这样的思维训练，什么难题也不怕。只要平时有了钻研难题的体验，考试就不怕难题了。

3. 思，凡事要思考，想好再行动，不蛮干、不冲动。例如写作业，先思考好了、弄明白了再动手写，这样一遍就能成功。如果不加思考就盲目动手去写，中间错了再改，浪费了时间还做不好。平时看书时，一定要边看边思考，看完再思考都懂了没、都记住了没。平时复习功课，要先思考为什么看书，看书要解决哪些问题；复习完了要思考问题解决了没有。不能打开书无目的地看，看完把书一合就不再回想，这样等于白看。

4. 悟，就是领悟。把方法、知识变成自己的理解，不能只是照着葫芦画瓢。明白了这种方法，还能想起另外一种方法，这就是悟性。学习好、进步快的学生都是有悟性的。

要想提高悟性，必须把问题彻底弄明白，真正理解透了才能领悟。根本就没弄明白，怎么悟？这样你悟出的道理违背原义，肯定是错误的。

悟是创新，但创新是有根据的，必须把基础知识掌握牢，把做过的题进行归类、分析、比较，悟出规律、方法、技巧，形成自己的认识、有自己的见解，再去解决新问题。这就是在学习过程中会“举三反一”，“一”是自己的认识。应用时做到“举一反三”，用自己的认识、方法，去领悟更多题的解法。考试题不是平时做过的原题，但是道理老师都讲过，只要按照老师讲的道理去做，一定能做出来。但你平时必须把老师讲的道理变成自己的理解。

同在一个班学习，听同一个老师讲课，为什么有的同学学习好，有的同学学习差呢？因为老师讲的是共性，不是专门针对某个同学讲的。听完老师的讲课，如何吸收消化是由听课者本人决定的。吸收消化老师讲的知识，每个人的方式方法不一定都是一样的，同学们可以用“十字学习法”帮助你更好地把老师传授的知识转化为自己的知识。这十个字是“找、测、听、写、忆、想、记、整、用、串”。这是优秀学生自己整理出来的学习方法，可供同学们参考。

三、要根据学科知识的特点，采用相应的学习方法，才能进步得更快

1. 纠正偏科现象的策略

同学们在学习上可能有各科发展不平衡的现象。有的科是强项，有的科是弱项。强项要继续强，弱的科要设法补齐，但绝不能割长补短。

2. 根据每科的知识特点去研究学习方法

学习语文，要多在基础知识上下功夫，加强古诗词的阅读和背诵。另外，自己练习写作文。学语文没有捷径，只有多读、多看、多记、多写。

学习外语，要注意高声朗读课文，争取把课文背下来。能背下课文，也就记住了单词，记住了语法，也增强了语感。

学习数学，要熟记公式、定义，把例题记住。把平时做过的练习题和考试题保存好，复习时进行横向阅读。总结做题规律、思路、方法，会做一道题，应该同一类型的题都要会做。练好压轴题，在压轴题上搞突破。我这里有许多资料，孔老师复印之后发给大家，大家要好好研究。

学习历史，要寻找记忆规律，不要孤立记忆，要有联系的记忆。记历史人物，首先要记是哪个朝代，是什么样的人物，有什么相应的贡献、作用、影响。

记历史事件，要记人物、起因、时间、地点、经过、结果，有什么作用和意义。要看着历史年代表，回想每个年代发生的事。这样联想能增强记忆。历史是按照朝代往下讲的，复习时要纵向记忆，即把历朝历代所讲的类似内容串起来记忆。如古代的文化遗产为一类，古代的农业为一类，古代的商业为一类，历史上的改革为一类……要串成串。

化学不难学，就是要把课本知识真正记清、记牢，注意观察实验过程，注意实验结果的分析和总结。这样，化学就很容易学好。一定要重视实验，能亲自动手做实验。

物理很重要，是高考选修科目的首选。物理比较难学，但只要转变思维模式，勤动脑、勤思考，会分析、会研究，学好物理也不难。

初中阶段，物理学科的内容是物理科学的基础知识。对物理概念的理解必须正确、必须深入、必须全面，不能含糊。如果一开始就没弄透，糊里糊涂，以后就无法学了。例如对力的理解，不能只是知道力是两个物体的相互作用，要深入理解。力是矢量，有作用点，有大小。由于两个物体相互作用的方式不一样，于是有了重力、弹力、摩擦力；作用力与反作用力，要分析作用方式，要弄清力的方向。再如静和动。地球上的物体没有绝对静止，只有相对静止，因为地球本身也是运动的。如果没有参照物，就无法确定这个物体是运动的，还是相对静止的。有了参照物，运动的物体也可以看作是相对静止的。人站在电梯中，如果以地面做参照物，人是动的；如果以电梯做参照物，人是不动的。所以学物理不能靠死记硬背，要会动脑分析。

有些物理道理要靠想象，要靠实验证明，学习物理必须认真观察实验，认真动手做实验。例如，欧姆定律中的电压、电阻、电流三者之间的关系，凭死记硬背很容易混，如果通过实验观察就很容易得出结论且能牢记。

我这里只是提示大家注意改进思维方式方法，具体知识要认真听物理老师讲课，有不明白的问题及时问老师，争取把物理学好。

一个学生一旦恢复了自信，其进步速度不可估量，有时还会超出自己的想象。只要坚持我们良好的班风、学风不松懈，做到真干、巧干，一直向前冲，就一定能在中考时考出更好的成绩。

第八次讲座的讲稿

一、时间：2017 年 6 月 1 日。

二、题目：中考获胜的秘诀。

三、目的：临近中考，消除复习迎考阶段的心理压力和紧张情绪，介绍中考获胜的秘诀。

同学们写给我的信，我都看了。有六七位同学，现在心态平静，信心十足，方法得当，效果很好。希望其他同学向这些同学学习，利用班会时间，听他们向大家介绍方法。我也发现有的同学有压力，怕考不好，心情有些焦躁；有的同学缺乏计划性，手忙脚乱，学习效率不高；有的缺少方法，虽然很用功，但进步不快；有的信心不足……

为了更好地提高大家的复习效率，增强大家的信心，争取从中考有更好的成绩，我再给同学开讲一次讲座，送一些复习应考的“秘招”给大家，让大家用一颗平静的心做好复习，掌握科学的考试方法。

一、从现在起，要保持心静、平静

要加强学习的计划性，先复习什么、后复习什么、达到什么要求都要先计划好，然后依据计划去做。每天晚上要检查学习效果，重新规划第二天如何学。

保持正常的作息时间，不搞疲劳战术，时刻保持头脑的清醒，注意锻炼身体和科学饮食。

不想考试结果，只想如何复习。不要害怕，不要胡思乱想，不要有“假想敌”。只想高兴的事情，不想不愉快的事情。同学关系要和谐，不要自寻苦恼。

要加强自信心。相信这三年来自己在学习上一直努力，知识学得比较踏实，将来中考也不会考差。现在努力复习，做到静心、耐心、细心，是为了争取好的成绩，考上高中没有问题，只是想锦上添花。

大家应该坚信，我们班一定都能考上高中，没有一个落伍的！

二、注意科学复习，争取最佳效果

1. 语文复习方略

基础知识要掌握牢，注意古诗文的阅读和记忆；加强阅读理解练习。提高阅读理解表述能力。这是语文考试的大方向。

另外要考虑怎样写好考场作文。背素材、背写作思路、背思想感情，写作观点要正确，写出来的文章要富有感情。

2. 英语复习的好方法

不是单纯地去背单词，要认真背诵课文，再结合背诵课文记忆单词。记语法应用，要使自己的思维进入英语的语言环境和表达方式，不受汉语的干扰。要高声朗读课文，增强语感。

要背诵英语满分作文，看人家是怎样进行词语搭配的。不能用汉语的思维方式表达，否则就违背了英语的习惯用法。

3. 争取数学考满分要落实下列具体措施

天天都要复习数学，做数学练习题，直到中考结束，不能松懈。

认真看课本，课本上的定义、公式、例题要熟记在心。看着目录，想具体内容；看着例题，不直接去看做法，而是闭上眼睛思考，对解题方法是否有印象、是否历历在目。想不起来时再去仔细看书，一定记住例题是怎样做的。如果再向深处想，就是和这个例题类似的题我们还做过哪些。若还能再做到这一点，那就更好了。

翻阅错题集，看以前犯的错现在都弄明白了没。

把平时的试卷放在一起进行横向浏览，知道每次都是考什么内容，自己在哪些地方出错，是什么原因，要引起重视。因为是归类浏览，要总结出做题规律、思路、方法。

各种类型的压轴题都要复习全，要明白做综合题得注意步骤规范，得条理清楚，因为考试时是按步骤算分的。注意做难题的经验积累，平时不要怕难题。

4. 怎样复习化学

认真看课本，把课本上的知识记准、记熟。不能只是看，要把看和记结合起来，把看与想结合起来。对易混的知识点进行对比记忆、抄写记忆。要看着目录想课本具体内容，想不起来时再去看书直到所有知识点能浮现在大脑中。

要注意实验，并会利用各种仪器进行操作实验。

5. 物理应该怎样复习

在懂上下功夫，听懂、看懂，想明白书上的概念道理该如何应用。

浏览平时做过的试卷，记住具体内容。

重视实验，并能利用各种仪器进行实际操作。

6. 历史的复习方法

按照考试形式要求去梳理知识点，对知识点进行分类，形成同类知识点成串，根据考试要求去记。

看平时做过的试卷，看自己在哪些知识点易忘、易混，对这些进行加强记忆。临近考试的前几天，要对每科的考试题型及具体考试内容进行心理模拟：每科都怎么考；你该怎样解答；怎样分配考试时间；怎样对待难题；怎样对待易题；自己在哪些知识点上掌握得不好，要再仔细看书。

第一，如何让考试情绪处于最佳状态？去掉“怕”字，保持平静，争取正常发挥，甚至超常发挥。

我们要分析“怕”是怎样产生的。只要平时努力了就不用怕，因为潜意识中有记忆，到时候一定能发挥出来。如果平时没有学好，想考好是不可能的。能考出自己的真实水平就是理想的，所以考试前不要有过高的期望值，心平气和地复习，心平气和地去考，就错不了。

越想考好，有心理压力，就越考不好。只有什么都不在乎，没有心理压力，反而考得很理想。对自己来说是弱项的科目也不要怕，心中有数：反正“我”这科考不过别人，不与别人比，只求正常发挥就可以了。对自己来说是强项的科目就更没有必要害怕了。胆大心细去考，肯定能考出令自己满意的分数。

第二是考试前容易思虑过度，有时睡不着觉，越想让自己睡觉反而越睡不着，怎么办呢？不用怕，不用急躁，别想如何睡觉的问题，要想书上的内容，想书上的知识点，一会儿累了，也就睡着了。

第三是进考场如何保持一颗平静的心，而且头脑清醒、静心做题呢？

考试前不要和别人讨论，也不要忙着看书，而是一个人闭上眼睛，对着风口，平心静气深呼吸，提高大脑的含氧量，让你到了考场上也能有清晰的思绪。

不管考场多么严肃，气氛多么紧张，你都要坦然："我"是来考试的，没有什么可怕的，"我"不作弊，也不怕老师严厉。如有开始怯场现象，就用深呼吸调整。

考试开始，先略看一遍试卷，对试题心中有数，分配好答题时间。遇到"舌尖"现象别发慌，暂时跳过去，别在此多想，以免浪费时间。遇到思维卡壳，可以晃动一下身子。

按考前的心理模拟程序做题，对待易题别粗心、确保正确，难题最后做。能做多少，就做多少。只要时间够用，就力争做全。边做题，边检查，争取一遍做对。审题要细心，下笔不要出错，不要等全部都做完了再从头检查。

最后强调一个问题：千万别把做对的改错了。往常会发现有的同学开始做对了，结果几经思考反而改错了。凡是已经认真思考做出来的题，不要乱改。你认为真的错了，可以改；如果还是拿不定主意，不要改了，因为第一印象往往会正确。

考完不要忙着和其他同学对答案，也不要打听别人考得怎么样。考完要马上忘掉这场考试的情况，集中精力应对下一场考试。

三、请家长注意以下几个问题

不给孩子施加压力，让孩子考试一切顺其自然。不要乱指挥孩子应该怎么做，尤其不能说："你平时做题很粗心，这次可别再粗心了。"说了这句话，孩子到了考场上会更粗心，因为你强化了负面情绪。一片好心，却产生了坏结果。

要向孩子发出正面的信息：这次一定能考好。因为孩子能感应到父母的情绪，正面的信息能激励孩子，负面的信息会影响孩子。这是有科学依据的，不是迷信。

考试过后不要问孩子考得怎么样。观察孩子的表情，进行鼓励和安慰。

考试期间，饮食和平时一样，不要过于特殊。不知不觉考试就过去了，这样最好。

根据平时的学习表现，我敢预言，我们班每个同学都能考上高中，你们就放心大胆的地去考吧！我们班一定能考出好成绩！待到山花烂漫时，人人都在从中笑。

大家应该深深感谢孔老师，她用先进的理念洗涤大家的心灵，用良好的班风感召大家，用先进典型引领大家，用自己的优秀人格教育大家。经过三年的初中学习，大家收获很大。同学们学会了自我管理，自强不息；学会了包容，都能团结友爱；积极向上。在人生的十字路口上，大家都坚持在正道上直行，没有走错路，没有掉队的，都奠定了人生前进的基础。不管是升上高中，开始高中阶段的学习生活，还是将来上大学，走向人生的辉煌，初中阶段获得的积淀会让你们终身受益。等你们长大以后，再来回忆这三年的初中学习，美好的记忆定会在自己的心中永远灿烂！

祝大家中考顺利，人生辉煌！

第八章　给初中班主任的建议

理论若不与实践相结合，也就没有意义了。理论必须经过实践检验，才能确定是否正确、有用。为了让班主任实践、检验我的教育理念、教育思路、教育方法是否正确、可行，特向当时的班主任提出工作实践建议。

第一次工作建议

一、时间：2014 年 9 月 30 日。

二、内容：就如何搞好“爱学习、会学习”的实验班，与班主任进行商榷，确定用新的教育理念做指导，把学生当成自己的孩子，真心关爱他们，对学生的教育要“动之以情，晓之以理，导之以引”。不仅用言传，更要用身教，给学生做出榜样，让学生觉得老师可亲、可敬、可畏，这样他们才能更好地听老师的话，按照老师提出的要求去做。

实验期间要与家长配合，教会家长改变旧的教育方式，用新的教育方式，配合老师做好学生的教育。还商议了一些实验的方法、步骤。

给初中班主任的建议

教师是人类灵魂的工程师，担负着塑造灵魂、塑造生命、塑造人的光荣使命，而班主任则是具体的组织者、执行者。肩负着教育人的光荣使命，因此，要了解初中学生的年龄特点及成长规律，因材施教。

初中阶段的学生，年龄在 13 ～ 15 岁，是身心发展急剧变化的青春期阶段。此时的孩子，他们的人生观、价值观尚未形成，处在人生发展的十字路口上，哪些事情应该做，哪些事情不应该做，心中没有正确的见解。做事易感情冲动、走极端，也容易受外界诱惑而不能自控，常迷恋电子游戏，忘记学习，也有个别学生早恋，也容易染上一些坏毛病……

初中阶段，是人生成长的关键期，也是孩子形成爱学习、会学习等良好习惯的关键期。如果初中阶段各方面的基础打得比较好，以后的成长就容易平顺些；如果在初中阶段掉了队，以后的健康成长也会受到影响。所以，初中学生的家长，都期望能有一个好老师、好的班主任来管教他们的孩子。这样，不仅能教孩子爱学习、会学习，还能教会孩子如何做人和成长。

怎样做一个受学生欢迎、受家长尊敬的班主任呢？特向初一的班主任提出如下建议。

一、利用合理的班规，良好的班风管教学生

初一的学生，从小学进入初中，学校是新的，老师是新的，他们也觉得长大了，内心深处渴望自己能学习好，能做个好学生。班主任要抓住这个时机，做好入轨导航的教育。所谓入轨，就是建立健全合情合理的规章制度，让学生自觉遵守；所谓导航，就是启发教育学生沿着正确的航道前行。

班主任可根据班级的具体情况，针对学生列出一些合情合理的要求和具体做法作为班规。如进教室的要求，课堂听讲的要求，做作业的要求，学习习惯的要求，守纪律的要求，待人接物的要求，同学间相处的要求……让学生一开始就有章可循，并坚持下去，形成良好的班风，具有集体意识，以后的工作班主任就省心了。

班主任倡导学生践行班规的时候，并不是所有的学生都能做到，总有一部分学生做不到或做不好。此时，不要急躁、不要急于成功，要发挥智慧，学会使用“加减法”，对做得好的学生要及时表扬，对一些做不好的学生不要当众批

评和指责，要坚持不断发现他们的优点，不断表扬和鼓励他们。这样，能遵守班规的学生就会越来越多，良好的班风就会逐步形成。

在做学生转化工作时，要讲究方法，坚持“表扬当众，批评背后”的原则，保护学生的自尊心，这样学生才能做到“亲其师，信其道，而力其行”。

二、让学生深刻理解学习好的秘诀

学习好的秘诀，主要有四个方面：期望产生动力，信心改变自我，成功贵在坚持，方法必须科学。

1. 鼓励学生树立明确的人生奋斗目标

只有伟大的目标，才能产生伟大的行动，学习不好的学生，大都缺乏人生目标。爱学习的学生，从小就有志向、有追求。一个有志向的人，他的毅力超出一般人，付出的代价也会超出常人。所以，班主任老师要把对学生的励志笃行教育放在抓班级工作的首位。组织“主题班会”，让学生谈理想、谈奋斗，并经常列出一些成功的典型激励学生，在学生心中埋下理想的种子，并让种子扎根、发芽，将来开花结果。

2. 不断鼓励学生，让其树立学习信心

自信是通向成功的唯一桥梁。要让学生相信自己有能力学习好，因为每个人都有很大的智力潜能和意识潜能。不要迷信那些学习好的学生都是天才，他们和普通的学生没有太大的差别，只不过他们能做到勤奋、执着、刻苦、忘我。大家如果能像他们那样付出，也会取得像他们那样的成就。假如付出的代价比他们还多，也会比他们更成功。

班主任要经常鼓励学生“不断战胜自我，不断超越自我”。基础不同的学生，各自都会进步。能做到信心永恒、勤奋持久的学生，即使现在成绩落后，三年之后也可能成为班内的第一名。所以，班主任如果对学生实施动态管理，让学生时刻保持奋进的学习情绪，那么你们班的学生大部分学习成绩都会不错。

3. 成功贵在坚持

现代管理学生的两大核心理论是“目标管理”和“自我管理”。学生要想学习好，必须自觉主动，不是“让我学”，而是“我要学”。不能依靠家长催着、老师管着，而是自己管理自己。只有管好自己，才能进步。

班主任要告诉学生牢记自我管理的三句话，这是实现自我管理的法宝。

第一句："我"的目标是什么？

第二句："我"现在在做什么？

第三句："我"做这些事对实现我的目标有帮助吗？

学生若能用这三句话不断提醒自己，就会牢记自己的理想目标，就会鞭策自己为实现理想目标而坚持奋斗。

让学生学会自我管理应是班主任工作的重心。让学生坚持写成长日记能使他们更好地督促自己成长。

4. 学习方法必须科学

自信是通向成功的唯一桥梁，但科学的方法是自信的保障。学无定法，贵在得法。学生能找到适合自己的学习方法就会不断进步；方法不科学，用功不少，可效果不一定好。为此，班主任应该向学生传授一些提高学习效率的方法。

班主任还要经常教育学生，要想真正学习好，还必须有良好的心态，好的性格，和谐的人际关系，健康的身体。做到胜不骄、败不馁，不甘心落后，不轻易生气，与人为善，不要有嫉妒心，与同学和谐相处、相互帮助、共同进步。还要教育学生，自觉锻炼身体，确保身体健康，才能有精力投入学习。

三、让每个学生心里都充满阳光

初一新生来自不同的学校，有着不同的家庭背景，学习习惯、学习基础也有差异。但不管什么类型的学生，老师都要一视同仁，不偏爱、不歧视，真心关爱每一位学生，鼓励他们抬起头来走路、挺起胸来学习。班内要经常举行学习经验交流会，让学生相互学习、相互促进。既鼓励学习好的学生拔尖，也鼓励成绩暂时落后的学生赶超先进。班内要形成相互帮助、相互鼓励、相互学习的气氛，让每位学生感到集体的温暖、老师的关爱。这样，从心中充满希望的阳光，就会积极向上，茁壮成长。一花开放不是春，万紫千红春满园。

四、班主任老师，不仅用言教，更要用身教

班主任要以身作则，说到做到。班主任若能做到以上建议，一定能成为一个受学生欢迎、令家长尊敬、让家长放心的好老师。

教师应该掌握的教育理念

一、布鲁姆说过，百分之九十五以上的孩子都是可以成才的。

二、学生的大脑不是一个要填满的容器，而是需要点燃的火把。

三、一个学生一旦恢复了自信，其进步速度是不可估量的。

四、自信是通向成功的唯一桥梁，但方法科学是自信的保障。

五、觉醒是一种巨大的内在力量，也是人人可以开发和拥有的力量。一旦唤起学生的内心觉醒，学生表现出来的学习能力和进步速度远远超出老师的想象。

六、要想大面积提高教育教学质量，就必须唤起每个学生内心觉醒的力量。

七、教师的首要基本功，就是学会对学生实施激励。

八、老师要告诉学生学习成功的六个秘诀：期望产生动力，信心改变自我，成功贵在坚持，学法必须科学，性格要学会开朗，心态要阳光。

九、不管教育如何改革，离不开学生的学，让学生“爱学习、会学习”是永远不变的教育宗旨。

十、教师的责任就定让学生爱上学习，并不断调整他们的心态和改进他们的学习方法。班主任要加强学生学习过程中的动态管理，使其时刻保持奋进的学习情绪。

十一、教育，就其本意而言，不是让学生感到舒适，而是在教会学生如何思考。

第二次给初中班主任的建议

之前给初中班主任的建议之一，是建议初中班主任搞好“入轨导航”教育，建章立制，让学生学会自己管理自己。用良好的班风影响学生，并让学生立志，让学生在理想目标的指引下，积极向上、努力学习。从实施的情况来看，已经见到成效。为了使班主任的工作更进一步优化，实现班级管理的自动化，学生自主管理的常态化，特再提出如下建议。

一、因材施教，分类推进

所谓因材施教，就是根据学生的不同情况，提出不同的要求，教育方法也不能千篇一律，应该因人而异。所谓分类推进，就是让学习成绩好的学生更拔尖，让学习中等的学生变为上等，让学习成绩暂时落后的学生也赶上来。

一个班的学生，由于来自不同的家庭，学生习惯、成绩也会有差异，班主任不可能让他们齐步走，总是有前有后，这是很正常的。而班主任的智慧，就是让他们从不同的起点上一直向前跑，谁跑得快，谁就是先进。让每个同学都使劲跑，不能有的跑、有的走、有的不跑也不走。不是当时学生做不到，而是想不到，班主任也没有指点到位，工作没做到位。

1. 怎样让学习成绩好的学生更拔尖

班主任应从以下几个方面去做工作。

第一，告诉学生：“你很有潜力，很聪明，进步的空间很大，完全可以成为一个成绩更优秀的学生。不要满足于做现在班内的上等生，应该向更高的目标攀登。早努力，就能缩短与目标的距离。”从正面进行鼓励，让他知道，学习是一条只有起点、没有终点的射线，要做到不断战胜自我，不断超越自我。

第二，鼓励他们超前自学、多学。不要满足掌握课本上的知识，还要借助于有讲解的参考书，拓宽知识面，适当多做一些题，让他们变成“自主型”和“超前型”的学生。

一旦学生知道为谁读书了，他们就会自觉学、爱学、会学。老师和家长也就放心了。他们会变得更自觉、更主动，更会把握时间、利用时间，学习效率也就会更高。

第三，多让他们看励志书，看刻苦成才的青少年的事迹，看伟人的传略，让学生从这些先进人物身上吸收营养、丰富自己。

第四，与家长密切配合，让家长对孩子进行鼓励，让家长多给孩子买一些有价值的参考书供孩子阅读、自学，让家长在孩子的智力发展上投资。

2. 成绩暂时落后的学生，思想工作怎样做

在非智力因素上下功夫。学生成绩暂时差，并非智力差：成绩暂时落后，并非永远落后。成绩暂时落后的学生，是最能有进步幅度的学生。不歧视成绩暂时差的学生，相信他们会进步，相信他们能后来居上。那么，针对他们的思想工作如何做呢？

第一，首先唤起学生内心的自尊。

每个学生都有自尊心。有的学生把自己定位在差生位置上，不思进取，是因为他们的自尊心受到了伤害，缺乏自信。为什么会这样？原因是多方面的，有的学生在家缺乏关爱；有的是家长的教育方式、方法不当，不鼓励孩子，反而讽刺、挖苦孩子，在孩子初犯错误时缺乏正确的教育，向孩子泼冷水。有的家长甚至说："你这个孩子真是无法挽救了，你自己看着办吧！"家长放弃对孩子的教育，使孩子丧失了前进的信心和勇气。有的家长经常对孩子说："你这个孩子太笨了，学习不可能好。"本来天性聪明的孩子，被家长扣上"笨"的帽子，孩子也就真的认为自己笨了，认为自己再努力也是白搭，不想上进，长此下去，孩子学习就会越来越差。

这些学生在学校中长期处在落后位置，很少受到老师的表扬，自己也变得冷漠，对老师缺乏信任。所以，他们对老师的说教一般不会动心。冰冻三尺非一日之寒，解冻也不是一朝一夕就能奏效的。对待这样的学生，班主任必须有诚心、有耐心、有信心，只有精诚所至，才能金石为开。要想教针对他们教育见效，必须做大量工作。

第一，和学生交心，以诚心换真心。让学生说出自己多年的苦恼和想法，然后帮助学生分析认识上的错误，鼓励学生放弃"旧我"、变成"新我"，产生想改变自己的愿望。

第二，利用“罗森塔尔效应”，鼓励学生自信。一个学生一旦恢复了自信，其进步的速度是不可估量的。

第三，和家长沟通，教家长如何关爱和教育孩子。

根据学生反映出来的问题，家长应如何改变对孩子的看法，改变家庭教育的方式方法。可推荐家长阅读教育类图书，提高教育能力；还可以开家长会，系统地讲述家教的方法与艺术。在家长会上，让成功的家长介绍经验，供大家学习参考，让广大家长明白：孩子心智的成长，不单是学校的责任，也有家长的责任，要学校、家庭相互配合共同完成。家长是孩子的监护人，培养教育孩子是家长的天职，家长不管多么忙，都不能忽略对孩子的关爱、培养、教育。

3. 中等类型的学生工作如何做

学习成绩上等的学生拔尖了，学习成绩暂时落后的学生赶上来了，他们的进步经验是什么？告诉学生都要思考自己该怎么办。这些学生肯定受到启发，不甘心停步不前，也要跑。做到了让每个学生都努力，班主任的工作就更顺心了。

二、优化学习方法，教学生更爱学习，更会学习

在给初中班主任的建议之一中，我详细谈了学习语文、数学、英语的学习方法，并说明了学好这三门基础课的重要性。这次谈谈常识课的学习方法，供班主任向学生讲解时参考。

比起语文、数学、英语来说，学好常识课并不难。常识课是以记忆为主的学科，只要找到规律、找到窍门，就能轻松地学好，而且随着阅读能力的提高，会觉得常识课很容易学。怎样才能把常识课学好呢？

第一，要端正学习态度。不要认为常识课不重要，不能因为不喜欢就不学。应该认识到，只要是国家开设的课程，都是有用的，都应该学好，要从思想上喜欢这些功课。不要认为自己能看懂常识课课本，上课就不认真听讲，应该充分利用课堂时间，听会、记住，免得课下再多费时间。为什么常识课考试学生得分不高？就是因为学生课上听讲不认真，课下又没法花更多的时间去看书。

书本上的知识都忘了，考试怎么会答题？

第二，根据学科知识的特点，采取相应的学习方法。各门功课学习方法的举例，我在给学生们开第二次讲座时已详细介绍。

三、让每个学生每天坚持练习 15 分钟的硬笔字

要让学生每天练习 15 分钟的硬笔字，不求数量，而求质量。要写得规范，要写得好。这样，能培养学生学习的耐心和细心，对他们学习有很大帮助。

学习成功的秘诀，除上次讲的“期望产生动力，信心改变自我，成功贵在坚持，方法必须科学”四点之外，还需要做到“心态阳光，性格开朗”。如何培养学生具有阳光的心态、开朗的性格，下次再谈。

第三次给初中班主任的建议

如何让学生爱学习、会学习，是班主任经常考虑的问题。这项工作如何有序、有效地实施，班主任必须有一个整体构思、整体设计和切实可行的具体措施。我根据多年来做学生疏导工作的理念、经验、体会、做法，整理出来供班主任参考，特向班主任提出如下建议。

第一，抓住“两个核心”。

1. 进行励志教育。让学生明白为什么读书，为谁读书。在理想目标的支配下，去发奋、去追求，做到爱学习。为什么有的学生不爱学习，是因为笨吗？不是，是他们不知道将来要做什么，不知道为啥读书，所以学习不努力，自然学习就不会好。班主任抓住了励志教育，就是抓住了教育的根本。

2. 进行会学习的教育与指导。让学生学会动脑、学会思考，抓学习效率，不是在时间上打主意，我提倡“8 减去 1 大于 8”。

第二，坚持“一个突出”，即突出数学。数学不难，人人都能学好。不是聪明人的去学数学，而是学习数学使人聪明。让学生适当多做些题，也可以做奥

赛的数学题。凡是数学成绩好的学生，学习都会感到很轻松。凡是认为数学难学的学生，不是智力问题，而是认识、态度、方法的问题。

第三，坚持“两个必须”，即必须学好语文，必须学好英语。语文、英语学得好，才能为以后的进步打下坚实的基础。

第四，掌握“三个巧”：巧学、巧记、巧忆。充分发挥大脑右半脑的功能，学好常识课。

第五，落实好“四项措施”。

1. 上课认真听讲，学好基础知识。告诉学生，学习的进步首先要从课堂认真听讲开始。要认真听所有老师的讲课，让老师都愿意到你们班讲课。老师高兴，课也讲得有精神，对学生的学习有好处。告诉学生，课本知识必须学好，不能存有“盲点”。

2. 加强课外阅读、课外学习，帮助学生选好、用好参考书。具体的参考书书目我在给同学们开讲座时有详细讲到。

3. 指导学生学习方法，疏导学生心理，要教会学生管住自己。

这项措施要想真正落实到学生身上，做到既有“共性”，又有“个性”，班主任要做大量的艰苦细致的工作。班主任应不断学习，不断思考，不断研究，不断深入学生了解情况，摸清学生在想什么、做什么。要抓在及时，导在正确，步步深入，有序进行，逐渐提高。班主任的工作智慧，就是体现在这项措施的落实上。

4. 利用节假日学习。

如果学生能自觉地把节假日用来学习，那一年的学习等于三个学期，能坚持这样做的学生学习肯定会进步。怎样进行自学呢？要认真看课本，借助于有讲解的参考书，如《课程全解》丛书，帮助理解课本上自己看不懂的地方。

利用假期学习的好处是能让学生产生自信——“人无我有”。新学期开始学习时，学生又会产生“人有我优”这种良性循环的学习情绪，能促使学生更加喜欢学习。

第六，牢记学习成功的六个秘诀。

1. 期望产生动力

学生的学习动力，不是来自直接结果，而是来自预期想象的结果，即理想目标实现时的结果。有理想目标，并想象到成功的喜悦，在这种心境之下学习，学生自然有动力。现在有许多学生不爱学习，就是缺乏这方面的学习动力。

2. 信心改变自我

相信别人能行，自己努力也能行。别人有潜能，自己也有潜能。不迷信，不自卑，要敢于尝试，敢于实践，坚信自己也能成功。

3. 成功贵在坚持

学习的成功不是一朝一夕就能实现的，需要一个从量变到质变的过程。在量变过程中，不能急躁，要有耐心，要持之以恒。

4. 方法必须科学

每门功课所学的知识不同，学习方法、记忆方法也不尽相同，要根据每门功课的特点，采用相应的科学方法，学会动脑、学会思考、学会科学用脑。

5. 心态必须阳光

在学习过程中，不计较一时的得与失，时刻保持心态平衡，胜利了不骄傲，失败了不气馁。考试时，考试题目出在会的知识点上，考试成绩就会高；当考试题出在不会的点上，考试成绩就会低。当学生把所有的知识点都学会了，没有“盲点”的时候，怎么考成绩都会不错。所以，不要怕考试成绩低。考后把考试中出现的问题彻底弄懂，再次碰到这样的问题就会解答了。

6. 性格必须开朗

不自寻苦恼，遇事想得开，不钻牛角尖，不要在乎别人怎么说。不被坏情绪内耗学习的精力，要把精力都投放到学习中去。

以上六条学习成功的秘诀，让每个学生都能掌握，全班学生都会做到努力学习。班级风气正了，学习氛围浓了，班主任的班级工作也算是成功了。

第九章　班主任工作总结

孔令慧

非常感谢尊敬的薛校长给了我一次这么宝贵的学习机会，在您的帮助指导下，我深刻认识到自己所选择的职业是值得自己用毕生的努力去追求的。您的辛勤付出将会对改变我们班孩子的学习和生存方式发生重大的作用。

因为中学生正处于人生发展的黄金时期、关键时期，对学生开展系统的励志教育，让学生认识自己的发展潜能，让他们学会自我控制和管理，尽最大努力实现自己的潜在价值，是非常有必要的。

我觉得初一、初二、初三，这三年班主任角色有所不同。初一，我的工作的重点是小升初的过渡和班集体的建设；初二，我的工作重点是协助科任老师，提升孩子学习技能，陪孩子一起平安渡过青春叛逆期；初二，主要是帮孩子减压，给孩子希望，增强孩子的自信心。

教育改革家魏书生说："班级像一个大家庭，同学们如兄弟姐妹般互相关心着、帮助着，互相鼓舞着、照顾着，一起长大了，成熟了，便离开这个家庭，走向了社会。"一个良好的班集体对每个学生的健康发展有着巨大的教育作用。建设一个良好的班集体，一直是我做班级管理工作的第一要务。现对我这三年的工作总结如下。

初一篇

一、良好的开端等于成功的一半

新生入学的第一天，我就已经做好了充分准备，学生入班就马上召开主题班会，让学生们知道初中阶段的学习和小学阶段的学习是不同的。进入初中以后是“三多一少”，即课程多，作业多，老师多，玩的时间少。

“五不同”，一是课程设置和要求不同。初中阶段的学习是系统地学习，需要学生做好课前预习，要求学生具有一定的自学能力和独立思考的能力，能掌握学习的主动权。上课要集中注意力，积极思考，要当堂理解、掌握教师讲述的内容，并及时做好课后复习，整理笔记。二是课时安排不同。初中的学习，不只是完成作业就可以的，还要学会融会贯通和熟练运用。三是老师的教学方式不同。老师在教学过程中更注重启发学生独立思考问题，带着问题学，开动脑筋。四是学生的学习方式不同。学习成绩好坏，关键取决于课堂四十五分钟的学习效率，所以一定要保持注意力，跟上老师的节奏。五是作息时间制度不同。要求学生做到“三个不罢休”：当天功课未完成不罢休，当日目标未实现不罢休，当月成绩不提高不罢休。并且每一科都要好好学，考试成绩都要计入总分。

我还讲了我的班级要求，以及学校的各项规章制度，让孩子们对初中生活有一个大致了解。新的开始，新的起点，希望他们都有一个新的进步。当然只是这些说教还是远远不够的，还要从以后的实际行动中慢慢落实。

学生刚开始入班的时候，我就牢记薛校长的教导，多用“加减法法则”，观察发现班级的正能量，及时发现孩子们的闪光点，进行表扬和鼓励。我每次进教室以后，都先到学生中间转一圈，看一看学生们都在做什么，哪些孩子能主动学习，哪些孩子能主动为同学服务。有的同学在教室等老师安排任务的时候，能认真看书，预习功课；有的同学在老师没有安排的情况下，能帮忙打扫卫生……我都及时对这些行为进行表扬和鼓励，第二天、第三天……自觉主动的孩子越来越多了。

二、严格的军训可以培养学生的集体意识

严格有序的军训生活是初中时代必不可少的。班主任全程跟班，和教官协调好关系，共同教育好班级里的孩子，培养他们的良好行为习惯，这是初中生活的第一课。成功的军训为学生以后的初中学习打下良好的基础。

记得军训期间有个孩子在练习左右转的时候，总是分不清左右，他很着急。当别的同学都在休息的时候，他还在那里不停地反复练习，重复了多遍，终于跟上全班同学的节奏。我发现以后，在班级里对他进行了表扬，号召同学们学习他这种认真并且不服输的精神。这是一个性格比较开朗的孩子，这个孩子开玩笑地说自己是“笨鸟先飞”。

军训期间，我们班没有一个同学因为军训辛苦而请假的，全部都能坚持下来。在军训最后一天的汇演中，我们班获得一等奖，很是振奋军心。通过一周的军训，培养了孩子们吃苦耐劳的精神和团结合作的作风，为以后的班级管理打下良好的基础。

三、建立良好的班风班纪

初一时，我们班的班风是：和风细雨展淑女气质，谦恭礼让显绅士风度。

“出言吐语勿忘语言文明可净化心灵，行为举止切记恶小不为能修身养性。”谈吐优雅，气质如兰，良好的修养让人如沐春风、心情舒畅。我们班的同学也这样做的。三年来，没有男生打架动粗，也没有女生搬弄是非，大家都在做自己该做的事情，按部就班、有条不紊。

外出拓展时，学生们一起坐公交车，因座位不够，所有男生都自觉给女生让座，确实是十足的小绅士。拓展有个环节是包水饺，女生们发挥自己的特长擀皮包水饺，男生们主动去做剁馅烧火等体力活，大家非常和谐，忙得不亦乐乎。慢慢地，我们班形成了“关心集体，维护正义，积极向上”的良好风气。

班规班纪一定要严明，这是老师与同学们一起制定的，要一起遵照执行。班干部不能搞特殊，要以身作则。记得有一次晨读，我们班班长因家里电梯坏了，从二十层楼一口气跑下来，到学校还是迟到了两分钟。因为情况特殊，我让他回座位早读，而他自觉到操场跑了两圈，以示对自己的惩罚，下不为例。同学们非常佩服班长的做法，佩服他能够以身作则，不搞特殊。从此以后，同学们都更加自觉遵守班规班纪，班级凝聚力又进一步加强了。

四、组建精练的班干部队伍，是管理班级的首要任务

一个班的集体面貌如何，很大程度上是由班干部决定的。班干部对班集体有着以点带面的作用，须精心培养。一要大力表扬他们的优点，帮助班干部树立威信；二要鼓励班干部大胆工作，指导他们如何管理学生；三要要求班干部以身作则，力求他们从各方面给全班起到模范带头作用。

为了挑选出合适的班干部，我提前一周就让孩子们准备竞聘讲稿，想好自己要竞争哪个岗位。在周一班会课上展开演讲竞争，根据孩子们的意向和刚入学的表现，确定班干部。这次竞选确实出乎我的意料，三十多个同学都想竞选班干部，其中英语课代表和数学课代表特别抢手，接近十几位同学竞选，我认为这是一种非常好的现象，首先是孩子们喜欢这门学科，其次很愿意为同学们服务，为班级作贡献。我初步制定了值日班长制，五个值日班长，周一到周五每天一个，他们每天写班级日志，记录当天发生事情和对班级管理的看法和建议。

值日班长一直坚持了三年，五个孩子不但没影响到学习，工作能力还得到了充分的锻炼。工作中，为了提高他们的积极性，增加他们的竞争意识，我们每个月评选一名优秀值日班长，老师给他发奖品以示鼓励。孩子们的干劲十足，互相竞争、互相督促。卫生委员有两个，分室内和室外，分工明确，认真负责。学习委员有两个，下属各科课代表语文四个，数学三个，英语四个，政治、历史、地理、生物各两个，音乐、体育、美术各一个。每个月同学们都公开唱票选举五个优秀班干部，老师对其表扬并发奖品奖励。

孩子们互相监督，互相鼓励，三年来没有任何一个班干部因为分工不明确而闹出矛盾。在班干部管理上，我认为是很成功的。他们中考成绩优异，都考入理想的高中。

五、薛校长讲座后开好主题班会

2014 年 9 月 29 日下午，薛校长开第一次讲座，我是这样给学生介绍的：薛校长长期致力于青少年的心理调整和智力开发，是山东省关心下一代工作突

出贡献奖获得者，山东省家庭教育研究会理事。薛校长按照自己的教育理念，精心地把一批又一批学生培养起来，大家对他都深怀感恩。

因为我们班在开学的这一个月表现得非常棒，有幸被薛校长选中亲自做学习方法指导，并且会指导我们三年，甚至更长时间。

学生们非常兴奋，也非常自豪，充满了期待与崇拜，非常想听薛校长的讲话。听讲座时，学生们都认真做笔记，听得比上课还要认真。

薛校长用朴实的语言、生动的事例点燃了学生们的激情，激发了学生们的斗志。这场别开生面的讲座，将是学生们自我转变、重塑人格、树立信心、确定人生理想目标的一次重要契机。

我们要使励志教育日常化、生活化，使之成为贯串学校教育的一项重要内容，使之真正促使同学们由被动学习状态转到自主学习状态，实现“人要我学好”到“我要我学好”的自主转变。

学生们表示，面对激烈的竞争和压力绝不逃避，要把压力转化为成功最大的动力，努力学习技能，挑战人生极限。他们将怀着一颗对自己负责、对人感恩的心在快乐中学习，在幸福中成长。

每次薛校长的讲座结束，我都把薛校长的讲座内容再给同学们解释巩固一遍，还把薛校长的要求运用到平常的教学中，给学生做思想工作。我经常拿起课本用谐音记忆法、联想记忆法等，手把手地教学生如何记忆，举例子、亲身示范，帮助学生提高学习效率。如学生们在背诵课文《花木兰》时，有几个学生就是背不下来。我就给他们设立情景，把自己看作是花木兰，从正在织布开始，每一个环节就像放电影一样在自己面前展现，自己就是主演，可以想象自己主演了这部电影，并且非常成功。学生们特别感兴趣，很快就熟练背诵下来了。这样既拉近了老师与学生的距离，又提高了学生的学习兴趣。

六、学会自我管理，亲子共读《管好自己就能飞》

薛校长推荐让学生阅读《管好自己就能飞》这本书。这是一本让父母放心，让老师省心，让自己开心的书，一个优秀中学生的自我管理秘诀，让学生们从别人的成长经历中获取积极向上的经验。

我要求全班家长和孩子进行亲子共读，让孩子们在两周内读完，并召开了读书交流会，邀请了部分家长代表参加。孩子们畅所欲言，纷纷叙述向书中的小主人公学到了哪些经验，以后自己应该怎么去做。记得当时有位同学说，看了这本书才知道原来的自己太“小孩子气”了，表示以后自己的事情自己做，不让父母操心。事实上，初中三年中，这个孩子确实做到了这一点。

培养孩子们自己管理自己，自己约束自己，养成自觉学习的好习惯，收到了非常好的效果。许多家长对此也是非常赞同的。这项活动的开展得到了家长们的一致好评。有的家长表示要和孩子一起成长，一起总结每天的进步和不足，马上就行动起来，每天和孩子一起写总结。还有的家长也打算试着改变自己，“一日三省吾身”。通过这个活动，让很多家长找到了教育孩子的方向，解除了教育孩子的烦恼。孩子一自觉，父母就放心；学生一自觉，老师就省心；自己一自觉，成长更开心。

七、建立六人合作学习小组，学会自我管理

建立合适的学习小组，对学生的学习有非常大的帮助。我根据他们的学习情况、性格特点等，帮他们组成了每组六人的学习小组，指导他们自我管理。从作业、听课、纪律、卫生、考勤、小检测等各方面，由每个小组的组长管理安排，小组成员全都有任务在身，有人负责纪律，有人负责卫生，有的负责检查作业，有的负责提问背诵。小组内制定组规，迟到了怎么办，没完成作业怎么办，上课不遵守纪律怎么惩罚，都是小组内组员商量着一起制定。小组成员各司其职，老师只是起指导作用。

要想班级里的孩子保持积极性，就必须建立健全的评价机制，平常实行小组积分制，每个月评选一次优秀小组，在九个小组中评选五个优秀小组，发短信给组员家长进行表扬，并发奖品鼓励。奖品有的是家长自助捐赠的，有的是老师自己出钱买的。这样更促进了小组之间的竞争意识，特别是一些上课回答问题积极的同学，都成了各个组长争相收入麾下的“名将”。每周根据组内成绩确定对比组，一般是小组积分第一、二名，第三、四名，第五、六名，第七、八、九名。期中考试、期末考试每个组算平均分，优秀小组都有大奖等着，所

以学生们的干劲十足，积极性也非常高。有时候我就会在奖品上多下些功夫思考，什么样的奖品才能更有吸引力。

当然，同学们也有起冲突的时候。记得有一次周五下午放学了，两个小组的同学还在为记分多少而争执不下。因为都是对比组记分，可能有遗漏，我又帮他们算了一下，告诉他们以后每节课都要看看分，每天下午都算分，不然到周五时积累太多就有些记不清了。不能让他们进入分数的泥潭，淡然处之。

我要求每个小组每天写总结，组内成员一天的表现都实话实说，如实记录，督促表现稍差的同学。小组总结下午放学上交老师批阅，每周拿回家一次让家长阅读签字，看看自己孩子一周在校的表现。这样有利于我们发现问题及时解决，这是家校合育的一种非常好的表现形式。家长们都纷纷表示赞同，有的家长还写评语表扬鼓励孩子们，更增加了孩子们的自信心。(后边有附的几位同学写的总结)

小组合作学习既锻炼了孩子们的能力，又增加了组内的凝聚力，一荣俱荣，孩子们都团结奋进，积极向上。

八、树立自己的人生目标

三年后想在哪里学习，继续读高中还是上中专，长大后想做什么，想成为什么样的人，带着这些问题，孩子们开始憧憬未来。

所有孩子都打算继续读高中，以后上大学继续深造，他们最终想成为医生、教师、作家、翻译、摄影师、公司总裁等。我让他们写成小纸条贴在教室后边，每个人桌子上都有帮助自己自我管理的这三句话："我的目标是什么？我现在在做什么？我做的事对我的目标有帮助吗？"还让每个人说了一段话，我都给录下来了，开家长会时放给家长看，家长们都很惊喜，原来自己的孩子有自己的远大理想，有自己的奋斗目标。

家长在家时时提醒，老师在学校督促执行，孩子们自己向着自己的目标努力前进，家校合育省心省力！

九、取得家长的信任，并经常和家长保持联系

要教育好孩子，必须靠学校、家庭和社会有机结合。人们常说“父母是孩子的第一任老师。”家庭教育是学校教育的坚实基础，学校教育必须依靠家庭和社会教育的密切配合。

记得第一次开家长会，我就要求家长们配合老师和学校的工作，让孩子们成功过渡到初中时期，家长们纷纷表示赞同。一开始，有个别学生不完成作业，为了培养学生认真完成作业的好习惯，我就让家长配合到学校监督完成。这样孩子就不好意思再耽误家长时间，大部分都能一次性治愈不完成作业之病。

记得薛校长开第二次讲座后，我根据薛校长的要求召开了一次家长会。我要求孩子们给家长写一封信，说出自己的心里话。有的家长看到信后很激动，因为自己的孩子学会感恩了；还有的家长根据孩子给自己提的建议，反思自己在家的行为。我记得有一位男生，给家长写信说让爸爸少出去应酬，他讨厌爸爸每次应酬回来都满身酒气，以及回来后的胡言乱语，希望爸爸能多陪陪他。后来这个男孩的妈妈给我打电话说，孩子写的信起作用了，孩子爸爸推掉了一些不必要的应酬，能多抽出时间和孩子聊聊天了，孩子很高兴，亲子关系得到了进一步缓和。

我也经常和家长打电话沟通了解孩子在家的表现，特别是节假日，针对自觉性差的孩子我都打电话跟家长沟通，让他们督促孩子在家自学，认真完成作业。家长们都非常配合，有问题也愿意和老师沟通，家长和老师都是朋友式的交心，关系非常融洽。为了培养孩子们的好习惯，开展的各项班级工作，家长们都非常支持理解和配合老师的工作。

初二篇

学生进入初二学年，生理和心理上都在发生着变化。如何让学生保持奋进

的学习情绪，平稳度过初二时期，在初一结束时我就在思考这个问题。薛校长的第四次报告真是一场及时雨，帮助我解决了这个难题，现简单总结如下。

一、就薛校长提出的七个问题进行讨论，再次掀起了提高学习效率的热潮

班会课上，同学们讨论得非常激烈，最后小组内达成一致意见后在班内进行交流。同学们的讨论结果如下。

1. 课堂听讲如何抓效率

上课认真听课，不做与学习无关的事。先从自身做起，保持注意力集中，认真听课做笔记，做到手、脑、口并用，课下由组长统一检查笔记记录情况，查看课堂上做题情况，进行组内督促。如果自己不小心走神了，就由另一个同学提醒，或者自己自觉站立一分钟。他们都自己结对子，找互帮对象。先进行组内互助提醒，若严重时，再进行组间提醒。

2. 写作业如何提高效率

建议每科作业定时完成，绝不拖延。继续落实老师的要求，把“作业当考试，把考试当作业”。既能养成平时认真写作业的好习惯，还能做到考试时不紧张，从容认真答题。能在学校解决的问题坚决不把它带回家，充分利用好自习课的时间。自觉性差的同学由组长统一引领。这样在学校能完成一部分作业，回家再完成一部分，留出更多的时间自己复习，自主学习。

3. 课前学习如何抓效率

课前学习分两部分，一是在家提前预习，带着问题来听课。组内要求课本上必须有预习的痕迹，组长检查，组内同学互查，互相监督。二是上课之前两分钟到教室坐好，整理好下节课要学习的内容，准备好课本、练习本等学习资料，提前收心在教室等老师的到来。

我观察到有的组提前得更早，在组长的引领下就已经开始复习上节课所学，为要学习的新课做准备。对此我及时进行了表扬，同学们自觉性越来越强。有的代课老师到我们班上课，看到孩子们已经进入学习状态，还以为上节课还没有下课呢！

4. 复习功课时如何抓效率

复习功课时，同学们分了三部分，一是自己复习，二是组内复习，三是老师引领复习。组内复习很有特色，比如：针对数学的复习由组长分工，打印或手写比较典型的几道题，利用自习课时间，组内统一检测，对发现的问题，组内先自己解决，解决不了的再去向老师求助；针对历史的复习，组内统一检查背诵某个知识点，看看都掌握得如何，不熟练的继续背诵记忆；针对语文的复习，统一默写需要背诵的课文，组内同学交换批改，发现问题及时解决，这样的记忆非常深刻。老师再引领复习时，可以带着问题复习，这样更有针对性，复习效率得到了很大的提高。

5. 知识的记忆如何抓效率

同学们记住了薛校长所讲的各科学习记忆法，应用到学习中。不去死记硬背，要理解记忆，自己设立情景进行记忆，寻找记忆窍门。会联想、会归类、会将知识穿串、会找记忆规律。如果谁有好的记忆诀窍，大家一起进行组内分享、班内分享。

6. 记忆时如何抓关键词语

能找准关键词能够回想起全部内容，看到关键词能够产生生动的图像联想。图像越鲜明，记忆越深刻。这要靠创意，有几个关键点：一是夸张，违反常理，越不可能发生的记得越清楚；二是动态的比静态的记得更清楚；三是越刺激的记得越清楚；四是加入个人感情，带着情绪去记会更清楚。例如，《核舟记》的写作是空间顺序，背诵时就可以按照这个顺序来处理：整舟—船中—船头—船尾—船背；数学中的同类项记住“三个相同”即可，等等。

7. 如何提高常识课课堂上的学习效率

在薛校长指导的各科学习方法基础上，同学们又总结了如下方法。把常识课本（政治、历史、地理、生物）当作小说来看，有时间就拿出来翻阅，可以写一个知识点小纸条随身携带，随时随地进行复习，忘了就拿出来看一下。组内小组长抽时间提问当天所学，或者课代表在晨读之前安排背诵内容，进行组内互查。

二、及时和代课老师沟通

班主任老师要在班上树起科任老师的威信，要让学生崇敬任课老师。课间只要有时间，我就主动找任课老师咨询了解学生的课堂表现，以及作业完成的质量，认真听取和采纳任课教师的意见，任课老师给予的评价我都及时给学生反馈，发现问题及时解决，绝不拖延。

孩子们和任课老师都配合得非常好，上课认真听讲，从不和老师顶撞。他们都是聪明的孩子，薛校长所说的尊重老师，让所有老师都喜欢来我们班上课，他们确实做到了，老师们都很喜欢到我们班上课。

三年下来，孩子们和任课老师的关系处得非常好，学生们对各科老师都非常尊重，老师们也都非常喜欢我们班的学生，任课也更加尽心。

三、开展丰富多彩的班级活动，促进学生全面发展

1. 举办班级诗词大会等活动。为了提高学生的学习兴趣，我在班里举办了班级诗词大会，兼顾语文课本知识和课外阅读拓展内容；开展了趣味数学竞赛；举行了英语话剧比赛。特别是英语话剧比赛，真是令我对孩子们刮目相看。

纯英文的话剧比赛，对初二学生来说可能是一次很大的挑战。我本着试试看的态度，让学生们锻炼一下，给了学生三周的准备时间，结果真是莫大的惊喜。《白雪公主和七个小矮人》《龟兔赛跑》《灰姑娘》等童话故事被学生们演绎得非常精彩。他们合理分配任务，精心准备道具，分配角色，准备剧本内容，等等。剧本里有不明白的就去查英汉词典，一些摸不准的语法就去请教英语老师。孩子们的积极性都很高，有的话剧由一个小组单独完成，需要人物多的由两个小组合作完成。活动邀请了英语老师和部分家长参加，得到了很高的赞许。活动的开展，既锻炼了孩子们团结协作的能力，又提高了学习英语的积极性。

2. 开展爱国主义教育：台儿庄红色研学游——缅怀先烈，铭记历史。

在去台儿庄之前，我就让学生们搜集台儿庄大捷的历史资料，做好研学准备。到了台儿庄，学生们入馆参观，深入了解台儿庄大捷。大量的历史图片、更加翔实的文字介绍、珍贵的文物、逼真的人物雕塑再次将先烈们英勇顽强的战斗历程展现在大家眼前，让学生对此次活动有更深切的体会。

此次活动是一堂深刻的爱国主义教育的实践课，学生们不仅重温了抗战历史，更得到了一次精神的洗礼、思想的升华，培养了学生们的民族精神和爱国

情怀，增强了他们的民族自豪感。

这些班级活动的开展有助于形成正确的集体舆论和良好班风。既锻炼了班干部的能力，又促进学生间的交往、团结和班集体的巩固、发展。让学生在活动中找到快乐，获得知识，提高各方面的能力。

四、平等公平地对待每一位学生

要想把班级管理好，就必须平等公平地对待每一位学生，任何人都不能搞特殊，让每个学生都能感受到老师的爱和温暖。平等是尊重，是指学生得到人格上的尊重。每个学生都有得到表扬与尊重的权利与心理需要。

作为一名教师，我明白“尺有所短，寸有所长”的道理，每个学生的发展契机和条件不尽相同。面对千差万别的学生，我都去寻找他们的闪光点。

例如，我发现我们班一位男生虽然总成绩不好，但是他学数学很有钻劲，在课堂上他积极回答问题，能悟出不同的解题思路。我及时放大他的优点在课堂上重点表扬了他，使他的学习积极性倍增，期中考试在年级里进步二百多名。有时候我和他讨论问题时故意示弱，装作我都没想出解这个题的思路来，他思维灵活、积极性高，很快就找到了解题思路。这时我又及时夸奖他，称赞他比老师都强多了，后生可畏啊！后来这个孩子由一个考高中希望不大的后进生，转变为成功考入重点高中的优秀生。

我们班的一个女生，性格内向，不爱说话，成绩较差。我观察到她打扫卫生很积极，记得有一次她擦窗台，别人都只擦台面，而她连墙壁一起都擦得很干净。我发现后在班会上表扬了她，号召同学们学习她这种认真细心的精神。课下又及时和她谈话，鼓励她把这种精神放到学习上，相信学习成绩一定会赶上来的。她很激动，也非常高兴，后来成绩果真在慢慢地进步。她在给自己定目标的时候，写到自己很想去北京上大学，还说到时候要带着孔老师一起去。我看后真的很开心，这个孩子打心底里接纳了老师，敬爱老师。

五、加强对个别问题学生的教育

与问题生谈话“六不谈”：教师情绪不平静不谈；事情不搞清楚不谈；对学

生不了解不谈；不能举出三个优点不谈；不准备好三种备选方案不谈；不提出具体的措施不谈。

本着以上原则，我成功挽救了一个早恋的学生。这个女生学习成绩优异，是单亲家庭，跟着母亲生活。母亲工作很忙，又顾不上她，是一个缺少关心和爱的孩子。我发现她有早恋的迹象后，开始找她谈话。第一次找她谈话，看得出她有些紧张，可能怕我知道她早恋的事。我先送她一个笔记本，因为她喜欢写作，我就让她整理好词好句，发挥自己的特长，为以后写作打好基础，别的我都没提。看得出她很高兴，人也放松下来了。我又和她母亲沟通，让她抽出时间多陪陪孩子，多关心一下孩子。

一周后我又找她，因为她作文比较好，我让她在班级里介绍写作经验，并让她把自己整理的好词好句读给同学们听。

又过了几天，我把她叫到办公室。当时办公桌上有我准备的几个苹果，我顺手给了她一个，告诉她这个苹果非常好吃，是熟透了果农才摘下来的。不熟的苹果果农都不摘，因为又酸又涩，长相不好，卖相也不好。所以，在摘苹果时果农们都不着急，因为他们知道只有熟透了的苹果才好吃。

我始终没有提及她早恋的事，又和她聊了其他话题，如喜欢读什么书，对书中的人物做何感想。她是个聪明的孩子，事后她在QQ上给我留言："谢谢老师，以后我要好好学习，不让您操心。"我给她回复了一个加油的手势。我知道这件事处理成功了，孩子以后会更加努力学习了。中考时，她以高分考入重点高中。

初三篇

步入初三，最主要的任务是迎接中考。新学期增加了化学学科，初中最难的知识点也是在初三阶段的，学生的成绩产生了明显的差异。学生都有自己的目标，有为考重点高中而冲刺的学生，也有为上普通高中而努力学习的学生，整体紧张的学习气氛已经形成。

一、学好化学——初三新增的一门学科

化学在整个初中阶段仅学习一册书，不管其他学科的学习状况如何，化学都是有可能学好的。并且新课程学好了，学生的自信心就提高了，对其他学科的学习都能起到一个积极促进的作用。反之，如果一开始不着急、不重视，等到发现问题的时候就要花双倍甚至几倍的时间去补习，就会大大降低复习的效率，影响总体成绩。

薛校长指导孩子们，化学其实就是理科中的文科，主要的诀窍还是和文科一样，要多背。这句话一下点醒了刚刚接触化学，并且有些跟不上节奏的孩子们。慢慢地，学生们找到了适合自己上化学课的节奏。

二、用地理、生物中考类比初三中考

地理、生物中考刚刚结束，大部分同学经过努力考得比较理想。于是在中考总动员主题班会上，我和学生们一起分析了一下中考形势，根据期末考试成绩，让每个学生找准努力的方向。我让学生们类比地生中考，迎战初三中考。中考并不可怕，只要我们平时努力了，就一定能取得好成绩。

经过我调查了解，我们班百分之九十的同学都在初二的暑假进行了初三课程的预习。有的自觉性强的同学都预习了初三课程的全部内容，以饱满的精神状态迎接初三的到来。所以刚开始进入初三的学习，学生们还是感到比较轻松的。

三、召开家长会，让家长配合做好初三孩子的“配角”

面对学习这件事，毫无疑问孩子是“主角”，父母只是“配角”。那么如何当好“配角”，是整个初三一年中家长要仔细研究的。

耐心倾听孩子的话语，要让孩子先说想法，然后再一起探讨。家长要让孩子感受到父母的诚意，如果父母把孩子当作朋友来和孩子平等地交流，孩子也会把父母当成朋友。在孩子的成长过程中，一定会有不少令父母不满意的地方，

这是再正常不过的，家长要正确看待孩子成长中的不足，少一些抱怨。

初三学生的家长应尽量避免应酬，抽出时间多陪陪孩子，给孩子创造良好、轻松的学习环境。多给孩子积极的鼓励，不断地让他们去尝试。在适当的时候，父母也可以在孩子面前“示弱”，让孩子自己动手去完成，这样反而能提高孩子的自信心。另外，家长一定要做一个称职的后勤部长。

四、勿忘锻炼身体，加强体育运动

体育是中考的必考科目，在中考中占60分。男女生考的项目不太一样，制订合理的锻炼计划是非常有必要的。

进入初三，我们联合体育老师先进行了一次体育测试，让学生们找到自己的强项和弱项，再结合体育老师的建议进行锻炼。因为只在体育课上锻炼是远远不够的，所以要充分做好计划，让学生有针对性地训练。例如，某些学生已经能在其中一项考试项目上轻松达到满分规定线，那么就可以让这一部分学生多花些精力去练习他的弱项，而不必在已经达满分的项目上下过多功夫了。而对于一些体育成绩相对较差、身体素质相对较弱的同学来说，则应以充分掌握好技术动作的前提下，结合个人特点，稳扎稳打，从他相对较容易进步的项目上进行训练，以激发他们斗志，不因落后而放弃。

我们班一个女生体型较胖，体育测试不及格，但是这个女生很有毅力，每天早上在她妈妈的陪伴下跑步到校，下午再跑步回家，一个学期下来体育成绩有了很大的提高。在学生们中起到了很好的表率作用。很多同学以她为榜样，不甘落后，积极进行体育锻炼。最后这个女生在中考中，体育成绩差两分满分。多参加体育锻炼，既强健了身体又备战了中考，一举两得。

五、榜样的力量是无穷的，发现身边的榜样

在我们身边，榜样无处不在，有学习好的榜样，纪律好的榜样，认真听课的榜样，积极回答问题的榜样，乐于助人的榜样，自我管理非常成功的榜样……

我们班一个男生，学习中等水平，但是性格很开朗。到初三时，一直在外地工作的父亲突然生病住进了医院，母亲需要去外地照顾父亲，家里没人照顾他，一直饭来张口、衣来伸手的他，需要自己照顾自己了。他母亲给我打电话，表示非常担心自己的孩子，怕在初三这个关键期影响孩子学习。于是我先给这个男生谈话，告诉他父母的担忧，再问他的打算，鼓励他男儿当自强，老师是他坚强的后盾。这个孩子在几个月的时间里，自己买菜做饭，洗衣服，充煤气卡，交物业费、水费，打扫家庭卫生，在家自己学习、写作业，没有家长督促，硬是自己撑过来了，把自己管理得井井有条。因此，我在班里专门表扬了他。

班级里的同学都以他为榜样，自己的事情自己做，还帮助父母做一些力所能及的家务活，主动学习，认真做作业，不让父母操心。进入初三，班里就很少有不完成作业的现象了。

六、战胜惰性，总结升华

到了初三，良好的班风已经形成，"爱学习、会学习"的良好习惯也已经形成。晨读和自习课时，老师在与不在都一样，学生们都能自主进入忘我的学习状态。

通过开展主题班会，进一步让学生明确自己的目标。初三是实现这一目标的重要阶段，只有重视学习过程，才有可能实现理想。指导学生制订出切实可行的学习计划，对以前不足之处查漏补缺，让他们在学习和复习的过程中树立信心，战胜困难。在薛校长指导的各科学习方法基础上，各科学习尖子生也介绍了自己的学习方法和经验。张姝、陈雪妍、高慧等几位同学展示"学霸笔记"和"学霸错题集"，帮助同学们进行各科学习和复习时走近道，少走弯路。

薛校长在我们班做"爱学习、会学习"实验，本身就是一种"罗森塔尔效应"。每次薛校长来作报告，亲自指导，我们都非常感动。孩子们更是觉得非常荣幸和自豪，不管是学习还是其他活动都是以优秀初中生的标准来要求自己。所以初中这三年我们班的总成绩一直是遥遥领先，学校里组织的各项活动学生们都积极参加，并包揽各类奖项。学生和老师的关系非常融洽，和家长的关系也非常和谐。

感恩薛校长用毕生的心血，毕生的精力，毕生的热情，在我们通向成功的道路上架起了桥梁，让我们有可能到达成功的彼岸，让我们有可能遇见最好的自己。薛校长的指导，不但为我以后的教师生涯指明了方向，让我在教育学生的道路上少走弯路，而且让我的学生们面对自己未来的生活、学习更加充满信心。初中三年的生活将会成为我们最美好的回忆。

附：

部分学生总结（日总结、周总结）

三组

早读：背英语课文，组内同学认真背诵。

英语：抽查背诵，抽查王光耀，王光耀背诵顺畅。组内其他成员表现很好，听课认真，无交头接耳现象。

数学：学习反比例函数，组内同学表现很好。

语文：学习《生于忧患，死于安乐》，郑贵云被提问，回答正确。组内成员学习认真。

物理：学习“电阻的串联与并联”，内容稍多，组内成员听课认真，无走神、分心现象。

午自习：认真自习，认真对英语第七单元试卷答案，有疑问组内能解决。

历史：同学们听课认真。

政治：纪律良好。

阅读：认真背诵，无走神现象。

成功一件事：今天听课认真，开心的一天。（池澄）

写完全部作业（回家可以自主学习了）。（张姝）

上课听讲认真，今天无盲点。（郑贵匀）

语文会背啦。(李金辉)

语文、英语都会背。(刘芮君)

上课听讲认真，收获很大。(王光耀)

组长点评：今天是新小组的“first day”，大家表现都很好，认真算起来，好像距离期末考试也没有多少时间了，希望大家都抓紧起来呀。(张姝)

老师点评：团队合作的精髓是诚信、共勉、宽容、进取！相信你们一定可以的！

二组

早读：背诵英语课文。

英语：老师抽背英语背诵，郇斌、董钇佑都会背，学习新课，做题。

数学：学习新课内容反比例函数，比较容易掌握。

语文：抽查背诵(全部过关)，学习新课。

物理：学习新课，做题，讲题(无盲点)。

午自习：纪律良好，认真学习。

历史：老师讲新课，当堂背诵下来。

音乐：听音乐，享受生活。

政治：学习新课，做自主作业，当堂解决。

成功一件事：

各科作业完成。(郇斌)

大部分作业完成。(谭如文)

英语课文背诵过关。(董钇佑)

完成除英语外所有科目的作业。(谢瑞鹏)

听课认真，无盲点。(王誉晓)

各科作业完成。(陈雪妍)

组长总结：今天是新组合作的第一天，我感觉同学之间配合不错。在早上我们已经做好了明确的分工，每个人都有不同的任务，希望同学们担负起自己的责任，让我们的小组奋勇前进吧！

老师点评：通向成功的路只有一条可走，那就是付出艰苦的努力和辛勤的汗水。相信你们在未来的日子里，一定会加倍努力，加倍勤奋，不断超越自己。

组长日总结：

在组中气氛的渲染下，大家的作业都完成了，大家都非常认真。今天老师抽查了我们组的英语听写，听写情况特别好，但是满分有点少。我们想赢就不能在半道上认输。（邵洁）

今天的数学考试组内考得不错，表扬葛瑞旭和王超杰，总算是失败之后总结教训"反攻"了一次。只是邵明振试卷上错的都是一些计算上的细节，要仔细反思一下了，下次不要再粗心了。不过没关系，"失败乃成功之母，总结乃成功之父。"相信下次我们会更好！（高慧）

今天的语文课文背诵情况很好，整个组都在早读的时候给对比组、对比号背了，表扬！化学这一节课学化学方程式的计算，结合了以前的大部分内容，可能会有点难，但是不要紧，只要上课认真听老师讲课，做好自主和配套，平常再刷些题，就能找到题目的突破点。能不能办到就看自己了。加油吧！（陈相臻）

特别表扬王舒豪，古诗七首全会背，说明假期在家下功夫了。今天我讲的题一定要记住，认真对待作业，至全弄明白为止。开学第二天，组内都已经分工完毕，大家劲头都很足，大家都已经宣誓，并立下决心书，让我们向着目标前进吧！（杜庆甜）

组长周总结：

这周是新小组第一周，大家相处融洽，表现都不错，自己也很在状态，一直记着一句话：永远也不要骄傲，因为骄兵必败。还有七周就期末了，时间紧任务重，要努力的地方太多，继续加油！（张姝）

下周有化学考试和语文听写，周末要好好复习，争取取得好成绩。今天的数学考试虽然简单，却犯了许多不必要的错误，要吸取教训，避免下次重蹈覆辙。（池澄）

自从期中考试以后，学习越来越紧张，每天都在学习新课，根本不能停下脚步。语文听写也很频繁，不过正是在不断听写中发现不足，不断进步，加油！（陈雪妍）

随着听写和考试的次数加多加难，时间也越来越紧张，还是记住一点：充分利用课余时间，不放过任何空闲时候！（田欣悦）

周末家长点评：

随着考试时间临近，希望你们能自觉地进入紧张繁忙的复习备考氛围，积极主动地学习，而不是要老师家长来监督，学习是要靠自觉的！相信一分耕耘，一分收获，优异的成绩是靠辛勤的劳动换来的。加油吧，少年们，争取取得优异成绩！（池澄家长）

与孔老师和几位家长的交谈对我触动很大，老师与家长对孩子都是非常有信心的，每个孩子对未来的向往都是美好的，如定的目标：至少考上三中。说明我们孩子内心都是积极向上的，欠缺的就是一点点努力，一点点耐心。孩子们，目标定下了就一定要完成，为了自己将来不后悔，努力拼搏吧！（郭傲家长）

看了每个同学的发言，触动很深，都在努力往前赶。孔老师和所有老师们对孩子从未抛弃，也从未放弃。希望每个同学努力，更努力，考出好成绩，才能自如地去面对中考，同学们加油！刘星语加油！（刘星语家长）

快乐又充实的国庆假期很快就结束了，迎接我们的是充满挑战的学习之旅，同学们都准备好了吗？像沈钰霏说的："成功的秘诀，只有两个，梦想和行动。"我们是否还记得我们最初的梦想？是否拿出了实际行动？希望同学都能做"行动的巨人"，而不是"语言的巨人，行动的矮子"，大家都振作起来，勇敢面对各种困难、挫折甚至临时的失败，愈战愈勇，向前！向着我们的目标前进！前进！（刘笑彤家长）

细品你们的记录很荣幸，很欣慰！感觉你们的表现很好！例如你们的诚实，相互间能指出优点和缺点，并正确对待，也对自己和同学提出了要求，进行了监督。希望你们互相帮助，取别人之长，补己之短，共同加油，共同进步，加油！加油！加油！（重要的事情说三遍）（孙树萱家长）

这样的方式已经坚持了快两年了，俗话说得好："坚持就是胜利。"这与老师的监督是分不开的。看到同学们在这种状态、这样的环境下学习很放心！整个班级的同学心态都特别好。心态决定命运，心态决定成功，心态决定一切，同学们，加油吧！不要在应该努力的时候选择安逸，争取即将结业的科目都能取得好成绩！（张姝家长）

学生感受

亲爱的薛爷爷：

我想，这封信不只是写给您的，也是写给我自己的，是对我初中三年学习历程的一个总结。

我把初中三年的学习历程总结成一句话：初一平平淡淡，初二日趋努力，初三基本稳定但偶有起伏。

初一的时候，我的成绩一直在班级第五名到第九名之间徘徊，几乎没进过班级前五名。在年级排名处于第二十名至五十名之间。

不久前我看到过这样一句话："天赋还没用完的时候，谁愿意拼努力？"我初一的时候大概就是这个状态。而我所谓的天赋，并不是比别人聪明，而是我的记忆力。那时我没有做任何一本除作业外的辅导材料，不上辅导班，有时也会应付作业，只是凭借着还算不错的记忆力把文科学好。那时我没有什么危机意识，还感受不到竞争的强烈，满足于班级第九名这个成绩，粗心和懒惰使我裹足不前。

初二上学期我开始有了一点点改变，开始买辅导材料来做，但还是因为懒惰又缺乏耐心，没有坚持下来，所有的辅导材料都只做了几页就作罢。依旧是靠着还算不错的效率以及还算不错的文科成绩把排名保持下来。真正的转机是在初二下学期，面临地理、生物中考的时候。我的地理、生物成绩一直都算不上出类拔萃，只是还不错而已，我不想在第一场战争中就丢盔卸甲，我清楚地意识到我必须努力，我的天赋并不足以支撑我的目标，而我骨子里的倔强也不允许我此时懈怠放松。

我买了两套中考题，一套地理的，一套生物的。不论是地理的还是生物的，前几张卷子都一塌糊涂，差到我开始怀疑自己的听课效果。当时没有一个人告诉我应该怎样复习，我凭着一腔孤勇，用题海战术来提升自己，曾一天写几十页辅导材料、曾一天写十四张试卷。还曾在学校手绘几个国家的地形图，只为了让自己记得清楚些……如此种种，乐此不疲。至今我仍会惊叹于那时的效率，但我真的想不起来当时有多累，只记得当我练习做中考试卷的时候，第一次亲手给自己打上一个大大的"100"分时的喜悦。虽然经历中考后回想起来认为自己那时的方法并不算明智，甚至做了一些无用功，但有句话这样讲："努力了不一定有回报，不努力就一定没有回报。"那段时间我的效率很高，时间被充分利用了，所以初二下学期的期末考试中我取得了班级第三名的成绩，年级排名也向前十靠近。而我为之付出不少心血的地理、生物中考也以99分的总分（满分100分）在初中生活里落幕。

进入初三，我开始沉下心来，几乎每科都买了一本辅导书，并且都按计划完整地写完了。我清楚地感受到每天的进步，每天都有新的收获，忙碌而充实。初三上学期，我的成绩始终在班级前三名，年级前二十名。

初三下学期，我在第一次模拟考试的时候考到了班级第一名、年级第四名。虽然有运气的成分在，但我更愿意把这当成是对我长久努力的回报。

日子过得太快，真的像老师说的那样，中考马上就到了。从百日誓师到步入考场，谁都没有做好万全的准备。中考前我出了点小意外，一直在家养伤。我想这或多或少会影响我的发挥，我更加紧张，但我并不害怕。当然有拿不准的题目，有不会做的、思路全无的，但我自认发挥尚可，只因成绩未出，故不敢妄加揣测。但无论好与不好，人生路还长着，即使这次狼狈，也要努力追求下一次的精彩，不是吗？

当然我初中三年的学习也有很多遗憾和对自己不满意的地方。我的英语，由于初二时的一时松懈，方法失当，虽然在总复习时着重恶补，但直到进入考场之前也没有完全补回来。我的物理同样是因为初二时力学学得不够好，虽然后来勉强补过，但我至今仍忐忑不安。数学成绩的不稳定也是这次考试的一大变数。

初中三年的学习历程教给我的，是努力和坚持。努力就有回报，但坚持努力才会有更多的收获。您的讲座贯穿了我初中三年的学习，很感谢您为我们付出的一切。您的每一次讲座，我听了都受益匪浅。我根据您讲的方法，逐渐摸索出一套适合自己的学习方法，这将使我终身受益。特别是您在中考前做的那场报告，您讲的如何应对考试紧张的方法的确很有用，考前几天我就是用您的方法来缓解紧张的。您的讲座伴随我们全班每位同学的初中三年，见证了我们的成长，万分感谢您！

祝：

身体健康，万事胜意！

您的学生：张姝

敬爱的薛爷爷：

您好！

感谢您三年来的教诲。当我给您写这封信时，心情很复杂，有伤感，有怀念，更多的是对您三年来含辛茹苦地培养我们的感谢。您每次来给我们开讲座，都带来新的学习理念、学习方法。每当您给我们指导一次，我对学习的认识就会加深一步，对学习方法的理解就会提升一点，我的想法也在一点点改变。

中考前还是多多少少有些紧张，第一天考试感觉自己没有静下心来好好去思考，导致第一天的考试发挥一般。晚上回到家后，想到您教给我们的如何面对考前焦虑问题的方法，想到三年的努力一定会有收获，心里又有了莫大的信心。接下来的考试，心里没有太多压力。根据之前考试总结的经验，几场下来都比较轻松。即使仍有不尽如人意的地方，但我只是把这次中考当做迈向高中生活的小台阶，顺其自然，放平心态，轻松迈过。最后不管结果如何，我努力过了，自己走的路，理应平平淡淡接受。

您教给我们宝贵的学习方法，带给我无尽的财富。虽然有时不能按您说的坚持下去，但时常去翻翻"书虫"系列丛书，看看满分作文，都能带给我很多不一样的知识。《思维与智慧》有时也拿起来翻一翻，只当是一次小小的放松吧。所以这个暑假我决定好好利用起来，要过得充实而又有意义。多读书，培养自己由内而外散发出来的气质，丰富充实自己的心灵。有时晚上是真的学不下去，就想想您从初一就告诉我们的三句话："我的目标是什么？我正在做什么？我现在做的事对我的目标有没有什么帮助？"这样，虽不能说让我快速进入学习状态，至少能提醒自己现在在做什么。

在人生的漫漫长路上，有您和孔老师带给我这一股比其他人多的激励，也能比他人少走一些弯路，高中、大学，甚至在工作上……

您教给我们的"十六字学习法"，不仅初中适用，到了高中也会照样有帮助。一些技巧我已渐渐运用熟练，还一直保持对学习的信心，在学习的道路上我将会越走越远，依旧对学习有着坚定的信念。

师恩难忘，等到拿到心仪的大学的录取通知书时，将会深深感恩您对我们无私的付出。今后，我一定好好努力，不辜负您三年来的辛勤付出。再多的话也无法表达我对您深深的感恩。

祝您身体健康！心想事成！

沈钰霏

2017 年 6 月 23 日

我的总结

岁月如流，诚如一切皆流逝于昨天。转眼间，我已经踏入了初三这个迎来初中毕业的年级。回顾自己三年的学习历程，充满了酸甜苦辣。在这段人生成长的历程里，我不断学习、不断努力提高自己。而这三年中有幸听到的薛校长的讲座无疑对我是有很大帮助的。

初一的第一个学期，我们被告知会有一个经验丰富的老教授来辅导我们的学习。我开始是暗含期待的。于是薛校长来了，不带一点专家的架子，像一个普通的老爷爷讲故事一样慢慢地向我们传授学习的经验。

在薛校长的第一次讲话中，他向我们推荐了一本书，名字叫作《管好自己就能飞》。从名字就可以看出这是一本关于自我管理的书籍，对于当时刚入初中、性子还十分好动不安的我们来说无疑是有用的。之后我们的班主任孔老师又给我们买了与《管好自己就能飞》同系列的第二部书《自觉可以练出来》，进一步强化了我们对自觉与自我管理的认识。

不仅如此，初一时期薛校长还送给我们三句贯穿我们整个初中的自我管理良言，每当我们迷失的时候，总要问问自己：我的目标是什么？我现在在做什么？我现在所做的对我的目标有什么帮助？

于是，在最不成熟、最无法控制自己的初一阶段，我学会了重要的几点：

1. 学习最重要的是要靠自觉。

2. 要用自信、乐观、积极、向上的态度面对学习。

3. 要明确自己的目标，管理好自己的行动。

这些“自我管理”的道理，使我们渐渐学会了自觉，为以后的学习打下了最牢固的根基。

初二就是培养学习习惯的黄金时期了。这一时期，薛校长给我们开的讲座也多多注重了学习的方方面面，不再像初一那样笼统。细讲起来的话，关于学习的“小诀窍”，薛校长分享得实在是太多太细了，这里只挑一些个人感觉对自己帮助颇大的。

1. 关于历史：“联想记忆法”。

“联想记忆法”，顾名思义就是通过联想来记住一件事物。联想的可以是另一件事物，也可是自己编的小故事，通常事物越新奇、故事越奇怪就越能让人印象深刻。

2. 关于物理：用理解去学习。

薛校长说，物理，就是事物的道理。而所谓道理，让人学会的最好方法无异于理解它了。只要弄清事物的本质，无论这个事物的表面再怎样变化，都能迅速地掌握其核心而不至于迷失。薛校长举例了几个常用的物理量来向我们说明，但所谓“一千个人有一千个哈姆雷特”，每个人对每件事物的理解都是不一样的，所以也不再赘述。只要自己对事物有着一套自己独特的理解方法，便已差不多了。

3. 关于英语：多读、多记、多背。

英语要怎样学好？多读、多记、多背。

相信每一个老师都会给问这个问题的学生这样的回答。但是难就难在学生要怎样多读多记多背。大多数学生是没有那个兴致在课后自己阅读英语读物的。而这时，薛校长向我们推荐了一套丛书——“书虫”系列丛书。“书虫”系列丛书无疑是很好的双语读物，不仅内容广泛新奇、引人注意，而且更是根据英语的学习阶段明确地分了难度和层次，可以让读者轻松选择自己需要、能够掌握的书籍。薛校长还建议我们，读这套书时，最好先不要忙着看翻译，读完一页英语原文并在脑子里独立翻译一遍后再去看书上的译文，对照一下和自己翻译的有什么区别，以此来找出并弥补自己的不足。

有了趣味和方法，多读、多记、多背似乎也并不是那样难了。

步入初三，学习的节奏骤然加快，日程也紧张起来。或许是因为前两年已经教给我们足够的东西，薛校长的讲座也少了起来。没错，这一年本就是验收成果的时刻。

但是对于新增的学科化学，薛校长还是亲切地给出了指导。薛校长说，化学其实就是理科中的文科，主要的诀窍还是和文科一样，要多背。这句话一下点醒了刚刚接触化学有些跟不上节奏的我。无法理解化学老师上课所讲的问题让我头疼，可是如果把化学当作历史、语文那样的文科来学的话，就不存在什么理解不理解了，只要记住要点就好。怀着这样的心思，我慢慢找到了一个适合自己的学习化学的节奏，然后，记住了基础知识后才慢慢发现原来化学并不是不能理解，关键就在开始的那一段能不能融入学习化学的节奏，把握正确的方法。

关于学习的心得还有很多，但我也明白这些并不是全部。我做得并不完美，仍有许许多多需要改进的地方。但薛校长讲的这样大大小小的诀窍总是能在学习的路途中帮我一把，而我也会带着这些一直向前。

学生：邵洁

2017年6月

敬爱的薛爷爷：

您好！

首先要非常感谢您初中三年对我的指导，让我认识到学习的重要性，让我掌握了许多学习的方法，使我终身受益。特别是您在考前对我们的指导，更是让我在考场上能够从容应对，让我以积极、放松的心态来应对中考。即使在考试过程中遇到难题，也能静下心来从容答题。虽然考试后发现了自己有做得不对的地方，但是自己也可以接受它，以平和的心态完成中考。因为我认为，中考从来就不是终点，它只是在我学习道路上的一次考验，让我真正明白自己的不足。即使最后结果没有达到我的理想标准，我也不会气馁，因为我知道我努力过，而且今后我也会更加努力！

初中三年的时光在不知不觉中匆匆流过，转瞬即逝。回想这三年，竟不知自己的成长是那样飞快。三年的磨炼，让我从一个稚气未脱的少年成长为现在能够勇敢面对困难与挫折、从容接受成功与荣誉、不骄不躁的初中毕业生。三年内，我不仅学到了许多知识，增长了见识，更学会了为人处事的道理，收获了满满的情谊。这当然离不开老师的辛勤教诲、同学们的团结有爱，更离不开薛爷爷您对我一次又一次直击心灵的教导。您将您这么多年积累下的经验总结起来教给我们，真的让我觉得非常受用、感恩。

特别是自我管理的三句话："我的目标是什么?""我现在在做什么?""我现在做的事情对我的目标有没有帮助?"每当我在做一些与学习无关的事情时，我总会把它们摆出来，时时刻刻提醒自己。还有您告诉过我们的学习要真正做到：入静、入迷、入境。这三个词语在我临近中考是真的起到非常大的作用。让我能够在焦躁不安的环境中保持一颗从容的心，一如既往地认真学习。您还推荐我们阅读《中考满分作文》，这在我的语文、英语考试中都发挥了很大的作用。让我能够学会运用那些画龙点睛的句子来装饰我的作文，让我不再惧怕考场作文。还有您对各个学科的指导也让我受用，特别是在历史方面。以前我的历史成绩总是不尽如人意，在同等水平的同学中总是排在后面，让我非常苦恼。不过在您的指导下，我好像突然开窍了，在背诵历史的知识点上觉得也没有想象中的困难，在以后的一次又一次考试中取得了还算满意的成绩，让我感受到一次又一次的喜悦，真的非常感谢您！

不管是从前、现在还是以后，我始终相信一句话："欲带王冠，必承其重。"当我想要获得好成绩时，一定要先承受学习带给我的烦恼。或许在学习的过程中，我要丢弃一些我喜欢做的事情，但最后在我取得成绩的时候，我会感谢当时那个懂得取舍、不轻言放弃的自己。

最后，感谢对我辛勤栽培的老师们，还有并肩作战、度过三年快乐时光的同学们；特别感谢不辞辛苦，把这么多年积攒下来的学习经验传授给我们的薛爷爷！我相信通过我们的努力，我们一定会变成那个最好的自己！

祝您

身体健康！万事如意！

2014 级 3 班

赵紫如

敬爱的薛爷爷：

您好！

首先非常感谢您之前关于考前焦虑问题和临场表现问题所做的解答，我牢记于心，在考试过程中表现得比较放松，认真地答完了每一道题目。虽然有些题目事后觉得答得不尽如人意，甚至还出现了明显的错误，但自己还是尽了力。中考也是学习的过程，我不把它当成一种结束，而是长见识增学识的必经之路。

感谢三班这么正气的团体和薛爷爷的辛勤栽培，让我觉得在人生的道路上有了这么一股激励的力量为我们打下坚实的基础，大路开始变得敞亮，就等着我们去探索了。不知高中生活又会为我们带来什么新奇体验呢？

我觉得高中用上您给我们总结的那一套“秘法”也是顶好的：我的目标是什么？我正在做什么？我正在做的事对我的目标有没有什么帮助？这句话我也是经常在心里念叨，每当自己忍不住犯懒的时候都会拿来提醒一下自己。您提倡的读满分作文、经常看《思维与智慧》的做法，虽然我有时候也不能坚持，但偶尔翻来看看受益也不小，所以我决定在假期多读书，读好书。读书多了自然谈吐也不凡，心态也平和，这正是我追求的目标之一。

“ABCDE 模式”，我觉得非常受用。无论做的什么事情出现问题了，都可以用这个方法来排解情绪，冷静下来找到突破口。它在分析考试成绩时有用，在以后的生活方方面面亦可见效。但我有时也记不清，还是会落入情绪的陷阱，所以也得细细钻研，熟稔于心，方得终生受用。

还有您针对各学科特点为我们开的“良剂”，在我身上起到了作用。以后的学习上，掌握并熟练运用上这一套，就有了自信了。

感激薛爷爷这三年为我们所做的一切努力，深深感恩！

祝您

身体健康！天天开心！

学生：杜庆甜

2017 年 6 月 22 日

三年时光匆匆过

池澄

蓦然回首，初中三年的时光像流水般匆匆逝去。缓缓思忆，往事帧帧，映上眼帘。三年时光恍如三段美好的梦，带给每个人难忘的青春回忆。

第一年，我们懵懂青涩，稚嫩活泼。还记得学校操场旁，响亮明朗的口号声，每个人的脸上都充满了努力过后的汗水，挂上了青春洋溢的笑容。捧着那张象征着我们努力的奖状，庆祝我们三年的初中生活旗开得胜。刚到班级，往往还有一点小忐忑，但热情的同学和善良的老师还是让我很快地融入了这里。永不会忘，十一中，我初次与你们相识的地方。

第二年，我们团结互助，锐意进取。还记得初二那年去了半城，成为我们青春中最美好的记忆。大家一起共同努力，战胜困难，嬉笑怒骂，共同玩耍。我们一起奋斗，备战地理、生物中考，共同学习，共同思考，一起进步。无论结果怎样，只要努力了，就不会后悔。地理老师的幽默风趣，生物老师的认真尽责，都一点一滴地写入考卷中，化成对他们的无限感激。

第三年，我们乐观自信，决战中考。一张张试卷，象征着初三的生活。所有人一起努力，就算是艰苦的初三学习生活，也暗藏着无尽的美好与欢乐。大家一起攻克难题的努力，老师的谆谆教诲，都是不能忘的美好时光。毕业典礼上，我们说好不流泪，可在即将踏出校园时，却怎么也控制不住自己的感情。真正在意的东西，在就要失去的时候，又怎能用言语表达自己的伤心与惶恐?中考结束，三年时光匆匆过，一幕幕却依然好似昨天才发生。

不管今后是否还会再见，不管日后结果如何，匆匆三年，都美好难忘。

实验结果说明

在实验阶段，遇到有老师请长假的情况，师资短缺，代课老师又一时安排不过来。这个班虽受些影响，但是因为这个班已经形成了良好的班风，浓厚的学习氛围，学生能坚持自学，受到的影响不大，都考取了高中。

第三编

好的学习成绩，来自科学用脑

教育部考试中心公布了《中国高考评价体系》，据介绍，该评价体系由“一核”“四层”“四翼"组成。其中，“一核”是高考的核心功能，即“立德树人，服务选才，引导教学”，回答“为什么考”的问题；“四层”为高考的考查内容，即“核心价值、学科素养、关键能力、必备知识”，回答了“考什么”的问题；“四翼”为高考的考查要求，即“基础性、综合性、应用性、创新性”，回答了“怎么考”的问题。

这个评价体系指明了今后的考试方向。为适应高考改革的要求，教师应转变育人模式和教学模式。但不管高考怎么改，离不开学生的学。作为学生，应该改变原有的学习模式和思维模式，学会科学用脑，全面提升自己的注意力、观察力、记忆力、想象力、思考能力和创造能力，以适应新高考选拔人才的需要。

第十章　学习要自我革命，学会科学用脑

由于长期受旧的教学模式、旧的学习模式的限制和影响，学生学习思路不开拓，思维不灵活、知识学得死、不会灵活运用，导致学生学得很辛苦，时间的付出和学习效果不成正比，无法适应高考改革的要求。所以学习必须进行自我革命，学会科学用脑。

第一节　把控制论和目标论原理应用在学习中

根据控制论和目标论的原理，进行学习自我革命：科学用脑，充分发挥潜意识的力量，实现成绩大突破。

20 世纪中晚期，世界上产生了三大理论——系统论、信息论、控制论，称之为第三次技术革命，从此人类进入了信息时代。科学家又发明了电脑，对系统内的信息进行控制，于是电脑模拟人脑功能，借助于辅助机器——电脑软件，它是人输入的大量信息来源，开启目标锁定器——鼠标，电脑就能自动工作，找到你所要的信息。电脑有储存记忆功能和寻找目标的功能，不管软件输入的信息多么复杂，只要有程序都能搜索到。如果软件中没有输入你所要的信息，电脑怎么也找不到。电脑有记忆功能、搜索功能，但没有想象功能，更没有情感功能。

电脑是人设计的，电脑的所有功能，人脑都有。人不是机器，但人脑中也有一个类似软件辅助器，那就是人的潜意识。潜意识是一个系统，它的功能比电脑更丰富、更灵活、更复杂，不仅有存储记忆功能、搜索目标功能，还有想

象功能、情感功能。后两种功能是电脑所没有的，也就是说人不仅有巨大的智力潜能，还有很大的心灵潜能。以前，人们对自身产生的许多奇迹无法理解，也无法解释。举一个简单的例子，人为什么能在黑暗中从桌子上摸到一包香烟，从中抽出一支来吸？从心理学的角度解释不透，若从控制论和目标论来理解，答案就显然易见了。空中拦截导弹就是依据控制论和目标论而设计的。控制论将人脑、神经系统和肌肉当成一部高度复杂的辅助机器，一部自动寻找目标的机器，它靠反馈信息和储存信息，自动地修正找目标的机器。人不是机器，但是人可以操作自己的大脑和身体，使它像机器一样地发挥功能。这部自动机器的操作方法，是它必须先设定一个要达到的目标，你必须在心里清晰地看到一件事情，那就是“自我意象”。你设定成功机器就会把它承担起来，圆满地完成这件事。

长期以来，人们对大脑潜能的开发，没有大的突破，只是一再强调事业的成功、学业的成功靠的是意志力。其实这种说法是不科学的，意志力是什么？意志力就是坚持。坚持什么？坚持想象。想象成功，想象希望，想象光明，想象幸福。只有当意志力与想象力相结合时，想象力产生积极的自我意象，引你走向成功，确切地说，不是意志力引你走向成功，意志力是想象力的坚强后盾。

什么是“自我意象”？所谓自我意象，也就是“我是什么样的人”的自我观念，它是由我们的自我信念所塑造成的。而我们的自我信念，大部分是从我们过去的经验、成功、失败、屈辱、胜利以及其他人对我们的评价——尤其是早期童年时代的体验所形成的。一旦将自我的观念或信念绘入心理的蓝图，这个观念或信念就变成了真实的，人们自身不会去怀疑它，反而会依照它去行事。一个人的一切行动、情感甚至才能，永远与自我意象相吻合。自我意象是可以改变的，一个人无论年龄大小，都可以做到自我意象的改变，从而开始新的人生，这已经被无数的事实所证明。一个学生一旦有了新的自我意象，学习的进步会超出自己和别人的想象，我所辅导的学生就有不少这样的例子。

作为高中学生，要想取得学习成绩的巨大进步，不能只靠死用功、拼时间，应该进行学习的自我革命：学会科学用脑。

一、首先要转变自我意象

失败的自我意象引领你走向失败，积极的自我意象引领你走向成功。所以我们必须转变自我观念，转变自我意。“我能行”“我一定能实现我的人生目标”“我明年高考能考出自己理想的成绩，我能考上我心目中的大学”……让这些坚定的信念、明确的奋斗目标进入我们的大脑，它就会主动引领你达成目标。这些信念越清晰、越明确，产生的力量就越大。

当然，我们不能只空想而不去实干，必须怎么样想的又怎样去干，才有怎样的结果。

人类能利用想象力去引导成功机能。你可以去想象成功的喜悦，你就会有浑身使不完的劲儿。

二、要做到心无旁骛，让精力更充沛

人的大脑有情感功能，积极愉快的情绪有利于认知，消极的情绪阻滞认知。心理学家研究表明，人在无嫉妒、无怨恨、无忧愁、无压力的心境之下，并想象到成功的喜悦时，学习效率是很高的。所以，我们必须消除负面情绪对学习的影响。

要学会不与别人比，不计较一时的得与失，不计较临时的分数和名次。要学会心理调节，时刻保持心态平衡，做到荣辱不惊，心如止水。一个人的心态，决定他做事的高度，成功者都有一个强大的内心，让大脑精力不内耗，保持精力充沛。

三、轻松学习，让思维更敏捷

所谓轻松学习，就是有劳有逸，不搞疲劳战术，始终让头脑清醒、思维敏捷。该休息时就休息，该放松时就放松，割麦磨镰不误工。不是抓紧每分钟去学习，而是抓紧学习时的那一分钟。生活要有条理性，学习要有计划性。什么时间干什么、不干什么，要养成习惯，形成行动型，到时间就去干。学习时，要计划好学习什么、怎么学习。按计划执行，切勿“碟子喝水一漫子来”。

早晨头脑最清醒，适宜记忆英语单词，背诵课文。有课外活动时不要再学习，要去锻炼，让身心放松，这有利于提高学习效率。要自觉养成运动、休息的好习惯，这样才能恢复精力。

在学习过程中，碰到难题不要急躁。一时解不出来就别在那个地方太纠结，浪费时间。可暂时放下，过一段时间可能就会茅塞顿开。因为当时越急越解不出来。这是经验，可作参考。

四、学习方法要科学，提高学习效率

学习方法是根据个人的特性而定的，不是所有人都只能用一个方法。对自己来说哪种方法最适合，就用哪种方法，这是科学态度。但认知方法有规律性，可供每个学生参考，择其所用。科学的学习方法，就是根据每个人的情况，在有效的时间内，在个人精力允许的情况下，尽可能多地向大脑输入有用的、正确的信息，这样你才能比别人进步快。要特别说明的是，在你个人精力允许的情况下，又必须是能吸收消化的有用知识，不是搞疲劳战术。当你的大脑不能再接受新信息的时候，就不要再坚持学习了，赶快去休息。

所以，同学们上课听讲要跟着老师走，做到听讲没有“盲区”，尽量把老师讲授的知识点都纳入大脑。课下跟着自己的感觉走，哪些知识还没有纳入大脑，要通过复习、自学，把知识点弄明白、搞清楚，补充进入大脑，做到课下复习不留疑点。大脑有搜索功能，你向脑中存入多少它就能输出多少。你存入的知识不正确，将来输出的就不正确，你输入大脑中的知识点不完整，将来输出的信息也不完整。所以我们在认知学习开始阶段，一定要把知识点彻底弄明白，准确、无误、完整地输入大脑，将来应用时，大脑才能完整无误地输出。为什么同学们在做选择题时容易出错，分不清“是”与“非”？原因是在学习的开始阶段，没有做到“是”就是“是”，“非”就是“非”。

要将考试需要的知识点全部存入大脑，不是杂乱无章地一齐向脑中塞，也应该编程序。大脑存储信息，不仅要求正确性、完整性，还要求条理性、清晰性。越有条理、越清晰，将来应用提取时越快、越容易。所以在学习过程中，要反复认识、反复回想，让信息在大脑中清晰浮现，即平常所说的看书时能达到“闭目有印象，合书能写书”。

大脑储存记忆信息强调系统性，要根据每门功课自身的特点，去研究理解方法、记忆方法，不同学科有不同的学习方法。要根据自己的能力，也可以选择一些好的、有用的参考书进行自学，选一些好的、典型的题来做，使自己的学习内容更充实。

科学的学习方法，其核心就是深度思考，充分发挥想象力，在整个学习过程中，时时刻刻都不能离开思考。学前要思考：学什么？怎样学？学时要思考：为什么？学后要思考：我明白了吗？我记住了吗？还有什么问题？既要懂，又要记，还要思考知识如何用，应用时要会表述。

五、要端正考试心态，考出真实自我

考试时要到考出自己的真实水平，既看到自己学习的进步，又能找出自己学习中存在的问题和下一步的努力方向。

怎样才能实现上述目标要求呢？

1. 每次考试前认真复习回忆，让脑中的知识图像更清晰

每次考试前要弄明白考试的范围、内容和考试形式，然后进行认真回忆，检查哪些知识点能清楚记忆，哪些知识点还没有记牢、记准、记清，需要再看一看，进行复习。这等于再向大脑输入一次信息，以备考试时提取应用。

2. 考试前要进行认真心理模拟，向大脑输入考试程序

进考场要镇静，私心杂念除干净，审题要细心，落笔要慎重，时间巧安排，稳中求速度，时间别浪费。遇到易题应该怎么做？不轻视，不粗心，不马虎。碰到难题怎么对待？不打怵、不慌张、不放弃，能做多少就做多少，一分也要争。碰到“拦路虎”，暂时跳过去。小题不能当成大题做，免得浪费时间。

对考试所有可能出现的问题，都做好充分准备。进行正确的心理模拟，进入考场就能从容镇定，大脑中的潜意识就会主动引导你按设计的程序操作，使你有条不紊地做题答卷，避免慌乱。

3. 考试过程中，心情要放松

不要有虚荣心，不要想考试结果，只想如何细心慎重做题。别怕考坏，别怕暴露问题，该会的要能做对、做完，不会的做不出来也没关系，这样你才能镇定自若，轻松做题，正常发挥，增强你的自信心。

如果考试过程中心态不端正，怕考不好，心中一紧张，该会的也不会了。考试失常，容易后悔不安，如果老是考不出自己的水平，容易丧失学习信心。

4. 考试过后要认真总结和反思

考试过后，要沉下心来认真反思，总结经验教训。考得比较好时要知道是什么原因，还有哪些不足，发挥优点、克服缺点，争取下一次考得更好。不要骄傲自满，不能松懈。考得不理想时，不要灰心，要寻找失误的原因。不要强调客观，而要考虑主观，是自己努力不够，相信自己还有进步的空间。劲可鼓而不可泄。

考试中暴露出来的问题往往平常就存在，要在平时的学习过程中，注意解决这些问题。考试中碰到的难题，要坚决学会。要把考试看成是检验自己的学习情况、督促自己不断进步的好机会，不要讨厌考试，要喜欢考试、盼着考试。

学习是大脑的功能，只要你潜意识中输入了积极向上的自我意象，有明确清晰的奋斗目标，潜意识系统就会主动引领你努力奔向目标，这就是控制论和目标论在学习中的运用。

第二节　细说如何轻松学习

为什么提倡轻松学习？为的是消除心理压力，让大脑中的创造机器——潜意识自由运转，不受负面情绪的干扰，取得最佳的学习效果。但这不是让你松松垮垮，学习不努力，而是强调有序学习，科学用脑，力求效率最大化。

我们每个人生来都具有一部“创造机器”（人脑的辅助机器、制造机器，说法不同，都是指潜意识），使我们在任何情况下都会有办法解决问题，不至于束手无策。潜意识这部机器在脑中是自由运转的，不受意志力支配，但受情绪的干扰。只有我们有意识地卸掉自身的焦虑、烦躁、苦恼、恐慌、郁闷、紧张等心理负担，它才能自由运转，这就是我们提倡轻松学习的原因。所以，我们要想学习效率高，必须学会心理调节，时刻保持心理平衡、心态端正、大脑清醒，为潜意识自由自主工作创造条件。

怎样才能做到轻松学习呢？

1. 决定前思考，行动时放松。因为潜意识这部机器，也像电脑一样，是按照你设定的目标、提供的信息去自动操作。“行动时放松”就是别让负面干扰和阻滞它自主运转。如果设计的目标不清晰、不正确，潜意识这部机器不给你纠正，有欠缺它也不会给你补充。所以，我们学习时不能慌慌张张、手忙脚乱。要先沉下心想一想，周密考虑，分清轻重缓急、主次，有序学习。同时要排除一切杂念对学习的干扰，做到入静、入迷、入境。

2. 立足今天，别忧明天。因为潜意识只能对当时的环境作出适当反映，只为你现在设计的目标、提供的信息，寻求结果，不为以后考虑。所以，我们在学习时，要立足今天，每天都仔细规划如何学习，充分发挥想象力，让每天都能完成学习任务。每天都过得很踏实、很愉快，还用愁明天吗？

3. 事情只能一件一件地办，别什么事情都挤在一起办。因为潜意识这部机器工作时，只考虑这件事情如何做，其他不考虑。所以，我们在学习时，一心不能二用。学习数学时，只能专心学数学，思考数学中的问题，不去考虑其他学科的问题。有许多同学常犯这样的错误，复习数学时，想着英语中还有许多单词背不熟，想着赶紧复习完数学，快去复习英语。复习英语时，想着物理学科中的问题，于是赶紧复习完英语，又快去复习物理……这样不静心、不专心，什么功课都不能踏踏实实复习好。应该沉下心来，一门一门地去复习，只有这样，才能收到良好的复习效果。

4. 用静心代替思考，让潜意识这部机器代替你完成任务。因为意志力思考停止以后，潜意识这部机器还在自动工作。

遇到难解决的问题不要急躁、不要慌张，冷静下来、沉住气，潜意识总会有解决的办法。例如，我们在解数学难题时，经过深度思考、多方联想之后还没有结果，不要急躁，越急越解不出来，此时停止思考，用静心代替思考，让潜意识去工作，可能很快就会顿悟，灵感就会到来，问题很快就解决了。所以，学习中的难题一时不能解决，不要纠结，别在那里硬想，可以休息一下，用静心代替思考，效果反而会更好。

长期以来，总是认为要想学习好，必须刻苦用功，老是在拼时间，在疲劳战术上大做文章。学生出了不少力，老师操了不少心，但学生的学习成绩并不理想。所以，我们对学习要进行自我革命：科学用脑，用轻松学习法，为每个人大脑中的创造机器自动追求目标提供条件，充分发挥潜意识的力量，挖掘人的潜能，实现学习成绩大突破。

第三节　只有深度思考，潜意识才能帮助你解决学习中的困难

我们每个人的大脑中也有一部自动追求目标的创造引导机器，这就是潜意识。为什么不去很好地利用这部机器呢？别忘了，使用这部机器的第一重要条件，是大脑潜意识中必须有一个清晰的目标。怎样向潜意识输入正确的、完整的、清晰的目标呢？那就是学习过程中的深度思考。怎样在学习过程中做到深度思考呢？

一、深度思考，就是意识思考

深度思考，就是不断逼近问题的本质。它要求集中注意力，不分心。思考必须专注，限制思考范围；思考必须是真实的材料；思考不是想象，是有依据地联想；思考是让大脑中已有的、分散的、隐蔽的知识图像，联系起来，重组重现，使之更明确、更清晰，它受学习内容的限制，是这个学习内容在大脑潜意识中形成的心理图像。

想象是在大脑潜意识中再造心理图像，它是主观意识形成的目标图像，不是客观知识形成的目标图像。人脑的想象力是很丰富的，如何发挥大脑的想象力，使你学习更有创造性，以后详谈。

思考的目的，是让知识信息在大脑潜意识中，形成目标心理图像，应用回

想时，潜意识中的控制器——目标扫描仪，能找到目标，做出反应。深度思考，就是深刻的、透彻的、全方位的反复思考，让知识信息在潜意识中形成更加完整的、正确的、清晰的目标图像。

二、思考必须限定在一定范围内的真实材料，真实的学习内容，不是空想

不同的学科，不同的学习内容，应用不同的思考方式和方法。

1. 如何提高阅读理解表述能力

阅读的目的是为了应用。要应用就得理解，就得记住，不能只是简单一看，应该深度思考。做到懂就透彻，记就准确，应用时会表述、会操作，做到表述确切，操作熟练。

怎样实现上述要求呢？

第一步，先在理解上下功夫。读懂每个字、每个词，理解每句话的深刻含义。

第二步，在理解的基础上进行记忆。有些知识内容，必须记住、记准原话、原句。不需要全部记下原话的知识内容，要记重点，或做概括记忆，要反复推敲用什么样的语句能代替。

第三步，思考学的知识如何应用。学习的知识能会运用，不能只停留在能意会这个层面上，还要会言传、会写、会表述。如何表述？要深度思考，推敲用词。表述的语言要概括简练、准确、切体、符合原意，这需要慎重择言，不能草率。

要想答好文科试题综合卷，文科考生平时必须加强阅读理解训练，提高语言表述能力。

孔子曰："学而不思则罔，思而不学则殆。"平时的读书学习，要养成耐心、仔细、认真，勤动脑、勤思考、勤动笔的好习惯，克服粗枝大叶、不求甚解、盲目记忆的坏习惯。要把书"读进去，又要读出来"，这才是真正的阅读。

2. 学会知识梳理归类思考

不要光顾着向前学，还要不断地回头复习巩固，防止遗忘（遗忘是脑中原有的知识图像的淡化、隐蔽）。复习巩固的方法，是将学过的有用的知识

进行清理、梳理、归类，分别有序地、有条理地再输入大脑知识库中。同类的放在一个知识存放架上，形成更加清晰、更加明确的目标图像，以便应用时，潜意识中的“扫描仪”迅速锁定目标图像，让你很快地想起来你所学过的知识。

3. 易混易错的知识点，要对比思考，让潜意识存下正确的知识图像

有些知识点看起来很相似，容易记混，容易用错。如历史学科中的人名、地名、时间、内容，化学学科中物质的物理性质、化学性质等知识。怎样才能记清，使用时又不出错呢？那就是对比思考，把相似的知识点前后联系在一起进行对比，反复思考，分清同与异，在潜意识中形成正确的、清晰的知识图像。之所以出错，是因为在学习认知过程中就没有分清，盲目记忆留下的知识图像做题出错。

4. 数学的同类型试题要放在一起复习，思考总结做题思路、规律、方法、技巧

数学试题中的填空题和选择题很重要，要集中一起进行练习、复习，要思考这些题都是考课本的哪些知识点，怎样考，应该怎样正确解答，需要认真深度思考做题规律。从历年的高考试题来看，考的知识点不固定，每年都在变，涵盖了课本上所有的内容。因此，课本上讲的所有基本概念、基本做题方法都要全面掌握，并在潜意识中形成清晰的、准确的知识图像。同样，要加强专题训练，提高做题的速度和准确率，争取高考时不失分。

数学高考的大题，题型固定，但试题在变。要把平时做的练习题，结合参考各地的高考模拟试卷，把同一类型的题归在一起进行思考，记住每一道题是怎样做的，同时让做题的思路、规律、方法、技巧在潜意识中形成清晰的、明确的图像。

5. 学习物理应该怎样思考

在高中生中所学的科目中，物理学科是最需要思考的。会思考的学生感觉物理很好学；不会思考的学生，感觉物理很难学。怎样思考才能学好物理呢？

(1) 对物理概念要深刻、透彻理解，不能死记硬背。

物理学中有些概念是假设，如质点；有些概念是规定；有些概念是推理；有些概念完全是实验得出的结论；有些概念是物质运动规律的总结……有些物理现象看不见、摸不着，只能靠想象。

对每一个具体的物理概念，都要反复思考、深刻理解、彻底明白到底是怎么回事。不仅能意会、能记住、能讲出道理，还要思考这些概念如何应用，弄清楚它的使用范围和局限性。不仅会使用课本上表述的概念做题，还要用概念的变通说法解题，即“经典模式与变通模式”在高考物理中的应用。

(2) 解题要思考周全，再动笔解答。

有些同学考试时审题不细，没有看清题目的要求就盲目动手解答，本来可以做对的，结果出错了。做题前应该仔细审题，弄明白题目的要求，然后思考使用哪些物理概念，还要考虑使用这些概念的条件，考虑使用哪些公式，具体怎么做。思考周全再动手解题，一般就不会出错了。

平时学习，遇到一些较难的物理题，一时解不出来，不要急躁，因为这些难题都是概念的综合运用和变通运用，可用静下心来，待有了灵感之后再去做，反而很容易做出来。

6. 理解综合考试中出现的选择题，要集中起来进行思考

理科综合试题考的是物理、化学、生物的内容。这三门功课平时是分别学的，考试时却综合在一起，但每一学科的试题内容是不同的，各考各的。虽然解题的思路也是不同的，但放在一起集中练习、复习也有好处：一是让考生熟练掌握每门功课都是考什么、怎么考、怎样解答，能总结各自的解题思路、规律、方法、技巧。二是让学生学会思考的遗忘和转移，做物理题时专心思考物理，不去想化学和生物；做化学题要及时忘掉做物理的思维模式，及时转移到思考化学题上来，避免做物理题的思维模式对做化学题的思考干扰；同样，做生物题时，要把思考转移到生物上来。能学会及时遗忘、及时转移，就可以适应高考理科试卷的答题要求，提高做题能力。

细节决定成败。在平时的学习中，要经常静下心来，思考哪些知识还没有掌握，没掌握的要及时查漏补缺。有弱科要加强，设法赶上其他学科。

只要在学习过程中随时都能深度思考，让知识在潜意识中形成清晰的、正确的目标图像，潜意识这部“引领机器”，就会帮助你解决学习中的困难问题。

第四节　充分发挥大脑的想象力，使你的学习更顺利

心理学专家莱茵博士说："我们已经发现人类具有一种超感觉功能的求知能力，这种求知的感觉能力，使我们可以得到客观和主观情况的知识——也就是对事物和对心灵的知识。"这就告诉我们，人除了记忆和学习得到的储存信息外，还可以从其他途径获得知识、事实和观念。这个途径是什么呢？是大脑的想象力，想象能在大脑潜意识中产生主观知识图像。潜意识在工作时，它不去分辨是客观事实图像，还是主观知识图像，它只是按照目标去运作。

在学习过程中，要充分发挥想象力，在潜意识中形成更多的主观知识图像，使你的智慧更丰富，思路更开拓。

首先要明确，想象不是空想、不是幻想、不是胡思乱想，要依据客观规律。谁也不能发明一部永动机，因为自然界的能量是互相转换的，不是一成不变的。想象产生的新理念，虽然不是客观事实的真实反映，但它是根据客观现实产生的。灵感也不是凭空产生的，它是在解决难题时用静心代替思考，潜意识在工作时产生的解决问题的办法，它局限在这个问题上。"悟性"是在旧经验的基础上思考出的新办法，只能局限在解决某一问题，不是解决所有问题。再者大脑这部想象机器，只能为勤动脑、勤动手、勤奋思考的人服务，为他产生想象力。那些思维懒惰、做事情不肯动脑、学习不肯用功、碰到难题就逃脱的人，大脑这台想象机器不会为他服务。平常我们说的某人做事真笨，就是指他做事不动脑、不思考，没有发挥想象力。

爱因斯坦说过，知识有限，想象无限。这个无限是指在同一个领域里，在一定范围之内，大胆想象，想出多种假设，多种可能，多种方法，多种渠道，多种解决问题的思路。例如，看到一篇材料作文，先要仔细阅读，看透材料中隐含的意思，然后进行分析，确定立意。在立意时，先分析局限性，不能脱离原材料，另搞一套。在局限性之内开放想象，多角度思考，选择你适合的角度去写，写出的作文才能有个性，又不离题。

我们要记住，学习任何一门功课都要做到又"死"又"活"，这样才能会应

用，才能在考试中有良好的发挥。“死”是要经过深度思考，让书中的客观知识在潜意识中形成准确的、清晰的、完整的知识图像，以便日后应用。“活”就是通过想象，在潜意识中产生新的主观知识图像，它是根据客观知识图象出来的。它还指挥着客观知识如何运用，没有它的指挥，学习的知识就不知该怎么应用，考试时就不会做题。为什么有些同学学习不好？是因为他们潜意识中既没有客观知识图像，也没有主观知识图像。说到底，学习就是客观意识和主观意识的结合。

1. 学习数学时，如何思考，如何想象

怎样才能学好数学呢？

(1) 对定义要理解，对公式要记准、记熟，记住它的使用范围；例题要弄明白，要思考如何运用，答案揭示的解题方法；另外，还要推导公式是怎样来的。要学会利用例题的解题方法去解同类型的其他题，并适当再做一些同类题，提高做题的熟练程度。在解新题时，要回想以前做过的旧题，从旧题答案的影子中找到解题方法。一道题做完后要想一想，是否还有另一种解法，学会一题多解。

(2) 在平时学习过程中，碰到难题不要怕，不要轻易放弃，要坚决攻克它。难题再难，也不会超出日常所学的知识范围，一时做不出来是因为还没找到解题方法。一开始不能独立做题，要多看解答步骤，慢慢揣摩做题的思路、方法，然后再独立做题。

(3) 在大脑潜意识中，形成牢固的数学客观知识图像，这是学好数学的前提。而要想进一步提高解题能力，做到思路灵活、敏捷，还必须在潜意识中有数学方面的主观知识图像。怎样才能形成这个主观知识图像呢？那就是充分发挥想象力，认真梳理总结做题思路、规律、方法。不仅要梳理总结同一类型题的做题思路、规律、方法，还要梳理总结不同类型的。以立体几何为例，不仅要会做同一类型的题，还要分别对集合与函数、三解函数、数列、解析几何等内容，梳理总结出相应的做题思路、规律、方法，考试做题时能联想利用所学的知识点。特别是对函数，更要深度思考，认真总结，不仅要会做函数相关的各种题，还要思考函数知识与其他知识的混合运用。

别忘了，数学是研究问题计算的科学，那就是解题。不断提高解题的计算能力，是我们学习的目的。只有对数学的客观知识图像与主观知识图像熟练运用时，解题思路才能敏捷、灵活，计算才能快速、准确。

2. 学习物理，更需要想象力

物理是研究物质运动最一般规律和物质基本结构的学科。既有宏观方面的运动，也有微观方面的运动；有些物质的运动状态能直观，有些物质的运动情况靠想象。见“物”讲理、善于思考、善于想象，是学好物理的关键。

(1) 要想学好物理，首先要弄清概念：讲的什么道理，这个道理在什么情况下应用。对物理公式不仅要记住，还要记清它的计算单位，还要会对公式进行变式。解物理题时，给出的条件和原公式不对应，可使用变式解，这样计算起来更便捷。

物理概念不难记，但解物理题时，能准确地知道用哪个概念不容易。有些物理题，不是用一个物理概念，有可能用几个不同的物理概念。比如有的大型综合题，既用到力学知识，又用到电磁学知识，这就要充分联想，去找原来各自的概念拿来解此题。

力学综合题也有难题，它是力学中不同概念的综合运用。解题的关键是找清对应概念，不能乱用，在学习过程中要理清头绪、记住规律，不能糊涂。要正确理解与运用概念，加强对公式的推导，掌握各种不同类型的物理难题的解答方法。独立思考有困难时，要多看有讲解的参考书，从它们的解答中悟出自己的认识、理解，归纳出自己的解题方法。

(2) 经常想象物理概念所表述的内涵与外延，公式的原式与变式如何运用，各类习题的解答思路、规律、方法、技巧，从而形成主观知识图像。

只有大脑潜意识中的客观物理知识和主观物理知识都能熟练运用，才能把物理学好了。

记住：学习任何一门功课，大脑潜意识中必须有两种知识心理目标图像，一个是客观的，一个是主观的。

只要我们在学习中，充分发挥想象力，经常问自己：学的东西记住了吗？会用吗？学习就会越来越好。

第五节　遵循记忆规律，掌握正确的记忆方法，提高记忆能力

据权威统计数据，78% 的学生成绩不好的主要原因是记忆力欠佳：学过的东西记不住，或者平时记得还不错，一到考试就忘了。而在这 78% 的学生中，绝大多数并非缺乏记忆的天赋，而是没有掌握正确的记忆方法。只要遵循记忆规律，掌握了适合自己的正确的记忆方法和学习方法，接受能力就会超人。

一、明确近期的学习目标，这是成功记忆的前提和基础

在学习过程中，要给自己提出一个明确的记忆目标，调动记忆的积极性。这个目标不能笼统地说："必须记住！"而应包括用多长时间记住，记忆到什么程度。

"限制记忆时间"，真的那么有效吗？毋庸置疑，许多科学家做了大量实验，证明这个观点是正确的。例如：语文老师布置大家记一篇古诗文背诵，明天要检查，大家背下来后，第二天基本都还能记住。如果说一周之后检查，中间也没有提醒，到背诵时可能大家都记不住了。记忆的紧迫性能提高记忆效果，一个懒散的学生，永远没有好的记忆。

记忆效果不仅与学习目的是否高远有关，还要看每一次记忆活动的目标是否明确具体。奥地利心理学家弗洛伊德认为：人们所记忆的事物，应该是自己要记住；人们所遗忘的事物，应该是自己要遗忘的。这就是说意图是所有记忆和忘却的基础。有了明确记忆的目的，记忆效率比平常要高很多。

二、良好的记忆效果，需要具备良好的客观条件

居住的学习房间不要太空旷，灯光不要太强，也不要太暗，环境必须安静。同时头脑必须清醒、清静，没有不良情绪对学习的干扰，否则花费了时间，却

没有良好的记忆效果。当大脑疲劳、不想记忆时，要坚决停下来休息。当不良情绪干扰学习认知记忆时，要先排除干扰，做到专注不分心再去学习。

三、学会用“多通道”接受信息，提高记忆效果

人要记忆外部信息，必须先接受这些信息，而接受信息的“通道”不止一条，有视觉、听觉、嗅觉、味觉、触觉，等等。有多种感知觉参加的记忆叫作“多通道记忆”。这种记忆方法的效果比“单通道记忆”强得多。

人们在接受外界信息时，由于感觉的器官不同，记忆的保持率也会有所不同。专家经过实验，得出的结论是：如果只靠口念，过一段时间后，只能记10%；只靠耳朵听能记20%；只靠眼看能记30%；如果听看结合，能保持50%；如果边听边看边说，即自言自语，再加亲自动手做，记忆可以保持70%以上。

另有研究证明，单凭听觉每分钟只能接收100多个单词，而视觉接收的速度是听觉的2倍，视觉、听觉共同作用时接收的速度是听觉的10倍。

前人的经验也证明，多种感知结合的记忆效果好。宋代学者朱熹主张读书必须做到心到，眼到、口到，“心不在焉，记亦不能久也”。鲁迅主张“五到”：心到、口到、眼到、手到、脑到。“心到”指集中精神，全神贯注；“口到”指开口读书，声音响亮；“眼到”指目光专注，看得仔细；“手到”指勤于动笔，抄抄写写；“脑到”指多动脑筋，多加分析。

因此，我们在背诵诗词、文章，在记忆公式、定理、单词的时候，不仅要用眼睛看、耳听，还要念出声、动手写，甚至比比画画一番。

记忆的规律就是这样，愈是动员的器官多，愈能记忆深刻。同一信息通过眼、耳、口、鼻、手等器官去接受，使大脑皮层区域都同时“开了绿灯”，都兴奋起来，这样感官之间又互相建立了联系。联系道路多了，和原有的知识也挂起钩来，留下的印象也就更深刻，自然记忆也就牢固了。

总之，“多通道记忆”能够动员脑的各部位协同合作，来接受和处理信息，这就好比用五个手指抓的东西比用一个手指拿东西效果要好得多。不论学习哪一种语言，总的目的都是读、写、听、说。这四种能力恰恰是信息输入和输出的四种不同的通道。

四、记忆小诀窍：一本笔记记多个科目的内容，学习效率高

关于记忆最感到头疼的事，就是表面类似而实质不同的东西，一旦碰在一起，记忆痕迹就立刻融合，使你的记忆模糊不清，最后个个记忆互相吸收消失，这也是记忆的一大特征。心理学家把这种现象叫“重叠效果”。

为防止重叠效果出现，可用一个笔记本记多个科目的笔记。例如，1 ～ 30 页记英语单词，31 ～ 60 页记数学公式，61 ～ 90 页记化学方程式，91 ～ 120 页写物理学科和生物学科的重要知识点，这些都是应强行记住的东西，还可以记每门功课的学习心得、错题纠正，但须有条理，和学科相对应。

很多科目写在一个本上，便于随时翻看有关内容，及时复习，也会避免心理饱和状态。所谓“心理饱和状态”，就是看一科内容时间长了，容易烦，丧失学习的欲望。此时若能及时更换学习内容，能重新唤起新的记忆机能，从而引起你继续读书学习的兴趣，这确实是一种防止记忆力分散的好办法。

五、在理解记忆和联想记忆上多下功夫，能大大提高自己的记忆能力

记忆有多种方法和窍门，其中两个重要的记忆方法必须用好，那就是理解记忆法和联想记忆法。

(1) 怎样用好理解记忆法

理解是培养记忆力最快的捷径，在理解知识的情况下，就能记得迅速、全面而牢固。不然，总是死记硬背，那真是出了力不讨好。

理解一件事，在记忆的感觉上好像在走远路，事实上，它却是培养记忆力最快的捷径。动脑筋思考是理解记忆的核心，因为只有动脑思考才能达到理解。真正做到加强理解要注意以下几个方面：

第一，要善于将头脑中的知识与所要记忆的知识相沟通，建立起新联系。

第二，要善于利用头脑中的知识，利用已经获得的经验。过去的知识越是丰富和多样，就越有利于加深理解。也就是说，理解新知识需要旧知识，总结新经验需要参考旧经验。

第三，要善于利用例子来说明问题。在消化知识的开始阶段，所列举的例

子可能都是书上的，不能以此为满足，应该开动脑筋，自己想出一些例子来，达到“举一反三”“触类旁通”的目的。这是养成独立思考习惯的必经之路。

第四，记的内容要在实践中应用。真正的理解，就在于能解决问题，善于运用所获得的知识来解决实际问题。而且，应用的次数越多越能加深理解，所以要适当多做一些题。

总之，理解记忆法，就是学习新知识时，一定要先理解、再记忆，边理解、边记忆。

(2) 联想记法怎么用

记忆的方法，不仅有机械记忆、意义记忆，还有形象记忆、联想记忆。记忆方法的基本点，就是通过形象记忆事物，即看着文字、听着词，在大脑中出现描绘的形象。一些抽象的事物不容易构成形象怎么记忆呢？要把这些抽象的事物与自己最熟悉的事物联系起来记。

哈瑞·罗莱因先生说过：“记忆的最基本规律，就是对新信息和已知的事物进行联想。”例如，通过看到这种情况，马上想到另一个情景；看到这种事物，马上想起另一种事物。这就是把两个事物通过联系想象而获得的效果，在理论上叫作用一个思维唤起另一个思维，但必须以最初的印象为基础。当我们无意识地进行联想时，内容多是分散的、毫无规律的，应该怎么办呢？要进行梳理，先构成一个知识框架，在知识框架内进行联想。

如果能运用联想系统记忆，记忆力能提高几十倍。使用这种记忆法，就是先通过具体有形的事物，加以联想和练习，掌握基本要领后，再把思维、概念等抽象的东西形象化，再进行联想。描绘稀奇的不合乎逻辑的形象是一种创造性思维活动，联想的事物有点违背常规的效果最好。

想象是概念之间的联系，由旧概念想到新概念，由旧方法想到新方法。联想的过程就是大脑中客观知识图像变为主观知识图像的过程。要想用好联想记忆法，就必须先把课本学扎实，把课本上的知识真正掌握了，然后充分发挥想象力，学会应用。

第六节　充分利用大脑右半球的功能

有研究表明，每个正常人的大脑在构造上没有多大差别，之所以会有“天才”和“凡人”之分，原因就在于能否充分地运用大脑的功能、挖掘潜能，尤其是大脑右半球的功能，一般人用的很少。

喜欢阅读名人传记的读者不难发现，无论是理论天才还是杰出领袖，无论是科学巨匠还是艺术大师，一般都有很强的记忆能力。

在当今这个知识爆炸的时代，用原来的记忆方法去记忆知识已经不适应了，旧的知识还没记完，新的知识又产生了。这就要求我们必须提高学习效率，研究科学的学习方法，研究如何发挥大脑右半球的功能，提高记忆能力。记忆能力提高了，头脑可以提供更多的信息量，帮助人理解掌握更多的新知识，可以与原来的知识进行比较、分析。

苏联教育家苏霍姆林斯基在学校工作的三十年中，发现了一条规律：学生到了高年级就会出现学业落后、学习成绩下降的现象，而主要原因是前段的学习基础知识打得不牢。虽然，老师也强调这个知识点很重要，必须记住，但是没有交代记忆方法，学生不会记，就是记不住。所以，他一再强调，在学习过程中要“把基础知识保持在学生的记忆里”。

所以，要想学习好，必须研究如何充分发挥大脑左半球的功能，还要学习如何充分运用大脑右半球的功能。

一、如何开发大脑右半球的功能

1. 大脑的左半球和右半球是怎样进行记忆活动的

人在小时候，记忆都是先从形象开始的，而抽象的语言、符号，只能在交谈、听课中才开始占优势。此外一些负载形象的语言，它通过大脑胼胝体使左半球抽象思维进行活动，而且也使右半球形象思维进行活动，右半球是形象思维中枢，它的机体接受的信息量大，且信息对其刺激所持续的时间比左半球时间长。日本中山正和教授用数学演算得出如下结论：语言信息与形象信息在大脑里的比例是 1∶1000。

心理学上通常认为人的大脑有四大功能，即记忆、想象、理解、推理。而其中记忆与想象是最基本的功能，没有记忆和想象，就谈不上思维的创造发明。因此记忆和想象是我们开发大脑的第一目标，所以长期以来人们对大脑左半球的利用比较充分。人们经过的教育大都是三点式的教育，即读—写—算，其过程主要以语言、逻辑、数字符号为媒介，在教学上抽象思维的活动是形象思维的几十倍，而形象思维远远没有得到开发。所以，要想充分发挥大脑的潜能，就必须努力开发和利用大脑右半球的功能。

2. 开发大脑右半球的“工具”

开发大脑右半球的“工具”，就是利用形象。因为右半球是形象思维中枢，形象能增强记忆，它能够很快引起人的注意，从而进入记忆状态，而且形象对记忆的帮助是惊人的。有两种形象特别能提高人的记忆能力：一是奇特的形象，二是美好的形象。

(1) 奇特的形象是增强记忆的利器

奇特形象相互撞击就能够产生非凡的记忆力。那些奇特古怪的事物、惊人的故事令人难忘，道理就在这里。“奇特形象”这四个字是开发大脑右半球记忆能力的良师益友。

利用奇特形象开发大脑右半球的步骤是：使原来主要在抽象思维中枢——左半球停留的抽象性知识，使之进入形象思维的中枢——右半球，促使左右半球在学习上协调地发挥作用。这就是我们开发右半球的核心。

(2) 美好的形象能够调动大脑的积极性

当你回想自己所做过的成功事，当你面对迷人的景色或憧憬未来的时候，心中就会油然地荡起一股幸福的暖流，脸上就会泛起甜蜜的微笑。美好的形象能够激发人的积极性，能够暗示人们开发一种向上的力量，帮助人们创造良好的记忆状态。

3. 进入良好的记忆状态是有条件的

进入良好记忆状态的条件是大脑安静。因为大脑的记忆状态是受各种各样的因素影响，有生理上的、精神上的，还有环境上的。只有排除那些干扰因素的作用，才能为记忆通道开辟道路，取得预期益智的效果。

“通过有意识地进行控制，我们可以逐步发展大脑中枢，这个中枢会为我们提供无法想象的能力。”自觉进入记忆状态，也就是运用转换意识状态的技巧，集中意念，放松机体，使血液的含氧量达到最高，强化记忆功能，弱化以至排除其他无关要紧的过程。所以，要想提高学习效率，在学习之前，要用意志力排除一切干扰。

在学习的百忙之余，每天应该抽一定的时间放松一下身心，静下心来，用美好的形象激励自己，以增强学习信心，激发积极向上的力量。

二、大脑右半球功能在学习中的应用

根据大脑右半球的功能，我们可以设计一些新的形象记忆法，发挥它的潜能，提高记忆能力。

下列形象记忆法，能提高我们的学习记忆能力。

1. 颜色记忆法

因为大脑右半球对颜色敏感，所以我们在看书和做笔记时，可以用彩色笔画重点，帮助记忆知识要点。

2. 谐音记忆法

利用谐音记忆法，可以让 π 小数点后的 10 位数容易被记住：山巅一寺一壶酒（3.14159），而乐苦煞吾（26535），即 π=3.141592635……利用谐音法记忆抽象数字，又快又准确。

3. 编故事记忆法

充分发挥想象力，故事情节不一定符合逻辑，但编得越奇特越好。例如：下列互无联系的 15 个词，红旗、火箭、衣架、小鸟、望远镜、黄鹤楼、猴子、篮球、长江、上海、鲸鱼、空中飞人、降落伞、操场、大学生，可以这样记忆：红旗上挂着火箭，火箭上挂着衣架，衣架上歇着小鸟，小鸟拿着望远镜，望远镜看见了黄鹤楼，黄鹤楼上有一群猴子，猴子手中拿着篮球，一不小心掉进了长江，长江向东流向上海；篮球到了上海被鲸鱼吞进肚中，鲸鱼的肚子突然爆炸，出现了空中飞人，空中飞人一下子跳到了降落伞上，降落伞落到了操场上，碰见了大学生。这样很快就把 15 个中文词记住了。

有时候情景记忆也能让人终生难忘。我在读书时，在一堂历史课上，老师突然叫起一位同学，问他今年多大了，那位同学有点口吃，说："我，我，2，21岁了。"老师说："好巧，秦统一六国是公元前221年。"同学们哈哈大笑。可是秦始皇统一六国是公元前221年这个知识点我永远都忘不了。

4. 经常进行联想训练，提高自己的想象力

大脑右半球有丰富的想象力，能够帮助你提高记忆能力，但它不会主动为你学习服务，你必须主动去开发它、利用它。记忆需要大量联想，联想需要更多鲜明的形象，形象的浮现以及形象之间的联想，都需要不断进行训练。

(1) 用下列对应词，进行形象联想训练。

A. 湖泊——酒杯　B. 大象——梅花　C. 太阳——狮子

D. 铁树——扑克　E. 铅笔——帽子　F. 瓶子——火箭

G. 玻璃——瓦片　H. 箱子——火炉　L. 机器——椅子

这样进行对应的联想：

湖泊里冒出好多像肥皂泡沫一样的酒杯；

大象的眼睛里真奇怪竟长出一朵梅花来；

太阳热得把狮子烤死了；

铁树常年不开花，一开便长出扑克来；

铅笔刺穿了帽子顶；

瓶子里装着火药，会像火箭那样飞起来；

玻璃被飞来的瓦片砸碎了；

火炉藏在箱子里，燃烧起了熊熊大火；

机器向椅子要座位。

(2) 形象串联训练。利用下列一组词进行串联训练：香烟、木料、热水瓶、日光灯、大炮、书本、瓶子、电风扇、鸡蛋、收音机。

我们可以这样记：香烟点燃了一堆木料，木料上压了一只大得出奇的热水瓶，而这只热水瓶的塞子竟然是用日光灯做的。不知谁用日光灯做大炮的炮管，朝炮管看去，里面发射出一本书来。书本在天上飞舞了一阵子，便掉进一个开口有井口大的瓶子里。瓶子能罩下一个大电风扇，电风扇里吹出了一只只鸡蛋，鸡蛋落在收音机上打碎了。

瞑目一想，你就能很快记住。经常进行类似的串联记忆训练，就能大大提高你的记忆能力。记词汇、记文章，都可以利用上述方法。

第二，利用想象力，把学过的知识进行梳理，提高记忆能力。零散的知识既不好“记”也不好“忆”，更不好“用”。我们必须充分发挥右脑的想象力，对知识进行梳理和整合，把知识点串成串、连成片，形成知识框架，便于应用时快速回忆。

学习完一个单元的知识之后，把这一单元的标题作为主干，想象出一棵大树，树上有许多枝，把这一单元所学的主要知识，分别挂到树枝上，当想到这个单元的树的形象时，就能将所学知识全部回忆起来。

把一个单元里做过的所有练习题进行归类，例题在前，然后把所有做过的练习题归到例题之下，并加一下后缀，即做此类题的思路、规律、方法，帮助我们“举一反三”。

第三，用美好形象法，唤起学习的自信和动力。

“人逢喜事精神爽，闲来惆怅瞌睡多。”这两句诗总结了人处于喜庆和愁闷时所产生的不同心理状态。这对人的记忆力好坏也会产生不同的影响的。美好形象法能拓宽深化记忆的途径，唤起学习的自信和动力。

记忆方法的改革能够给你带来令人满意的效果，但你必须学会科学用脑，保护大脑。大脑在工作、学习时会消耗大脑血液中的葡萄糖和氧气，所以必须注意休息，劳逸结合。

第十一章　除了要会学习，还要会考试

每年高考，总有不少同学平时学习不错，考试却发挥失常。所以，不仅要会学习，还要会考试。在高考前夕要克服焦虑，消除压力，平心静气，在充分全面复习的前提下，顺其自然，坦然面对考试，确保高考正常发挥。

第一节　复习迎考阶段的学习方略

高考是对学生知识能力和心理素质的综合考察，从某种意义上来讲，高考获胜不仅靠智商，还要靠情商。

什么是情商？情商是指一个人面对问题的感受、理解、判断、调控表达和评价心理情感的能力。同学们都知道：良好的情绪能促进认知，负面的不良情绪阻碍认知。而同学们在复习迎考阶段，难免碰到困难、挫折和暂时的失败，如不能正确判断、客观分析，就会造成心理失衡，出现自卑、消沉、害怕、苦闷、丧失信心，严重干扰和影响学习的正常进行。要做到学习专心、细心、不浮躁，碰到难题沉着、耐心，就要做到小的失败不介意，挫折面前不灰心。要做到影响学习的事情不去想，一心扑在学习上，这就需要情商做保障。

情商怎样让你心态阳光？例如，一次考试成绩不理想不要灰心，要这样想：这次没有考好是因为有的必考知识点没有掌握好，这样把问题暴露出来了，是好事。早暴露早解决，免的留有“隐患”。还要给自己鼓劲：这次考得不理想不等于以后考不好，不要怕。还有，遇到难题不发怵，应该坚定信心：“我能做出来，再难也不会超出我们平时所学的内容。”一时想不起来不一定就不会做，应该沉着冷静地围绕着这道难题展开联想，回顾以前做过的类似题型，找到做题的思路、方法。

心情平静了，一切都不在乎了，忘我了，心态阳光了，学习效率自然就会高。再注意改进学习方法，记东西快了，做题快了，遇到难题不怕了，高考的必考知识记牢、记熟了，就会取得理想的成绩，还有可能做到超常发挥。

一、根据高考改革的要求，转变思维模式和学习模式，针对性地补短板

新高考怎么考？教育部考试中心公布的《中国高考评价体系》中，“四翼”回答了这个问题。“四翼”为高考的考查要求，即基础性、综合性、应用性、创新性。这说明考试题型要改变，试题的难度会加大。我们应该怎么对待呢？

1. 要弄明白基础性的含义是什么

不管试题怎么出，考试的必备知识还是课本上的基础知识，因此复习时必须打牢基础。对课本上的知识点要透彻理解、准确记忆，不能似是而非。对考试用到的核心知识，不能只限于理解，还要熟记，这点必须高度重视。只有记熟了，考试时才能应用。

2. 综合性的含义是什么

即考试内容是综合的，不是单一的，既有同一学科不同内容的结合，也有跨学科知识内容的结合。

学习是向大脑存入各种信息，应用是根据做题需要从大脑中迅速提取有用的信息。所以，在复习迎考阶段，要把分散的知识点进行整合，按内在联系串成串连成片，归类打捆，以便应用时能迅速从大脑提取。

3. 应用性的含义是什么

即理论联系实际，用在课本上学过的知识解答现实生活中遇到的问题。在复习迎考时，要注意哪些知识点是与现实生活相联系的。要重视课本上的实验题，不仅要记实验，还要亲自动手设计实验、做实验，体会实验的做法，并能分析判断实验过程中出现的问题和结果。

4. 创新性的含义是什么

考题新颖，解题思路和平常做的题不一样，但又不超出所学知识的范围，

主要考查学生的知识功底和创新思维能力。

做这类型的题，需要知识面广、基础扎实，平常学习善于动脑、善于钻研、善于发散思维，有独立主见、有创新能力。创新能力怎样培养呢？平时做题要善于总结规律，注意方法创新。

根据高考的新要求，针对性地补齐短板，争取每门科目考试多得分，这样高考总分才会高。

二、要端正考试心态，考出真实的自我

考试能考出自身水平才能获得成就感，不断增强学习的自信心。既看到自己的进步，又能找出学习中存在的问题，确定下一步努力的方向。怎样才能考出真实水平？

不管什么样的考试，考前都要认真复习回忆，让大脑中的知识图像更清晰。心中要弄明白这次考试的范围、内容和形式，然后逐项回忆知识点，看看是否有记不牢、记不准确的，如有要做好复习。

考试前不定目标，别光想着考出分数，一切顺其自然。这样可以通过考试看自己还有哪些问题，以便考后努力。

考前要认真进行考试心理模拟，向大脑输入考试程序。

考试过后要认真总结和反思。不管成绩好坏，都要正确面对。考得好不骄傲，考得差不气馁，静下心来认真总结经验教训，把考试当作一次对前段学习的总结和检验，以便自己对前一阶段学习查漏补缺。

第二节　怎样消除高考前夕的焦虑情绪和考试时的心理压力

面对严肃的全国高考，考生总有些紧张情绪，这是很正常的。但有两类考生很容易出现焦虑、不安的情况：一类是平常成绩在考重点大学和一般大学之

间徘徊的考生，另一类是平时成绩在考本科和专科之间徘徊的考生。考生心理压力过大，会影响考试正常发挥，应引起教师和家长特别注意关注。

在重点大学和一般大学之间徘徊的考生，平时各科成绩不是都优秀，有的科目明显很强，其他科不是很优秀。

成绩在重点大学和一般大学之间徘徊的考生，还有一种情况，就是其他科成绩都比较优秀，但是有明显的弱科，如果这科成绩上不去，就不能进入重点大学。于是考生急躁，想尽千方百计去补弱科——比如数学，而这不是一天就能补上去的，用了许多功夫，花费了不少时间，但是成绩还是没怎么提高。因此灰心失望，压力过大，十分焦虑。

像这种情况，应该怎样做考生的思想工作呢？应该告诉考生多想自己的长处，淡化自己的短处。即保持住成绩优秀的学科继续优秀，争取高考成绩更好。对于弱科，不攻难题，抓基本题，做到准确、熟练，争取考试不丢分，或者少丢分。同时，对弱科考试成绩不抱过高的期望值，顺其自然。如果老是执着于补弱科，放松了对平时优秀的学科的学习，高考就有可能考不出高分，而弱科考试成绩提高也不大，总分就会比预想的分数低。

对于成绩在本科和专科之间徘徊的学生，如何做思想工作呢？可以采取两项措施消除他们复习迎考时的焦虑情绪，使其心情平静，树立信心，振作精神。首先，帮助考生冷静、客观分析平时的各科考试成绩，看哪科还有提分的空间。在有提分空间的科目上多下点功夫，正式高考时还能提高不少分。再对每科进行分析哪些地方不应该失分却丢了分。只要把不该丢的分拿回来，每科都能多得 5 ～ 8 分，几科合计起来，总分还能比平时多考 30 分以上。这样帮助考生分析，考生就会信心倍增，不再盲目悲观和焦虑，学习效率会大大提高。其次，要帮助考生制订详细的、切合实际的学习计划，按照自己的计划做，有条不紊地复习。

第四编

要想学习成功，必须心态阳光

人做事情，不仅要用智商，还要用情商。美国心理学家戈尔曼说：“真正决定一个人成功的关键，是情商而不是智商。”智商怎样培养，要靠非智力因素去开发，靠科学用脑去提高，我在第二编和第三编中都有详细的说明，本编只讲如何培养情商。情商的核心是心态阳光。

根据心理学家调查研究，在人如何成功的因素中，智商只占 20%，而情商占 80%。由此可见，情商是一个取得成功的极为重要的因素。

明确的奋斗目标，坚定的理想信念，使你精神振作、斗志昂扬。让梦想真正实现，必须靠阳光的心态做保障。

第十二章 学习的动力来自伟大的目标和期望心理

学生进入高中，是人生梦想的起飞阶段。要让自己飞得更高、更远，这就需要有自己的坚定奋斗目标和明确的心理航向。

为更好地选择人才和有针对性地培养人才，国家进行了高考制度改革。高中选课学习，走班上课，高考录取按志愿，没有服从分配和志愿调剂。这意味进入高中就要尽早进行人生职业规划，将来学什么、干什么，都要按自己的人生规划来。选课是为了成长的需要，不是哪门学科考试容易得分就选哪科，这是对自己不负责任。只要觉得学的知识对个人来说有价值，将来对国家能有贡献，再难的功课也要选、也要学。困难是暂时的，只要投入了精力，一定会学好。

有了明确的人生奋斗目标，就会产生强大的学习推动力。目标越高远，渴求成功的心理越强烈，则学习动力就越大。

第一节 确定目标，明确航向

成功者与失败者之间的差别悬于一念之间。想成功的人很多，真正成功的人却少。原因在哪儿？所有成功人士的经历向我们昭示：要想成功的人并不一定成功，“一定要”的人才能成功。只要你胸怀强烈渴望成功的企图心，你就一定能成功。

志向是人生前进的目标和导航的灯塔，是鼓舞人们去努力拼搏的动力。因此，立志对于一个人事业的成功具有极其重要的意义。南宋哲学家朱熹曾说：

“大丈夫不可无气概。”还说：“立志不坚，修不济事。”北宋文学家苏轼曾指出：“事因立志，立志则成事。”我国伟大的民主革命先行者孙中山认为：“青年人应该立志做大事，不可立志做大官。”卡耐基也曾说：“朝着一定的目标走去就是‘志’，一鼓作气，中途不停止就是‘气’，两者结合起来就是志气，一切事业的成败都取决于此。”俄国作家托尔斯泰对立志和理想的重要性也做了生动的阐述，他指出：“理想是指路灯。没有理想就没有方向，而没有方向，就没有生活。”车尔尼雪夫斯基也认为：“人的活动如果没有理想的鼓舞，就会变得空虚而渺小。”

一、怎么确定志向，确定什么样的志向

确定志向，就是确定人生职业规划。根据自己的条件、自身的兴趣爱好，适应国家的发展的要求，来确定自己将来想从事什么样的职业，成为什么样的人。这个目标的确定，既要切合实际，也应该志存高远，甚至有点“野心”，但这个野心必须是健康的，而不是只追求名利的病态的野心。

一位哲学家说：“自我实现是人类最崇高的需要之一。它从来都是人生的兴奋剂，是一种抑制人们半途而废的内在动力。自我实现的欲望越是强烈，一个人在他生活旅途中越是信心百倍，成果卓越。”研究行为和科学多样性的心理学家，将“野心”看作是一种最有创造性的兴奋剂，他们相信野心在本质上就是充满活力的东西。所以说，年轻人有点健康的野心是难能可贵的。

二、沿着选定的方向航行不动摇

选定了人生规划的奋斗目标，就是选定了飞行航向。有了方向，就要坚定地照着既定航向飞。要想腾飞必须有能力，而提升能力就必须学好知识。除了要学好高考必考的科目语文、数学、外语外，还要学好其他选科。

选科是根据你的人生职业规划而选的。你要想成为科技型的人才，你需要选学物理，你想当医生就需要选学化学、生物，其他根据职业需要哪方面的知识，你就选学相对应的学科。

目标只是指路明灯，具体怎么走还得做出详细的行动计划，也就是说还得有近期目标和具体的行为目标。近期目标是指你对每个学期的学习任务有明确的要求，如各科考试成绩必须达到什么水平。行为目标就是学习中具体的计划。

有了长远的目标，又有近期目标和具体的学习目标要求，只要坚定信念就一定会实现你的理想。

第二节　坚定信念克服消极心态

有的同学会说："我们立的目标那么远大，能实现吗？我们能考上理想的大学吗？"有的同学还会认为："我的基础不好，天资也不聪颖，再怎么努力也是不行的。"

其实，伟大出于平凡。很多在人生中获得成就的名人，也是出身于平凡的家庭，如安徒生、莱特兄弟。有的高考状元，也不是天生就出类拔萃，而是后来努力拼搏获得成功的。同学们有自己的想法，是受环境的左右，由自己认识的局限性造成的，不客观、也不正确。

一、一个人做事的心态决定做事的高度

许多人没有获得成功，不是因为他本身不具备这个能力，而是他在心里认为不可能，默认了自己的目标是一个不可跨越的高度。其实，这个高度不是实际高度，而是"心理高度"。受"心理高度"的限制，有了不可能的想法，不敢去争取，才会导致失败。

什么是"心理高度"呢？心理学家做了一个实验，向我们揭示了什么叫"心理高度"，并引导我们如何克服"心理高度"，实现自我超越。

实验是这样做的：实验者往一个玻璃杯中放进一只跳蚤，跳蚤立即就跳了出来。再重复几次，结果还是照样能跳出来。根据测试，跳蚤跳的高度可以达到体积的 400 倍左右。接着实验者又将这只跳蚤放进杯中，马上把杯子盖起来。

"嘣"的一声，跳蚤重重地撞在玻璃盖上。它不停地跳，结果都撞到杯盖上。撞了一次又一次后，跳蚤开始变得聪明起来。它开始根据盖子的高度来调整自己要跳的高度，结果没有撞击到杯盖，而是在杯盖下面自由地跳动。一个小时后，实验者将杯盖轻轻地拿走，跳蚤不知道杯盖已被去掉，还是在这个高度上不停地跳，却没有办法跳出玻璃杯子。难道跳蚤真的不能再跳出这个杯子吗？显然不是。问题在于跳蚤碰撞过几次杯盖之后，它心里默认了这个杯子的高度是自己无法逾越的。当实验者在玻璃杯子底下用酒精灯加热，跳蚤受不了，"嘣"地一下，就又从杯子里跳出来了。

这个实验告诉我们，很多人不是追求不到成功，而是因为他们默认了一个"心理高度"，这个高度常常暗示自己无法做到。

让跳蚤再次从玻璃杯中跳出来的办法也告诉我们：当我们自己觉醒并强烈寻求改变时，或他人意识到问题的严重性并帮助我们改变时，我们才会改变现状。问题是很多人对自己的各种不顺、失败，根本不知道原因所在。特别是"心理高度"这种比较隐性的因素，更难以发现。

二、坚定信念，就一定能行

心理学上有一条定律，只有把某种目标看成是真实的，其结果才有可能成为真实的。

信念的力量是巨大的。信念是人们心理上的一支火把，它能最大限度地燃烧一个人的潜能，指引你飞向梦想的天空。很多时候，人们都是轻看了自己，被环境左右，受认识局限，被"心理高度"束缚了自己，放弃了自己的正确判断，没做出努力，与成功失之交臂。要记住："一定要就一定能！"不管什么情况下，都不动摇、不退缩、不放弃，勇往直前。

三、克服消极心理，挑战不可能

很多事情看起来不可能做到，但只要下定决心，就会变得很简单。当你下定决心去做一件事的时候，你的潜能就很容易被激发出来。

学习动力来源于渴求目标实现的期望心理，即“上进心”。上进心越强烈做事就越有信心和干劲，学习也是如此。

一个人怎样才能保持旺盛的上进心呢？首先要克服消极心态。美国成功学者拿破仑·希尔说过：人与人之间只有很小的差异。但是这种很小的差异却拉开了人与人之间的巨大距离。这很小的差异就是指所具备的心态是积极的还是消极的。一个人面对困难所持的心态往往决定一生的命运，所以必须消除消极心态对人的影响。

美国宾州大学的塞利克曼教授对消极心态给人造成的影响做过深入的研究，他指出三种心态模式会造成人们的无力感、意志消沉，从此精神不振。

这三种心态模式是：

1. 永远长在。即把短暂的困难看作永远挥之不去的怪物，这是把困难存在的时间无限延长，把自己束缚于消极的心态中不能自拔。

2. 无所不在。因为某方面的失败而相信在其他方面也会失败，这就是把困难所在范围无限扩大，使自己笼罩在失败的阴影里，看不见光明。

3. 问题在“我”。即认为自己的能力不足，一味地打击自己，使自己无法振作。这里的“问题在我”，不是敢于自己承担的意思，而是一味地贬损自己，打击自己的信心，削弱自己的斗志。

美国塞利格曼教授指出的消极心态的三种心理模式，也是同学们在学习中常犯的毛病。有的同学受到点挫折，遇到点儿不痛快的事，心里总是过不去这个坎，总是向坏处想，越想脑中的“假想敌”越多，就越苦恼，心情很长时间都不能平静。也有的同学，在补薄弱科目时缺乏耐心和韧性，急于求成，学习效果不佳就急躁、灰心。特别是面对数学，先入为主地认为自己大脑中没有学习数学的细胞，天生就不是学数学的料，因而害怕数学，动摇了学习数学的决心。也有的同学上一次模拟考试成绩不理想，就担心这一次仍会考不好，于是在考试前就产生害怕的情绪，心里也很紧张，影响了考试的正常发挥。

如不能迅速解决上述问题，不能及时消除这些负面情绪，就会影响正常的学习状态。

克服消极心态，应做好下列几点。

第一，强化上进心，沿着既定的目标奋斗不动摇。

让渴求实现目标的期望心理帮助自己鼓起勇气，坚信困难只是暂时的，挫折是可以被战胜的，相信办法总比困难多。要经常想象获得成功的喜悦，鼓励自己更加努力拼搏。

第二，要多想着自己的长处，不因自己的短处而焦虑。

信心的来源是发现自己的优点。多想着自己的长处，以平常心看待自己的短处，就会使信心坚定，不影响正常的学习。如果老是为自己的弱科发愁，就会分散学习的精力。

第三，别怕失败，去挑战不可能。

很多事情在没去做之前会觉得很难，但实际做起来并没有想象中的那么难。大胆去干，别怕失败。在干的过程中有了收获就有了成就感，看到自己进步了，信心就来了。不断挑战自己的目标，不断超越自己，努力把不可能变成可能。

事业不会因为我们勤奋了一阵子就会成功，而是要求我们勤奋一辈子。要想学习好也需要持之以恒。

第十三章　阳光心态的培养

什么是心态阳光？心态阳光是指一个人遇到问题时能不发慌、不急躁，能沉着应对，利用自己的智慧把问题处理得圆满。心态阳光是指一个人性格开朗，心胸坦荡，遇事想得开，不钻牛角尖。心态阳光是指一个人碰到困难不低头。心态阳光是指一个人受到挫折和失败时，不埋怨、不后悔、不消沉，能乐观面对。心态阳光是指一个人做事有主见但又不固执己见，善于接受别人的建议，善于向别人学习。阳光的心态带来的正向能量，不仅能激发你的潜能，帮助你的学习，还能让你终身受益。

阳光的心态是由人的优秀心理品质和能力决定的，培养阳光的心态，就是培养人的良好品质和能力。

第一节　自信——学习获得成功的第一秘诀

自信是学生想在学习上获得成功的首要心理品质和能力。怎样才能树立起强大的信心呢？

一、首先要正确认识自己和对待自己

就拿笨来说，与其说是笨，不如说是懒。有的同学学习不好就认为是自己笨，用笨来掩盖自己的不努力、不刻苦。真正原因是自己懒得动脑、动手、动口，碰到问题不去想办法，默认自己没有能力解决，结果真的变“笨”了。

我执教四十多年，从小学到高中，在遇到的学生里，因为智力差影响学习的没几个，学习成绩差的同学基本都是由于不努力造成的。所以必须正确认识自己和正确对待自己。

要积极改变自己，把“旧我”变成“新我”。把“我不行”的消极意象变为“我能行”的积极意象输入到潜意识中。我辅导学习暂时落后的学生后来居上，就是先激发他放弃“旧我”，改变自我意象，树立信心，慢慢地，他的学习效果因他的学习态度改变而获得良好收效。

自信心的建立，首先要正确评价自己。要看到自己身上不全是缺点，还有很多优点，还有许多别人没有的长处和才能。并能正确对待自己，让自己不再害怕挫折和失败。要明白，受挫折一次，对生活的理解就上升一次；失误一次，对人生的感悟就增添一分；不幸一次，对世界的认识就成熟一点；磨难一次，对成功的内涵就深化一次。

二、信心的力量

我曾经有一个学生，高中毕业时因家中父亲有病，生活困难，回农村干了三年半的小工，有一天他在整理自己的书本时突然看到高中时听课的笔记，上面记着我当时对同学们说的话：“当今这个时代，年轻人如果不接受高等教育，是一生的悲哀……”他越想越不甘心，这样下去不是埋没了自己吗？于是下决心复习。脑中还时常想起我当年讲的许多后来居上考取大学的学生的事例，坚定了自己一定要考大学的决心和信心。复习四个半月，他考取了中南财经政法大学，毕业后还读了研究生。

有位女生，当时老师们、同学们都认为她考大学没有什么希望，她坚信自己能行，不懈努力，不仅考取了大学，后来还成为上海交通大学的博士生。她家庭很困难，有个妹妹原不打算考学，想早毕业，减轻家长的负担，看到姐姐成功了，于是改变了主意，也考取了大学，成为经济类硕士生。

在我辅导的学生中，类似的例子还很多，到今记忆犹新：有个艺术类考生，高考落榜，改考文科，别人认为不可能，她坚信能行！从此，她发愤努力，为了减少梳洗时间，她剃成了男孩发型，经一年复读，成绩由原来的391分，提高到695分，考取了中国海洋大学。有个女生，老师认为她顶多考个专科，她不肯示弱，相信自己能进步，经过一番努力，结果考取了安徽大学，现成为南京理工大学教授。还有个女生，她坚信“奋斗一个月，提高100分不是神话”，模拟考试时她的成绩是464分，高考成绩是574分，考取了青岛大学。以上事例都证明信心的力量。

信心的力量是惊人的，它可以改变恶劣的现状，迎来令人难以相信的圆满结局。海伦·凯勒的成功，无疑是这些话的最好印证。她克服了眼不能看、耳不能听、嘴不能说的三重障碍，成了诗人、作家、教育家，终生致力于社会福利事业。

由此可见，相信胜利，坚定信心，就很可能成功。

三、建立信心的方法

信心不会凭空产生，它是在实践中不断奋斗形成，在坚持中不断增强的。一个人要想建立起坚定的信心，应从以下几个方面着手。

第一，做事之前先要下定决心。

俗话说：好的开始等于成功了一半。在做任何事情之前，都要充分考虑这件事情的重要性，该怎么做；在做的过程中会碰到什么困难，该怎么解决。要把计划和措施写出来，做到心中有数再开始行动。

千万不可盲目行事，如果因此造成过程不顺，当头挨了一棒，则容易动摇信心。

第二，说做就要立即行动，在行动中展示信心。

行为状态不能消极，应该打起精神说干就干，勇往直前。这样才可能冲破前进路上的困难阻挡，越怕越过不去。因为困难像弹簧，你强它就弱，你弱它就强。已经定下的事就不要迟疑，让你的热情把你的能力和信心调动起来，而你在处事的过程中，不断提升能力也将展示信心。

第三，信心要在行为实践奋斗中形成。

要想建立起自己的信心，应该做到斗志昂扬，走路抬头挺胸不自卑，说话语气坚定。课堂上大胆发言，与别人讨论问题时敢于发表自己的见解，不人云亦云。在学习上自觉主动，做到静心、耐心、细心，并在学习中注意改进方法，提高效率，使学习不断进步。长此以往，你的信心就建立起来了。

第四，积极的自我暗示让你的信心不断增强。

遇到失败时，很容易情绪低落，信心不足，甚至丧失信心。而积极的心理暗示可以提醒你往好处想，让你保持阳光的心态，不仅不会丢掉信心，反而还能不断增强信心。

积极的自我心理暗示为什么能让人信心持久？因为人的心理活动可以分为有意识和无意识两类，当这两类活动处在最和谐的状态时，人的活动才能达到最佳的效果。暗示这种常见的心理活动就是发掘人们的无意识心理活动的，并使之与有意识的心理活动联系，获得“无心插柳柳成荫”的效果。我们可以利用以下这些积极的心理暗示来建立自信。

1. 用正确的措辞或表述法将自己的观念改变

在任何情况下，只要常用有价值的措辞或表述，都可以改变人的消极观念，变为积极观念，消除自卑。

(1) 将令人丧失斗志的词语从大脑中清除掉。当学习或生活不顺利的时候，大家常会说“反正”“毕竟”或“总之”之类的话，例如，“反正我做不到了”“毕竟我努力过了”“总之，我是无能为力了”，这些语句正是一种被拒绝的心境加以正常化的典型。说完这些话之后，也就等于自己的缺点被正常化了。无形中将自己放在小壳子里，无法向外踏出一步。

(2) 用肯定语气，消除自卑。如“我能行”“我还能更好”，避免以疑问的方式同自己对话，如“试试吧？”“大概”之类的。

(3) 不利于自己的措辞可以改变一下说法。

自我暗示的秘诀，就是避免反复使用负面的无益措辞。例如，说“痛苦消失、痛苦消失、痛苦消失”，不如说“痛苦消失、消失、消失”效果更好。再例如，有一件不愉快的事让你很伤心，那么事过之后不要反复提起，若再提及此事时不用说具体事情，改用“那件事”来代替，这样能摆脱令你不愉快的气氛。

2. 淡化自己的缺点

老是想着自己的缺点，缺点就越改不了。有的家长批评自己的孩子时常说：“我看你的老毛病又犯了！”孩子越被批评越改不了。有的同学老是担心考试时粗心，考试时就越粗心。因为你这是强化了粗心的毛病。要淡化自己的缺点，正视缺点，用有效的方式去改正。

3. 深受压抑时，学着用适当的方式转移、发泄

当你受到别人伤害或被别人误解时，心里会很委屈、很冤枉、很生气……此时你可以“转移”你的负面情绪，如拿出一张纸，把你的不满、不服、愤恨等全部写出来，都发泄在纸上，甚至读出来。这样，你压抑着的负面情绪就会释放出来，心情就会慢慢平静下来。

当一个人聚精会神思考问题时，或深受苦闷的情绪困扰时，也经常会在不知不觉中说出内心所想：“我错了，应该那样做才对。”一个人喃喃自语的时候，心情会自然轻松下来。

另外，把所有的苦恼和苦恼的原因写出来，找出苦恼的解决办法再去处理，等到事情逐一处理完毕之后，苦闷和无聊的情绪也就在不知不觉中消失殆尽。

4. 遇到问题往好处想

遇事不能先向坏处想，那是自寻烦恼。事情还没有弄清楚，怎么就认为不行了？要想到天无绝人之路，这样就会豁然开朗，柳暗花明又一村。

5. 请求别人帮助

有些消极情绪自己不能消化时，可以向别人求助。如找你的好朋友，或是你尊敬的老师倾诉，他们会帮你正确分析问题和给你建议。很多事情都是当局者迷，旁观者清，有时候他们的一句话就能打开你的心结。

第二节　持之以恒，永不言败

培养良好的心态要坚信成功贵在坚持，持之以恒、永不言败，努力克服消极心态对自己的束缚和影响。刚进入高中的学生，由于对高中阶段的学习、生活不适应，又加上物理、数学的课程难度增加，难免会有点儿灰心丧气。此时不要急躁，不要怀疑自己的能力，不要动摇实现自己梦想的决心，要学会坚持，坚信情况会慢慢好起来。

一、成功贵在坚持

美国有这样一个故事。两个年轻人一起挖金矿，开始时，他们都抱有坚定的信念——不挖出金子绝不放弃。两个人从黎明挖到黄昏，又从黄昏挖到黎明，没日没夜地干，手磨出了血、脚磨出了泡。这天，一队人马路过，说是山那头挖出了石油。两个年轻人中的一人按捺不住了，说要去山的那头采石油，而另一个人什么也没说，继续埋头干他的活。

结果，放弃挖金矿的那个人没采到石油，也没挖到金矿，就这样两手空空回家了。而坚持挖金矿的那个人，捧着金子乐开了花。类似的故事并不少见，我们也总能清晰地悟出其中的道理，可真轮到自己，往往也是沉不住气的。

无法坚定地去做一件事，乃是由于我们不自信。本来我们再坚持一下就有可能取得胜利，却犹豫了、彷徨了，不相信会有新的奇迹出现。好多人做事就像故事中说的去采石油的年轻人一样，自以为付出了许多努力却依然得不到回报，于是开始绝望，认为再努力也只是徒劳。

那我们在遇到困难时靠什么去战胜？靠的是决心和毅力。

其实，成功与失败的差距往往仅一步之遥。前面大部分的困难已使人筋疲力尽，这时即使一个微小的障碍也可能导致前功尽弃，只有咬紧牙关再坚持一下，胜利便在眼前。

“行百里半九十”，最后的那段路，往往是一道难越的门槛儿。因为人们在历尽艰辛心力交瘁的时候，是很容易被击倒的。这个时候意志就显得至关重要了。

人生固有它的磨难和困境，当人们独行于茫茫黑夜、手足无措时，都会产生不同程度的绝望情绪。但只要凭着坚强的意志抓住希望，回首发现，其实一切都没有什么大不了的。

二、永不言败，永不放弃

丘吉尔曾在剑桥大学的一次毕业生典礼大会上，做了他一生最后的一次精彩演讲，没有多说，只说了一句话：“永不放弃！”说完就走了，这个时候全场鸦雀无声，一分钟后掌声雷动。

成功者与失败者并没有多大的差别，只不过是失败者走了 99 步，成功者走了 100 步。唯有经得起风雨及各种考验的人，才能获得最后的胜利。因此，要永远相信成功者不放弃，放弃者不成功。我们要尽量避免陷入绝望的情绪，一旦感受到它的来临，立即想方设法向它挑战。我们要辛勤耕耘，忍受苦楚，要放眼未来，不理会脚下的障碍，要尝试、尝试、再尝试，障碍是我们成长路上令我们变得强大的挑战，要迎接这项挑战。我们要像勇敢的水手一样，乘风破浪。

一些人看起来和我们差不多，可为什么获得的成就要比我们大得多？

是因为他们有一种坚强的毅力，一种在任何情况下大都有坚如磐石的决心，一种从不受任何诱惑、能坚定目标并持之以恒的韧劲。相反，那些不坚定的人，往往没有一个明确的目标，结果精力分散，浪费才华。

在同样的时间里，有的人学的知识比较多，做出成就比别人高，是因为他们全心全意扑在自己的事业上，他们做起事情来，都有一股锲而不舍的劲头。爱迪生发明电灯做了 1000 多次试验，如果没有不达目的誓不罢休的韧劲，他就不可能取得这么大的成就。

人们很容易被环境和自己认识限制。常常认为周围都没有出众的人，我能出众吗？可是为什么别人不出类拔萃，你就不能出类拔萃呢？你可以拼一拼、试一试，只要你相信自己肯定能成功时，你积极向上的心态带来的力量就在无形之中增加了几倍。

三、克服消极心态

积极的心态创造人生，消极的心态消耗人生。积极的心态是成功的起点，是生命的阳光雨露，让人的心灵成为一只翱翔的雄鹰。消极的心态是失败的源泉，是生命的杀手，使人受制于自我设置的某种阴影。选择了积极的心态，就等于选择了能带来黎明的希望，选择了消极心态，就注定要走入黑暗的沼泽。

1. 先要弄明白心态为什么会影响人的行为

西方心理学家研究表明，一个人的“自我意象”中有一种隐形符号，这种隐形符号有两个面：一面是积极心态；另一面是消极心态。这两个隐形面同时作用在一个人身上。

这个隐形符号有两种惊人的力量，它既能吸引你幸福、成功、快乐和健康，又能排斥这些东西，夺走你生活中的一切。积极心态带来的能量可以使人登峰造极，而消极心态的力量可以使人终身陷在低谷，即使爬到顶峰，也会被拖下来。

心态是如何影响人的行为呢？

按照行为心理学家的说法，当你有一种信念或心态后，你的行为会受它的影响，而在行为实施时也能加强并助长这种信念。例如，你的信念是能够很好地完成自己承担的工作，这时候你会觉得在工作中很有信心，你会在实践中想方设法去做好工作，信心也会随之增强。这是行为和情绪相互作用的一种反应。当一个人心态存在以后，你的行为会加深它。有时候，孩子哭起来会越哭越伤心，这就是哭的行为促使他发泄情绪，而他的情绪又加剧了他哭的欲望。

所以当你认为自己有能力去做自己想做的事，就会觉得各方面只要经过自己的努力，就能取得成功。因为这个世界上没有任何人能够真正改变你，只有你能改变自己；也没有任何人能够打败你，只有你能打败自己。

因此，无论你自身的条件多么差，只要你利用积极心态的行为效应再和其他正确的处事方法相结合，你就可以获得你想要的成就。反之，即便你自身的条件很优秀，若总受消极心态影响，你的失败是必然的。

态度决定我们将来遇到机遇时会采取的行动，这是行之四海而皆准的定律。积极的心态是正确的心态，正确的心态是由正面的特征所组成的，如信心、诚实、希望、乐观、勇气、进取、慷慨、容忍、机智、诚恳等。消极的心态的特征都是反面的，如悲观、颓废、懒惰、贪婪等。

2. 充分认识消极心态对人们的危害

消极心态会摧毁人们的信心，使人们的希望泯灭。它会使人变得意志消沉，失去任何动力。

消极心态会在关键时刻向人散布疑云，本来只要坚持一下就能成功的事情，它却告诉你没有希望了，这动摇了人们坚持下去的决心。消极的态度还会泯灭希望。人看不到希望，就激发不出做事的动力，没有动力，也就没了决心。消极心态不仅产生上述两种主要后果，还具有传染性，持有消极心态的人聚在一起会相互影响，逐渐都变得消极悲观。另外，消极心态还限制了人的潜能发挥，因为人的行为方式和他对自己的评价相关联，他认为自己不行，他就不会主动进取。

所以，我们必须充分认识消极心态对人的危害，并要坚决克服它。

3. 怎样克服消极心态对人的影响

消极的心态不是天生就存在的，而是后天形成的。通过有意识的意志活动，可以逐步消除负面心态对人的影响。具体步骤方法如下。

第一，了解消极心态形成的原因，打开通向积极心态的通道。经心理学家研究发现，消极心态的形成的有下列原因：一是缺乏目标，二是害怕失败，三是总是埋怨指责，四是做事半途而废，五是对未来悲观，六是好高骛远。

对于许多人来说，要想将消极心态转向积极心态，就必须先认识在心中经常出没的那些消极情绪。总是抱持着消极心态的人要了解，消极情绪一直纠缠在心必然形成消极心态，要想让心态由消极变为积极，必须消除心中各种消极情绪。

要克服悲观绝望的情绪。遇事要向好处想，此路不通还有别的路，不是没有希望，要相信只要努力坚持就会柳暗花明。克服自暴自弃的情绪。要相信经过努力还有成功的希望。失败了就从头再来，不能就此倒下。克服害怕再次失败的情绪。失败不一定是坏事，吃一堑长一智，今天的失败为明天的成功奠定了基础，积累了经验。克服畏难的情绪，克服怨天尤人的情绪。失败了不能光埋怨客观原因，更要从主观上找原因。克服不推不动的情绪。自己要做的事不能光依靠别人提醒和督促，应该主动去做。

第二，克服懒惰。

所谓懒惰，是指因主观的原因不能按照既定目标行动的一种心理状态。拥有惰性的人在工作、学习、生活中会意志消沉，不求上进。惰性集中表现为拖拉、缺乏积极性，今天应该做的事却推到明天，到了明天再推后天。

要克服惰性，首先要认识到惰性的危害，这是战胜惰性的出发点。一个连自己有惰性及危害都不知道的人，怎么能克服惰性呢？要找出惰性在自己身上的表现及产生的原因，下决心克服安逸享乐的思想，培养坚毅的品格。要根据自己的能力，科学安排时间，制订具体的切实可行的计划，要言必行、行必果。在学习和工作中，经常提示自己应该做什么，怎么做。养成“今日事今日毕”的习惯，有意识地要求自己立即将拖拖拉拉而欠下的事务做完。经常这样做，就能将惰性带来的阴影一扫而光。要有坚强的意志。一个人如果没有与困难作斗争的顽强精神，就必然为惰性找借口。要经常检查自己、督促自己，克服身上的惰性。

四、要克服心胸狭隘，让心态阳光

心胸狭隘的人容易产生嫉妒、自卑、自寻苦恼以及易怒等不良情绪，这不仅伤害自己，还会影响到人际关系的和谐。

嫉妒心理的产生，是看到别人比自己进步快，取得的成就比自己大，因而不服气。其实这伤害的不是别人，而是自己。应该转变思想，见贤思齐，虚心向别人学习，取别人之长，补自己之短，以比自己做得好的人为榜样，鼓励自己更加努力。

自卑是觉得自己不如别人，在公众场合不想露面，集体活动不想参加，不愿意和别人交流，怕别人看不起自己。实际上并没有人看不起你，是你自己看不起自己。只要你能大胆展示，不回避自己的短处，以此作为更加努力的因素，你也能和别人一样做出很大的成绩。

易怒的人总是以发泄开始，以后悔告终。有些人在对别人不满的时候，压不住心中的怒火，沉不住气，马上就爆发出来，甚至说了一些伤害别人的话，这其实也伤害了自己。事情过后，他们又开始后悔当初不该说那些伤人的话。所以，我们遇到让自己生气的事要先冷静。冷静之后，潜意识会告诉你应该怎么办，过后想明白了，自然心中的怒气就消了。

克服消极心态，要充分发挥潜意识的力量。要用积极的自我暗示，有意识地向潜意识输入正面的、积极的各种信息，让消极的情绪在大脑中没有可侵占的空间。

第三节　正确面对挫折，才能愈挫愈坚

人生不可能总是一帆风顺、事事顺心，总是会遇到困难和不顺心的时候，

总是要遇到挫折和失败。如果第一次遇到挫折就选择放弃，那么以后再遇到挫折就很容易选择放弃，于是放弃就会变成一种习惯。

所以，要想学业有成就必须正确面对当前的挫折与失败。

一、必须正确面对挫折与失败

1. 不经挫折，难以成功

在一般情况下，失败一词是消极的，而拿破仑·希尔将这两个字赋予一个新的含义。他解释了失败与暂时的挫折之间的差别。那些经常被视为失败的事，实际上是暂时的挫折。只有受到挫折之后消沉、不再奋斗，才是真正的失败。这种暂时的挫折实际上是幸福的，因为它能使我们振作起来，重新调整方向，变得更坚韧，让我们向着更美好的方向前进。

挫折通常以暗语的方式向我们传递信息，这种语言正常情况下是很难理解的。

拿破仑·希尔用他三十年的经历证明，暂时的挫折不是真失败。他的人生曾经过七次转折点——也就是一般人所说的失败。在这七次转折点出现的每一次，他都以为自己遭受了令人沮丧的失败。可后来他终于明白，看来像是失败了，其实是一只看不见的慈祥之手，阻挡了他的错误路线，并以伟大的智慧，促使他改变方向，让他向着正确的方向前进。他体会到，只有努力和奋斗才能产生力量，收获成长。每一次挫折，都是他重新成功出发的起点，并给他带来了许多有用的知识点。从失败中学到的经验是很有价值的。他自己的经历令他相信，失败的“哑语”是世界上最有力量、最有效果的语言，它给你希望并告诉你怎么做，但须你自己去领悟。

只有把挫折当作失败时，挫折才会成为一股具有破坏性的力量。如果把它当作是教导我们的老师，它将是一项祝福。挫折是大自然对人类的考验，也借此烧掉人们心灵中的残渣，使人变得纯净，更经得起严格的考验。

2. 如何正确认识失败

孩童时，常听老人说“失败是成功之母”。我们不能误解这句话。失败本身不是成功之母，失败之后也可能再次失败。失败之后能成功，是因为吸收了失败的经验教训，那些失败之后还失败的人，是因为没认真总结经验教训。

在失败面前有三种人：第一种人，遭受到失败的打击，从此一蹶不振，成为无勇无智者，这是真正失败的人。第二种人，遭受了失败的打击，全然不知反省，没有认真总结经验教训，只凭一股热情继续硬拼，结果依然犯同样的错误，无法取得更大成功。第三种人，遭受失败打击时，能够迅速地审时度势，调整自身存在的问题，在时机与实力兼备的时候再度出击，这种人堪称智勇双全。毫无疑问，成功者之所以成功，就在于他的智与勇，而尤在其智。智者善于总结经验。

在某种意义上说，研究成功要从研究失败开始，超越失败则必然通向成功的彼岸。正视失败，洞察失败，最终必定超越失败。

二、如何反败为胜，愈挫愈勇

成功是一连串的奋斗。我们知道那些功业彪炳千秋的伟人，都是受过失败的无情打击的，只因为他们都坚持到底，最终获得了光辉的成果。

天下哪有不劳而获的事情。如果能利用各种挫折和失败使自己更上一层楼，就可以一定实现自己的理想。从挫折和失败中汲取教训要做好以下两点。

1. 毅力要与行动相结合

要有坚强的毅力，坚定自己的奋斗目标，不犹豫、不动摇，用好下列几项原则。

(1) 学会专注。要像攀登峭壁的人，从不左顾右盼，只看脚下，集中精力寻找一个支撑点，摸索着通向巅峰的最佳路线。做任何事情，都必须专心致志，才能获得成功。

(2) 有必胜的信心。做事时要想着成功，不要去想失败。美国斯坦福大学研究表明，头脑里的想象会按事情进行的情况，刺激人的神经系统，让人照着心中指定的路线走。充满必胜的信心去迎接挑战，是取得成功的基础。

(3) 应该愈挫愈勇。当你已经走到山穷水尽的绝境时，离成功只差一步，此时，你应该坚持，不言放弃。通向成功并非一帆风顺，有失才有得，没有承受失败考验的心理准备，闯不了多久，又要走回头路了。

(4) 抛弃消极思想。在大脑中不要存有消极念头，让“没有希望”“没有可能”“没有办法”等消极念头从大脑中消除掉，因为答案总是存在于积极正面的一方。

(5) 要找到问题的关键。遇到问题要冷静下来，思考问题出在哪里，从过去的经验中找到解决新问题的办法。

(6) 虚心向别人求教。遇到困难，自己解决不了时，可以虚心向别人求教，听听别人的看法。

(7) 要全力以赴。大多数失败的人，并不是因为他缺乏智慧、能力或机会，而往往在于没有全力以赴。只要拥有足够的热忱，任何人都可能成功。

保持积极的态度，就能够面对挫折。但是，首先你必须积极地控制你的思想和行动，否则以上原则将起不到任何作用。

2. 战胜自己，才能愈挫愈勇

每一个人在奋斗过程中都会遇到挫折与失败，而成功者与普通人的区别是对此抱持着不同的心态。成功者经历挫折与失败后，他们会更加坚定，认为战胜自己就能战胜一切。

每一次失败，都会使一个勇敢的人更加坚定。如果没有失败的刺激，他会甘愿平庸，失败能让人奋发图强，经历失败的痛苦，才能找到真正的自我，感受到真正的力量。

人的天性中有一股神奇的力量，这种力量一般情况下我们感觉不到，但它一直隐藏在心灵深处，在关键时刻能爆发出来。而那些真正意识到自己身上这股力量的人，都是永不言败的。他跌倒了会再爬起来，即使其他人都已退缩和屈服。因为他有坚韧的品质，他相信自己有勇气、有能力，视困难为机遇，不管别人如何，自己仍在坚持，直至战胜困难获得成功。对于一个强者来说，失败只会唤醒自己的雄心壮志，使自己更强大，骨骼更坚硬，肌肉更结实，变得不可战胜。

人在任何情况下都不要失去勇气、毅力和自尊，这是无价之宝。一个真正的强者头脑里根本不存在失败的概念，只会愈挫愈坚，越战越勇。

第四节　培养积极心态，开发自身潜能

一、积极心态的培养

让言行举止带着你成为你想成为的人。许多人总是等到自己有了积极的状态再去付诸行动，这是本末倒置的。积极行动会产生积极思维，而积极思维形成积极的心态。如果一个人总是等待状态把自己带向行动，那他就永远成不了积极心态者。

要心怀必胜的积极想法。卡耐基说："一个对自己的内心有完全支配能力的人，对他自己有权获得的其他东西也会有支配能力。当人们开始运用积极的心态并把自己看成成功者时，人们就开始成功了。"如真实的、可敬的、公平的、清洁的、可爱的事或行为，都要用必须争取做到的想法去对待。

用美好的行为与心态去影响别人。随着行动与心态的日渐积极，会慢慢获得一种美满人生的感觉，使信心日增，信念感也越来越强烈。紧接着身边的人会被你吸引，因为人们总是喜欢跟积极乐观者在一起。用自己积极的心态和行为去影响他人，也能反过来强化自己的积极心态。

学会使用积极的心态去帮助别人。爱默生说："人生最美丽的补偿之一，就是人们真诚地帮助别人的同时也帮助了自己。"在大多数情况下，你怎么对待别人，别人就怎样对待你。主动帮助别人，是心态积极的表现。

要心存感激，不要总是抱怨。在日常生活中，那些抱持着消极心态的人，遇到不顺时常常抱怨，而且对生活总是不满意。拿破仑·希尔认为：如果你经常流泪，你就看不见星光，看不见人生、大自然的一切美好东西。我们应该珍惜身边的一切，以积极的心态去看待事物。

要学会微笑，微笑是一种能让人愉悦的表情。面对一个微笑的人，你能感受到他的自信、友好。同时，这种自信和友好也会感染你，使你和对方亲切起来。微笑可以化解人们之间的陌生和隔阂，帮助你发展良好的人际关系，建立积极的心态。

要不断寻找最佳的新概念。不固守旧的概念，不断寻找最佳的新的概念，能提升积极心态者的潜能。在遇到问题时寻找好的解决办法，不仅依靠能力，还依靠心态。在寻找解决办法的过程中，不要轻易放过一个想法，要对这个想法的优劣势进行全面的分析，然后再做取舍。

不在小事上花费过多精力。因为过于注重小事会使人偏离目标，耽误重要事项。当一个人对一件小事小题大做时，就开始偏离目标方向了。记住，一个人为多大的事情发怒，他的心胸就有多大。

要有奉献精神。把自己的经验传授给别人，主动帮助别人，会得到别人的感谢。自己也会因此感到欣慰，使自己的性格更开朗，心态更阳光。

二、心态积极的人，要不断自我激励

自我激励，就是不断给自己打气、鼓励，唤起心灵的潜能，产生正面情绪，增强行动的信心和力量。

1. 经常使用积极的自动提示语

积极的自动提示语不是固定的，只要是能激励我们积极思考、积极行动的词，都可以作为提示语。如：人的心神所能构思而确信的，人便能完成它；如果相信自己能做到，你就能够做到；怎么思考就会怎么去做；现在就做，便能梦想变成实际；怎么做，就能变成怎样的人。

如果经常使用这一类自我激励的乐观语句，并使之深深印在脑海中，就可以保持积极心态，产生巨大的动力。一些重要的激励用的语句，要经常使用，并牢记在心。这样，这些语句才会在潜意识中随时提醒你。

2. 时常激励别人，从而激励自己

莎士比亚曾说过："赞美是照在人心灵上的阳光，没有阳光，我们就不能生长。"还有一位心理学家也说过："人性最深切的需求，就是渴望得到别人的欣赏。"在人与人的交往中适当地赞美对方，会让对方有温暖和美的感受，也会让你得到一种成就感。但赞美对方要实事求是，不能夸张，不能虚伪。受到赞美的人，会被激发出一股自信心与冲劲。

成就别人就是成就自己。当你看到别人因你的激励而将潜能发挥出来，你的心态也会变得积极起来，你的自信心也会随之增强。除了学会使用自动提示语，还可以把一些座右铭和祝福语用相框裱起来挂在床头，或做成卡片，随时翻阅。还可以经常阅读一些名人名言作为精神食粮，让自己的心态永远积极、阳光。

三、积极的心态能开发自我潜能

1. 积极的心态能激发潜能，变不可能为可能

为什么积极的心态能激发人的潜能？积极的心态是一种有效的心理工具。在持有自信、自爱、坚强、乐观、兴奋等积极心态时，会让人发自内心感受到力量源源不断涌现。人的认知受制于当时的状态，而当时的认知会影响以后的想法、做法。因此，你要想提升自己做事的能力，必须改变当时身心所处的状态。要变积极，才能把潜能发挥出来。

2. 消极的心态会限制人的能力

消极的心态像是“慢性毒药”，经常受这“毒药”影响的人，会慢慢变得意志消沉，失去动力。

一种心态就像一颗种子，一旦进入心中这片沃土，就会盘踞成长。所以，如果那是一颗消极的思想种子，就会生出消极的果实；如果那是一颗积极的思想种子，就会产生积极结果。

3. 用自我激励法，开发自身潜能

人人都有巨大的潜能。潜能就沉睡在你自己的潜意识中，但它不会自动出来为你服务，只有你去想方设法刺激它，唤醒它，它才能为你服务，帮助你走向成功。具体怎么做呢？

第一，用自己的人生奋斗目标激励自己。

清晰地规划人生目标是走向成功的第一步。你必须明确把自己塑造成什么样的人，同时，还要奋起行动。学会自我激励，自我塑造的过程就随即开始。怎样让目标激励对自己起作用？可采用下列办法：

(1) 你想自己成为什么样的人，你就向着目标去奋斗，因为潜能要在实践中开始，在实干中形成。只有真去做，你才知道自己有潜能。

(2) 不求安逸。不断寻找新的挑战刺激自己，提防懒惰情绪出现。

(3) 把握好情绪。人开心的时候，体内就会发生奇妙的变化，从而获得阵阵新的动力和力量。

(4) 不断提高目标。一个目标实现了，增强了自信，再把目标调高一个台阶，让自己不断向着新的目标奋进。

(5) 加强紧迫感。时间不等人，借着冲劲一直向前冲，不停歇，不怠慢，成功就在眼前。

(6) 迎接恐惧。战胜恐惧后迎来的是某种安全有用的东西。哪怕是克服小小的恐惧，也会增强你对创造自己生活的信心，不能光想避开恐惧，要学会给自己壮胆。很多时候不像你想象的那么恐惧，而是自己吓唬自己。

(7) 做好计划调整。实现目标的道路绝不是坦途，它总是呈现出一条波浪线，有起有落，在低谷阶段不要迷失方向、丧失信心，做出适当调整，才是明智之举，不要一条路走到黑。

(8) 直面困难，在前进路上不可能不遇到困难，但如果把困难看作是对自己的诅咒，那就很难在生活中找到动力。如果学会了把握困难带来的机遇，你自然会动力陡升。

第二，潜能在实践中开发，你必须立刻去做。

有句话说得很好，“自己的水自己挑，自己的潜能自己去开发。”只有在实践中激发潜能，其创造来自实践才不是纸上谈兵。善于开发自己潜能的人，能从学习、生活和工作中汲取养分，滋润、充实自己。

第五节　用智慧语言启迪心灵

高中生在规划人生、确立自己的奋斗目标时，世界观、人生观、价值观尚在逐步形成的过程中，正处于学习奋斗的过程中。此时，我们可以不断地用名言和一些充满智慧的话语来启发、警醒自己。

一、人生智慧篇

人，应当像“人”字，永远向上而又双脚踏地。

青春，人生旅途中的第一个起点。自己未来的路究竟是康庄大道，还是羊肠小道，在很大程度上取决于刚刚要迈开的第一步。

青春应该是一头觉醒的狮，一团智慧的火。觉醒的狮为理想而吼，智慧的火为理想的美而燃。人生有几十年的行程，需要一步一个脚印地走下去。

青春的美，不仅是在眉宇间流露、明眸里闪烁，更在理想与抱负中发光，在勇气和智慧里绽放。

人们常说：要让生命充满青春活力。要把这句话变为现实是不容易的。它要求一生不虚度光阴，一生迎难而上。

一个十分珍贵的东西，当人们轻而易举地占有它时，往往很容易忽略它的可贵，从而不知道珍惜它；失去了它才倍感其珍贵，但已经是追悔莫及了。

乔装打扮，只是外在的点缀；金叠如山，也标不出生命价值的昂贵。只有健美的心灵，才能使青春呈彩溢辉。

琴弦松弛，弹不出悦耳的声音；生活闲散，点不燃青春的火种。

沉醉于春光而忘却劳动的人，就不能获得秋天的硕果。

用时代的号角去吹奏“个人奋斗”这支歌，它的旋律是希冀的呼唤。

一个把自己束缚在“个人主义”的蚕茧里的人，是摆脱不了冷冷清清、凄凄惨惨的暗淡生活的。

对生活失去信心，与其说是过多地注目阴暗，不如说是缺少一双善于发现美好的眼睛。

如果把人生比作一部厚厚的书，那么每一个人都应勇敢地握起笔，写好它的每一章节、每一字句。

生活是大海，有碧波千顷的壮阔，也有惊涛拍岸的磅礴；有堆银叠玉的瑰丽，也有朝日喷洒的绚烂；有渔火闪烁的安谧，也有捕捞和弄潮的快乐。

人生绝非是缥缈的梦幻，在人生的原野里，流多少汗水，就会有多少收获。对辛勤耕耘者来说，人生永远是可爱的。谁在生活的激流中不扬起风帆，他生命的船就会搁浅在时代的岸边。

一个人，即便是驾着一叶脆弱的小舟，但只要信念如桨，让船掌控在自己手中，就不会听任波涛的摆布。

在漫长的人生道路上，不论遇到怎样艰难险阻，最要紧的是千万不要熄灭了心中的灯光。只要你心中点燃着理想的灯火，那么，生活的道路再曲折也会铺满光明。

生活对于每一个人都是公正无私的。它就好比一面镜子，你笑它就笑，你哭它也哭。在困难面前，如果你能鼓起勇气去战胜它，你就能得到生活的眷顾；如果惧怕它，没有勇气和它搏斗，你得到的则是生活给你的苦果。

人生道路从来都充满着荆棘和坎坷，生活中有苦也有乐。只有在生活的海洋中不畏艰险，成为搏击风浪的弄潮儿，才有幸领略人生道路上的绚丽风光。

强者和弱者之间并没有千里鸿沟。强者不是没有软弱，而是及时克服了软弱。

生活可以是甜的，也可以是苦的，但不能是没有味道的。你可以胜利，也可以失败，但你绝不能屈服。

自卑像一根潮湿的火柴，永远也不能点燃成功的火焰。

困难可以成为泯灭理想之光的冰水，也可以成为点燃奋斗火炬的火星。

岁月应是一根横竿，天天都要有新的高度。

勤奋者的人生日历，翻开每一页都是新的；懒惰者的人生日历，页页都一样：只写着“明天干”三个字。

人的价值并不取决于职位高低，而在于能否对事业做出应有的贡献。

信心虽然不是钢铁，却能铸造出一条坚实的人生之桥。奋斗才能体现出一个人的价值，追求方可寻觅到生活的内涵。

二、理想励志篇

没有阳光，雨后不会见虹；没有理想，青春不会闪光。

美好的想象，总是竭力推开思维中的乱石碎砖，寻找一片希望的美玉。

迈着阳光向前走的人会永远地把阴影留在身后，执着追求理想的人终究会到达胜利的彼岸。

攀往山顶的人不怕山高；志在溯源的人不畏河远。

理想就像火箭，要一段一段地向前推进，才能到达最后的目标。

使人站起来的，不是双腿，而是理想、智慧、意志和创造力。

风帆不挂在桅杆上，是一块无用的布；理想不付诸行动，是虚无缥缈的雾。

高尔基说：“一个人努力的目标越高，他的才能就发展得越快。”

理想，犹如心间的一颗明星，总是鼓舞你搏击、奋进，照耀着你走向光明。

理想，有人把它当作一朵别在衣襟上的花，有人把它当作一根策励自己奋进的鞭。

没有理想的青春，就是没有太阳的黑夜。

帆的生命是风，人的生命是理想，没有理想的生命就像没有风的帆一样空虚。

崇高的理想宛如一个人心间的太阳，它能照亮生活中的每一步。

理想帮助青年在人生舞台上择定符合时代要求的角色，从而获得有价值的人生。它将给初上征程的青年竖起前进的路标，使他们纵有千百次挫折，也能从迷茫中迅速解脱，奋然前行。

信仰，是事业的千斤顶；信心，是排难的推进器。失去了信仰，就失去了人生前进的精神支柱；失去了信心，就失去了努力奋斗的巨大热情。

预言丰收，可以用幻想的翅膀；创造丰收，却需战斗的意志。

没有奋斗的理想，就像那飘忽不定的浮云；没有理想的奋斗，则难免误入人生的歧途。

三、奋斗成功篇

懒惰者的计划，永远从明天开始；勤奋者的工作，明天的已由今天做着。

吞噬光阴的是懒惰和愚昧，赢得时间的是勤奋和智慧。

奋斗，是理想通往现实的桥梁。有它，天涯之地在咫尺；无它，咫尺之室不可寻觅。

汗水是滋润灵魂的甘露，勤奋是理想飞翔的翅膀。

只有希望而没有行动的人，只有在梦境里得到安慰。所以采取一个改变命运的实际行动，比苦恼、埋怨一百次更有用。

伏尔泰说："书读得越多而不加思考，你就会觉得你知道很多；而当你读书而思考得越多的时候，你就会清楚地看到你知道的很少"。

干劲像一根奇特的焊条，它能帮助你把理想与现实紧紧地焊在一起。

勤能朴拙是良训，一分辛劳一分才。

卡莱尔说："天才就是无止境刻苦勤奋的能力"。

鲁迅说："伟大的成绩和辛勤的劳动是成正比例的，有一分劳动就有一分收获，日积月累，从少到多，奇迹就可以创造出来"。

读书时，把每一页都好好地消化，胜过匆匆忙忙地阅读一本书。

一个真正有理想的人，决不会让困难攫住自己的心灵，而是会在奋斗中舒展自己的双臂，当终生为崇高理想而奋斗的双臂收紧时，抱住的必将是令人欣慰的硕果。

成功并非是那远在蓝天之上的飞鸟，可望而不可即。倘若你真的希求它栖落到自己的手掌上，那就是付出勤劳和智慧的汗水。

坚韧者能点燃青春的烈火，韧性能创造人间的奇迹。

成功是从失败的土壤中顽强生出的绿叶。

追求，就要付出代价；成功，就要承受痛苦。跌倒了不要总乞望别人去扶，自己站起来吧！

有志者用奋斗的汗水淘尽了挫折的泥沙，留下来一颗闪光的金粒，那就是成功。

挫折，对于强者来说，是塑造自身的庄严形象和英雄气魄的雕刀；对于弱者，却往往是泯灭意志，甚至导致沉沦的深渊。

挫折就像一块石头，对于弱者来说是绊脚石，让他止步不前；对于强者来说确实垫脚石，使他站得更高！

压力是制服惰性的良方，唯有那些不畏辛劳的人，才能尝到成功的喜悦。

勇敢是前进的开山斧，谦虚是前进的加速器，坚韧是前进的铺路石，志向是前进的航标灯。

攀登，每一步都要付出心血和汗水，但每一步都有收获和自豪。

没有毅力的人，在挫折面前，只见困难；而有毅力的人，在挫折面前，却充满了希望。

困难对于成功者，不可避免，亦不可缺少。它是砺石，磨炼你的意志；它是铁锤，锻打你的毅力。

四、学习求知篇

学问，好学必好问，不问必难学。

《礼记》语：心不在焉，视而不见，听而不闻，食而不知其味。

朱熹说："心不存，虽读万卷书，何亦所用。"他还说，"要读书，须先定其心，使之如止水，如明镜。暗镜如何照物？"

曾世林说过："专力则必精，分途恐两失。"

王克先说："猫要想捉到老鼠，必须整个身心的合一，全神的贯注。学习也这样，在学习情境中，身心必须合一。"

恩田彰说："三昧状态，就是在做某种事时倾注全力，聚精会神来实现它。在观察时就只观察，在思索时就只思考，在玩时就只玩，全都用全部精力去做。"

马尔腾说："聚精会神地读书一小时，其成效要大过常被扰乱的两三小时。"

李政道说："遇到问题，要善于问个为什么。可怕的倒是提不出问题，是迈不开第一步。"

求知不能畏惧错误。求知中遇到错误，正是从无知的茫茫黑夜到真知的朗朗白昼之间的"黎明"。

孔子说："温故而知新，可以为师矣。"

胡克说过："学必习，习必熟，熟必久。"

张广厚说："读书是一个反复的过程，要通过反复使自己学到的东西达到娴熟的程度。"

卢嘉锡说："学习，是一个逐步积累，逐步深入，螺旋式提高的过程。因此我们在不断接触新知识的同时，对已学过的课程要学而时习之，这样经过反复循环多次复习，不仅能巩固、深化已学的知识，而且有利于更好地掌握新东西，即‘温故而知新’”。

钱学森说：“正确的结果是从大量错误中得出来的，没有大量错误做台阶，也就登不上最后正确结果的高座。”

列宁说过，不要怕承认失败，要从失败的经验中学习。要把做得不好的工作，更细致、更谨慎、更有步骤地重新做起。

如果你把所有的错误都关在门外，也会把真理关在门外。

“学而不思则罔，思而不学则殆。”

学而思，易于学；思而学，易于思。学而不思，思而不学，均无所获。学、思，是求知者奋飞的双翼，缺一不可。

茅以升说：“看一遍不如背一遍，背一遍不如写一遍。人的四肢，人的头脑，越用越灵。”

多思出智慧。要勤于思考，善于思考，养成思考的习惯。

陶行知说：“我有八位好朋友肯把万事指导我。你若想问其名姓，名字不同都姓“何”：何事、合作，何人、何如、何时、何地、何去，好像弟弟与哥哥。还有一个西洋派，姓名颠倒叫几何。若向八贤常请教，虽是笨人不会错。”

华罗庚说：“独立思考能力，对于从事科学研究或其他任何工作，都是十分必要的。在历史上，任何科学的重大发明创造，都是由于发明者充分发挥了这种独创精神。”

王梓坤说：“长时间刻苦钻研是成功之母，也是培养独立思考能力的基本条件。”他还说，“从历史上看善于独立思考的人，大都有三个特点：博学、善问，富于钻研精神，重视思想方法。”

雨果说：“在泥土里，黑暗的地方，才能发现金刚石；再深入缜密的思考中，才能发现真理。”他还说，“当一个人在深思的时候，他并不是在闲着。”

伽利略说：“思考是人类最大的快乐。”

爱因斯坦说：“要学会思考，不要一碰到困难就向别人伸手。”

学而不思，有如食而不化。

在求知的道路上，做一个勇于思考的人。

叔本华说过，读书而不加以思考，绝不会有心得，即使有点印象，也浅薄不生根，不久就又丧失。

波尔克说过，读书而不思考，等于吃饭而不消化。

马寅初说："对于书本知识，无论古人今人或某位权威的学说，要深入钻研，过细咀嚼，独立思考。切忌囫囵吞枣，人云亦云，随波逐流，粗枝大叶，浅尝辄止。"

华罗庚说："如果读书的时候，做不到由厚到薄，那么书读得越多越麻烦，就会如堕入书堆的烟海之中，不能自拔。"

培根说："我们不应该像蚂蚁，单只收集；也不可像蜘蛛，只从自己肚中抽丝；而应该像蜜蜂，既采集又整理，这样才能酿出香甜的蜂蜜来。"

叶圣陶说过，要使书中的知识化为自身的经验，必须从记忆开始。

歌德说过："哪里没有兴趣，哪里就没有记忆。"

巴乌斯托夫斯基说："记忆，好像是一个神话里的筛子，筛去了垃圾却保留了金沙。"

爱·拉斯克尔说："应当记忆的不是结论，而是方法。方法是有弹性，它可以在生活的任何场合应用。而结论呢，因为他和某种特定的条件有关联，是一种凝固的东西。"

保坂荣之介说："我们在记忆的时候，关键在于先安静下心来使精神放松，然后再开始记忆。"

巴尔扎克说："激烈的情绪有一种特别的记忆力。"

布鲁纳说过，按照一个人自己的兴趣和知识结构组织起来的材料，就是最有希望在记忆中"自由出入"的材料。

周培源说："自学很重要，自学历来就是许多著名科学家以及文学家、艺术家、政治家成才的重要途径。"

钱三强说："任何时候上大学靠老师教的总是少数；而大多数的青年要靠各自岗位上走自学成才的道路。"他还说，"知识主要还是靠在工作和生活中自己抓来的。"

华罗庚说："只要坚持不懈地刻苦自学，是不必担心不能成才的。如果说自学之路在旧中国是一条布满荆棘、难于攀登之路，而勇于探索的人，经过百折不挠的努力，尚且能够达到目标；那么新中国的青年现在所走的治学之路，乃是一条洒满阳光的康庄大道，只要下决心立志自学、就一定能够成为国家的有用之才。”

叶圣陶说：“学习是自己的事情。自己要学习，在任何环境里都能够自学，都能够学到切实而有用的知识，何况如今社会在各方面正在努力为青年提供各种形式的自学条件。如果自己不要学习，进了大学也未必真能够学到什么，甚至可以说肯定学不到什么。”

司汤达说：“一个最富有热情的心灵，应该有所发明与建树。”

李比希说：“智慧和幻想对于我们的知识是同样必要的，他们在科学上具有同等的地位。”

托尔斯泰说：“如果学生在学校里学习的结果是使自己什么也不会创造，那他的一生永远是模仿和抄袭。”

高尔基说：“学习并不等于就是模仿，而是掌握技巧的方法。”他还说，“如果学习只在于模仿，那么我们就不会有科学，也不会有技术。”

爱因斯坦说过，提出一个问题往往比解决一个问题更重要，因为解决问题，也许仅是一个数学上或实验上的技能而已。而提出新的问题，新的可能性，从新的角度去看旧的问题，却需要有创造性的想象力，而且标志着科学的真正进步。

五、人格修养篇

人生在世不是和事打交道，就是和人打交道，正确对待自己，正确对他人，这是学习成功、事业成功的关键。这需要有强大的内心和良好的人际关系。

孔子说：“己所不欲，勿施于人。”

大仲马说：“凡希望旁人遭遇不幸者，他自己必也遭遇不幸。”

中国有句谚语：“凡是笑话别人者，他还不如被笑话的人。”

毕达哥拉斯说：“愤怒以愚蠢开始，以后悔告终。”

丁尼生说：“自重，自觉，自制，此三者可以引致生命的崇高境域。”

刘备说：“勿以恶小而为之，勿以善小而不为。”

托尔斯泰说：“一个人就好像一个分数，他的实际才能好比分子，而他对自己的估价好比分母。分母愈大，则分数的值就越小。”

罗伯特说："很难说什么是办不到的事情，因为昨天的梦想可以是今天的希望，并且还可以成为明天的现实。"

普希金说："假如生活欺骗了你，不要忧郁，也不要愤慨，不顺心的时候暂且容忍。相信吧，快乐的就会到来。"

普鲁特说："对别人的不幸怀着幸灾乐祸的心情是卑鄙的。"

萧楚女说："人生应该如蜡烛一样，从项燃到底一直都是光明的。"

马克思说："一个人应该活泼而守纪律，天真而不幼稚，勇敢而不鲁莽，倔强而有原则，热情而不冲动，乐观而不盲目。"

谦虚的人常思己过，骄傲的人只论人非。

屠格涅夫说："一个人必须剔除自己身上的私心，使自己的人格得到自由表现的权利。"

英国有两句谚语："自夸者和撒谎者是孪生兄弟。承认错误等于纠正一半错误。"

谢觉哉说过，"自以为是"是提高认识的对头。个人的聪明学识是有限的，广大人民的聪明学识才是无限的。不自以为是的好处就是能够向别人学习。他还说过，如果"自以为是"，就不能吸收别人有益的东西，会妄自尊大、孤陋寡闻，在学术上必定狭隘，在政治上必定孤立。

卢梭说过，无知的人总以为他所知道的事情很重要，见人就讲。但是，一个有教养的人是不轻易炫耀他肚子里的学问的，他可以讲很多东西，但他认为还有许多东西是他讲不好的。

高尔基说："智慧是宝石，如果用谦虚镶边，就会更加灿烂夺目。"

聪明的人不会当场发怒，他会克制自己而选择适当的时机。对自己感情的每一次小小的克制，都会使意志增添一份坚强。

埋怨、牢骚，是最廉价的东西，也是没有多大用处的东西。莫把别人的缺点当作贬低别人的把柄。

说别人的长处，不会削弱自己的长处，说别人的短处，却会增加自己的短处。

诚实，是做人的灵魂。唯有诚实，才能开出璀璨的青春之花，结出丰满的人生之果。

心灵，应该像朵白花：洁白、纯净；信仰，应该像红花：坚贞、赤诚；人格，应该像参天大树：高尚、挺拔。

自己了解自己者最聪明，自己控制自己者最成熟，自己战胜自己者最壮美。

一身正气无媚骨，心地无私天地宽。无知识的人，常常议论别人的不对；有知识的人，常常检查自己的不足。退一步天高地阔，让三分心平气和。

自我炫耀、自我颂扬、自吹自擂，绝不意味着自己的高尚，恰恰暴露了自己的虚荣。

虚心竹有低头叶，傲骨梅无仰面花。

附录 家教珍言

家庭教育固然是一种爱的教育，但不是盲目的爱，真正可贵的是讲气节、重操行、讲科学、贵经典。教育，就其本意而言，不是让孩子感到舒适，它是在教会孩子如何思考。与其为孩子铺好路，不如让孩子学会如何走好路。

为了让年轻父母排除家教困惑，明确家教方向，现收录部分古今中外哲人的至理名言，供大家参考。

家庭篇

家庭是父亲的王国，母亲的世界，儿童的乐园。

——[美]爱默生

只要家有和平，便是最幸福的人。

——[德]歌德

家庭应像古代歌词中所说的那样，对孩子来说应是世界中最美好的地方。

——[美]斯特娜

知识之丰富与否，思想之发展与否，良好习惯的养成与否，家庭教育应负完全的责任。

——陈鹤琴

欲造伟大之国民，必自家庭教育始。

——[英]赫胥黎

社会教育是从家庭教育开始的，家庭教育好比植物的根苗，根苗茁壮才能枝繁叶茂，开花结果。家庭教育对孩子身心健康的成长，对孩子的整个一生都会产生极其深远的影响。良好的学校工作是建立在良好的家庭道德基础上的。

——[苏]苏霍姆林斯基

家庭教育必须根据儿童的心理始能行之得当，若不明儿童的心理而要施以教育，那教育必定没有成效可言的。

——陈鹤琴

小孩子年龄幼稚，很容易受教育的影响的。施以良好的教育，则将来成为良好的国民；倘施以恶劣的教育，那么将来就成为恶劣的青年了。

——陈鹤琴

儿童进学校并不能减少父母对他们进行教育的责任。某些家长认为家庭教育是他们私人的事情，无论谁也不能给他们提出任何要求，这是不对的。

——[苏]凯洛夫

家庭中正常关系的失调，是以后产生精神和情绪的各种病态的肥沃土壤。

——[美]杜威

家教立范，品行为先。

——孙奇逢

健美的孩子是成长在这样的家庭中，在那里，母亲和父亲真正相亲相爱，并热爱和尊重别人。

——[苏]苏霍姆林斯基

对双亲来说，家庭教育首先是自我教育。

——[苏]克鲁普斯卡娅

家庭应当尽各种方法，鼓励儿童对运动的兴趣。

——[苏]马卡连柯

父母篇

全部教育，或者说千分之九百九十九的教育都归结到榜样上，归结到父母自己生活的端正和完善上。

——[苏]托尔斯泰

如果父亲和母亲对穿衣、吃饭、睡眠都有节制，也工作，也学习，那么儿童就会照样来做。

——[苏]托尔斯泰

生了孩子，还要想怎样教育，才能使生下来的孩子，将来成为一个完全的人。

——鲁迅

失掉“权威”的母亲只能培养出自私自利的孩子。

——[日]井深大

父母无论装得多么了不起，只要在他“背后的形象”中存在着不严肃的生活方式的真面貌，那么，孩子将不会从内心里尊重父母。

——[日]井深大

母亲和孩子一起做事是对孩子的一种鼓励，母亲对孩子所做的事表示关心，也会鼓励孩子。

——[日]井深大

母亲有权威，孩子才能持续不断地努力追求更高的目标。与此相反，那种孩子要求什么就给什么的母亲，自己否定了对孩子的成长具有最重要意义的“权威的母亲”这一称号。

——[日]井深大

常受斥责，孩子对这种斥责就会习以为常，母亲也就失去了权威，使母子之间产生隔阂。其结果，对孩子的教育就彻底失败了。

——[美]斯特娜

孩子做坏事是由于父母不把孩子的精力引向好的方面，是放任不管的结果。

——[美]斯特娜

孩子的一切良好习惯的形成，完全靠父母的榜样的力量。特别是日常生活中的礼貌，更要靠父母的榜样。

——[美]斯特娜

孩子们看见父亲和母亲彼此尊重，所以他们才能尊重父母。

——[苏]马霍娃

必须用家庭的风气，父母的行动，家里人的相互关系来教育他们对人的热心和同情。父母们单单用训诫的方法去培养孩子某些道德、品质是错误的。

——[苏]马霍娃

儿童生下来的时刻就是对他进行教育的最早时刻，真正的教育必须以各种合理的教育方法去武装母亲。

——[瑞士]裴斯泰洛齐

父母意见的统一，说话的一致是十分重要的，否则，父母任何一方对教育改造孩子的努力都将付诸东流。

——[科威特]穆尼尔·纳素夫

国民的命运，与其说是操在掌权者手中，不如说是掌握在母亲手中。因此，我们必须努力启发母亲——人类的教育者。

——[德]福禄培尔

小儿之命运，为母亲所造。

——[法]拿破仑

正确教育子女的方法，我们以为最主要的应该是爱严相结合。在生活上既要给予子女适当的父母之爱，在政治上又要严格要求他们，特别要舍得让他们到艰苦环境中去锻炼，在风雨中成长。这才是真正的爱。只有这样才能锻炼出人才，成为真正有作为的人。

——吴玉章

德育篇

对刚开始学话的婴儿，要首先教会他“谢谢”“对不起”。

——[日]井深大

勤恳是孩子必须从小养成的一种好习惯。因为勤恳是个人最主要的品德，是幸福的源泉，而怠惰则是万恶之源。

——[美]斯特娜

德行应该在邪恶尚未占住心理之前，极早就去叮咛。

——[捷克]夸美纽斯

要使人成为真正有教养的人，必须具备三个品质：渊博的知识，思维的好习惯和高尚的情操。

——[苏] 车尔尼雪夫斯基

习惯是人生的主宰，人们应当努力求得好的习惯，习惯如果是在幼年就起始的，那就是最完美的习惯。

——[英] 培根

我可大胆地提出一个信念：道德的影响是教育的主要任务，这种任务比一般地发展儿童的智力和用知识方法去充实他们的头脑重要得多。

——[苏] 乌申斯基

名副其实的教育，本质上就是品格教育。

——[奥地利] 布贝尔

人的性格主要是在幼年时期形成的。人的性格中在幼年时期所形成的一切是非常牢固的，并将成为人南第二天性。

——[苏] 乌申斯基

如果不引起儿童任何信念，要想发展他的心灵是不可能的。

——[苏] 乌申斯基

千教万教，教人求真。千学万学，学做真人。

——陶行知

对儿童娇生惯养，百依百顺。会使他们变得懒惰、散漫和随心所欲。

——[苏] 苏霍姆林斯基

忠诚必须从小就养成，如果你对即将五岁的孩子还是忽视这项工作，那么以后就很难纠正由于忽视而使孩子养成的恶习。

——[苏] 马卡连柯

由于对儿童溺爱，当作“生命之花"，结果他们就只能成为无骨气的、意志薄弱和毫无用处的人们。不能只用叹气和接吻来教育儿童。

——[苏] 马卡连柯

打骂孩子，使孩子一时表面服从，心里反感，甚至也学着对待别人，用这种方法，不但不能把孩子教育好，反而损伤孩子的自尊心，养成自卑、胆小、孤僻、撒谎等不正常的性格。

——邓颖超

事实上，一切教育都归结为养成儿童的良好习惯，往往自己的幸福都归于自己的习惯。

——[英] 洛克

凡是有心管教儿童的人，便应该在儿童很小的时候早早加以管教。

——[英] 洛克

给儿童定下严格的每日生活制度，是教养的重要条件。

——[苏] 马卡连柯

人格教育，端赖六岁以前之培养。凡人生之态度，习惯，倾向，皆可在幼时代立下适当基础。

——陶行知

幼稚期（自生至七岁）是人生最重要的一个时期，什么习惯，语言，技能，思想，态度，情绪，都要在此时期打下一个基础，若基础打得不稳固，那健全的人格就不容易建造了。

——陈鹤琴

美育篇

创造人，培养人的智能、感情、意志、性格、道德美和人性美，是一项最高尚的工作，这是人类最大的幸福。

——[苏]苏霍姆林斯基

儿童时代错过的东西，到了少年时期就无法弥补。这一规律涉及孩子精神生活的各个领域，特别是美育。

——[苏]苏霍姆林斯基

美育最重要的任务是教会孩子能从周围世界（大自然、艺术、人们关系）的美中看到精神的高尚、善良、真挚，并以此为基础确立自身的美。

——[苏]苏霍姆林斯基

审美发展和道德发展是密切联系的。对于美的欣赏可以使人变得高尚起来。美能唤起人的善良感情，如同情心、忠诚、爱、温柔等。感情会在人的行为中成长为一种起积极作用的力量。

——[苏]赞科夫

一个人的美不在外表，而在才华、气质和品格。

——[苏]马雅可夫斯基

外表美只能取悦一时，内心美方能经久不衰。

——[苏]马雅可夫斯基

培养真正的人就是要发扬人的心灵美。

——[苏]苏霍姆林斯基

为了成为一个真正的人，学生应该首先尊重自身，没有这种尊重，没有对自身的美的热爱，人的文明就不可思议。

——［苏］苏霍姆林斯基

美育是学生全面发展的一个不可缺少的部分，它的本质在于理解自然和社会的美。理解人与人相互关系的美，在于以艺术眼光来认识周围现实，也在于培养艺术上的美的创造力。

——［苏］凯洛夫

只要有热心和才能，就能养成一种审美的能力，有了审美的能力，一个人的心灵在不知不觉中接受各种美的观念，并且接受同美的观念相联系的道德观念。

——［法］卢梭

儿童不可能没有音乐，就像不可能没有游戏和童话一样。

——［苏］苏霍姆林斯基

智育篇

教育，首先就是人学。不了解孩子智力发展，不了解他的思维、兴趣、爱好、才能、禀赋、倾向，就谈不上教育。

——［苏］苏霍姆林斯基

应该引导儿童自己进行探讨，自己推论。给他们讲的应该尽量少些，而引导他们发现的应该尽量多些。

——［英］斯宾塞

幻想是诗人的翅膀，假设是科学家的天梯。

——［德］歌德

脑子——认识的能力——是像肌肉一样，靠练习、锻炼而培养起来的。

——［苏］高尔基

智力的基本功能在于理解与发明，换言之，通过构成现实的结构来构成内心的结构。

——[瑞士] 皮亚杰

想象力比知识更重要，因为知识是有限的，而想象力概括着世界上的一切。

——[美] 爱因斯坦

真正的幸福是对知识的爱，有了知识，人就有了一切；没有知识，便会成为遭到情欲玩弄的脆弱芦苇，成为空虚无聊的牺牲品，成为自身中没有支柱的蔓行植物。

——[法] 爱尔维修

初步教学的责任是要教儿童真实地观察，要以尽可能完全的、真实的、鲜明的形象来丰富他的心灵，这些形象以后成为儿童思维过程的要素。

——[苏] 赞科夫

天资发展的关键在于出生后头三年孩子的经历，也就是在于脑细胞生长发育时期孩子的经历。因此，没有生就的天才，也没有天生的笨蛋，全部在这关键的几年中所受的刺激。

——[日] 井深大

对孩子来说最重要的是教育而不是天赋。孩子成为天才还是庸才，不是决定于天赋的多少，而是决定于生下来后到五六岁时的教育。诚然，孩子的天赋是有差异的，然而这些差异是有限的。所以不用说生下来就具备非凡禀赋的孩子，就是那些具备一般禀赋的孩子，只要教育得法，也都能成为非凡的人。

——[德] 威特

教育的基础主要是在五岁以前奠定的，它占整个教育过程的百分之九十。在这以后，教育还要进行，人进一步成长、开花、结果，而您精心培植的花朵在五岁以前就已绽蕾。

——[苏] 马卡连柯

教育孩童首要激发其兴趣和爱心，否则只是填鸭式的灌输，毫无意义可言。

——[法]蒙田

所有智力方面的工作都要依赖于兴趣。

——[瑞士]皮亚杰

才能不是天生的，而是后天培养和教育的结果，重要的是循循善诱，耐心地创造条件激发儿童的学习热情。

——[日]铃木镇一

中国对于小孩子一直是不许动手，动手要打手心，往往因此摧残了儿童的创造力。

——陶行知

渴望着知识的孩子，会接二连三地提出问题——怎样？为什么？什么时候？做什么？是什么？若稍能满足孩子的答案，就能给孩子开拓了一个新世界，儿童分别地从各方面学到语言，把它作为认识客观世界的媒介。

——[德]福禄贝尔

娱乐篇

游戏是儿童认识世界的途径，他们生活在这个世界里，并负有改造它的使命。

——[苏]高尔基

游戏对于学前儿童有非常重大的意义，游戏对于他们是学习，游戏对于他们是劳动，游戏对于他们是重要的教育形式。

——[苏]克鲁普斯卡娅

过分要求儿童安安静静地坐着或斯斯文文地走路，并不是一桩好现象。要常常跳跳蹦蹦或者常常有事情做，却是身体强健和精力充沛的确切的象征；所以，凡是吸引他们注意的东西，应该给他们而不应加以拒绝，但以满足他们为尚；凡是做一件事，就应该好好地做，并带有未来致用的观点。

——[捷克]夸美纽斯

儿童早期的各种游戏，是一切未来生活的胚芽，因为整个人就是在游戏中，在他最柔嫩的性情中，在他最内在的倾向中发展和表现的。

——[德]福禄贝尔

游戏是对有机体身体的发展有益的一种准备练习。……当儿童游戏的时候，他也是在发展他的知觉、他的智力、他要从事于实验的冲动，他的社会本能等等。这就是游戏之所以是幼童学习过程中如此强有力的一个杠杆。

——[瑞士]皮亚杰

读书的时候要用功读书，玩耍的时候要放心玩耍。

——巴金

好动是经验的原动力，是知识的发动机。

——陈鹤琴

游戏对小孩子有什么好处呢？游戏可以给小孩子快乐、经验、学识、思想、健康。所以做父母的不得不注意游戏的环境，使小孩子得到充分的运动。

——陈鹤琴

就儿童而言，游戏就是他们的工作。儿童对于任何一件事，都会由兴趣而产生快乐，因自由而产生魔力，并且能表示出他发自内心的爱好和知识的程度。

——[法]卢梭

体育的任务是使学生的身体获得发育，使它变得结实健壮、有坚忍和持久的力量，并且要发展学生的灵活而美观的动作。

——[苏] 凯洛夫

教育的最大秘诀是：使身体锻炼和思想锻炼互相调剂。

——[法] 卢梭

把身体上与精神上的训练相互变成一种娱乐，说不定就是教育上的最大秘诀之一。

——[英] 洛克

如果一个孩子从来不知道学习中劳动的欢乐，也从未体验过由于克服困难而产生的自豪感，那他就是一个不幸的人。

——[苏] 苏霍姆林斯基

孩子的劳动锻炼是家庭教育最为重要的组成部分。我想，人民教育学最根本的原则是培养人们树立劳动的思想。孩子从学会那小勺由盘子里取出食物往嘴里送的时候起，他就应当受到劳动的教育。家务劳动，在我们学生家里是人们相互关系修养的基础。人的劳动思想，像一条红线贯穿着他的成功与幸福。

——[苏] 苏霍姆林斯基

劳动不仅是人的发展的必要条件，并且还是维持他已经达到的那种程度的尊严的必需条件。一个人没有亲身的劳动就不能前进。

——[苏] 乌申斯基

手工劳动是发展儿童个性的一种手段，是显示儿童的创造愿望的场所，是一种教育方法，是均衡发展的一种手段。

——[苏] 克鲁普斯卡娅

教育不仅应当培养学生对劳动的尊敬和热爱。它必须培养学生劳动的习惯，因为认真严肃的劳动经常是艰苦的。

——[苏]乌申斯基

给儿童以劳动的快乐，取得学习成绩的快乐，在他们的心中激发自豪感、自尊心——这是教育工作的头一条金科玉律。

——[苏]苏霍姆林斯基

自我服务，这是最简单的一种日常劳动，劳动教育一般从自我服务开始，而且日后不管每个人从事何种生产劳动，自我服务都将成为他的义务和习惯。自我服务，是培养人遵守纪律、培养人对别人的义务感的重要手段。从小就自己动手来满足一些个人需要，能使一个人养成尊敬父母、兄弟姐妹和同学的习惯。自我服务能使劳动变成人人都负担的平等的普通义务。

——[苏]苏霍姆林斯基

后　记

本书作者薛奎喜老师，中共党员，中学高级教师。退休前任临沂第三中学副校长，退休后作为临沂市关工委“五老报告团”成员，参与市关工委活动已达20年之久。

他在临沂三中任副校长期间，主管教学工作。他爱学习，肯钻研，富有开拓精神。他坚持“让老师爱教，让老师会教”“让学生爱学，让学生会学”的教育理念，并把这些理念，当作永恒不变的课题，坚持学习、坚持研究、坚持实践。

他平易近人，和老师打成一片，同广大教师共同学习现代教学理论、现代学校的管理经验。研究改进课堂教学的方法，摸索“加强基础、启发思维、开展智力、培养能力”的课堂教学模式；推广天津一中的管理经验，对学生实施“因材施教，分类指导，分类推进”，把教与学结合起来，不断提高教育、教学质量。他经常带领教师到外地区、外省名校听课、学习、取经，不断提高老师的教学能力。他与北京东西两城教育教研中心、海淀区教师进修学校密切联系，及时获取了高水平的教学参考资料和教学信息，给老师们提供了教学方便。他尊重老教师和业务能力强的年轻教师，充分发挥他们的教学特长，并搞好传帮带。他善于团结教干，使之上下一条心，拧成一股绳，齐心协力把学校办好，硬是将一所普通中学打造成有一定影响力的区域名校。

薛奎喜老师研究过早期教育与家庭教育，在临沂驻城中小学创办家长学校，并担任主讲教师，接受广大家长询访，曾任山东省家庭教育研究理事。他潜心研究“中学生心理教育”，研究“中学生学习方法”。在校内开展心理咨询活动，并经常给学生做学习心理和学习方法指导报告，并亲自辅导学生，做后进学生的转化工作。他还经常受邀在本地区、外地区兄弟学校给学生作报告，并曾被中国科学院心理研究所邀请，做“心理素质训练和高效率学习法”报告。在职期间被聘为学习报社特约编辑、记者，他撰写的《加强学生学习过程中的动态管理，使其保持奋进的学习情绪》，被收入《中国当代优秀教师教改理论和实践》一书。

在担任“五老报告团成员”期间，薛老师经常举办“家庭教育”报告会，热诚介绍优秀家长的育儿经验。由他根据教育研究和实践经验撰写的《别等孩子错了再纠正》《育儿莫失关键期》等著述，出版后深受广大家长喜爱。因工作实绩突出，他曾被省关工委授予“关心下一代突出贡献”奖，被全国关工委授予“关心下一代先进工作者”奖。

现出版的这本《陪伴孩子成长的教育》是他多年学习、研究、实践成果的提炼与总结。全书分四编。第一编是“孩子出现问题，责任在家长”，谈的是家庭教育的问题；第二编是“如何管理初中阶段的学生”，是介绍初中班主任如何当；第三编是“好的学习成绩，来自科学用脑”，讲的是学习方法；第四编是“要想学习成功，必须心态阳光”，讲的是心理素质训练，疏导心理障碍的方法。全书内容丰富，既讲理论，又讲方法，紧密联系学生实际又符合当今教学改革的要求。可供广大家长、中小学教师和在校初高中学生阅读，也可以作为常备教育教学专著，供学校图书馆收存。值此为关工委成立30周年之际，谨以为书作为关工委生日的献礼！

本书出版，得到天基集团的大力支持与帮助。天基集团一直以房地产开发运营为龙头，融合现代农业、服务业等为一体，在服务地方经济发展、推动企业做大做强的同时，不忘回报社会，勇于承担社会责任，积极参与关心下一代工作，努力投身教育、慈善等社会公益事业，累计慈善捐款4300余万元，为促进全市青少年健康成长做出了突出贡献。“大爱天基”品牌成为天基集团温暖全城的“爱心名片”，入选全省企业关心下一代工作经验。在此谨表衷心感谢！

临沂市关心下一代工作委员会

2022年6月1日